今注本二十四史

後漢書

一九

傳〔一五〕

南朝宋 范曄 撰 唐 李賢等 注

卜憲群 周天游 主持校注

中國社會科學出版社

後漢書　卷八一

列傳第七十一

獨行[1]

譙玄　李業　劉茂　温序　彭脩　索盧放　周嘉　范式
李善　王忳　張武　陸續　戴封　李充　繆肜　陳重
雷義　范冉[2]　戴就　趙苞　向栩　諒輔　劉翊　王烈

［1］【今注】獨行：節操高尚，不隨俗浮沉。語出《禮記·儒行》："其特立獨行，有如此者。"

［2］【今注】案，冉，紹興本作"丹"。

孔子曰："與其不得中庸，必也狂狷乎！"[1]又云："狂者進取，狷者有所不爲也。"[2]此蓋失於周全之道，[3]而取諸偏至之端者也。[4]然則有所不爲，亦將有所必爲者矣；既云進取，亦將有所不取者矣。如此，性尚分流，爲否異適矣。[5]

［1］【李賢注】庸，常也（常，紹興本作“當”）。中和可常行之道，謂之中庸。言若不得中庸之人與之居，必也須得狂狷之人。【今注】中庸：儒家的政治、哲學思想。主張待人、處事不偏不倚，過猶不及。朱熹《四書章句集注》：“中者，不偏不倚、無過不及之名。庸，平常也。”　狂狷：志向高遠的人與拘謹自守的人。

［2］【李賢注】此是録《論語》者，因夫子之言而釋狂狷之人也。【今注】案，何晏《論語集解》引包咸曰：“狂者進取於善道，狷者守節無爲，欲得此二人者，以時多進退，取其恒一。”

［3］【今注】周全：周到，齊全。

［4］【今注】偏至：偏頗而趨於極端。

［5］【李賢注】人之好尚不同，或爲或否，各有所適。【今注】性尚：本性的愛好與崇尚。

中世偏行一介之夫，[1]能成名立方者，[2]蓋亦衆也。或志剛金石，而剋扞於强禦。[3]或意嚴冬霜，而甘心於小諒。[4]亦有結朋協好，幽明共心；[5]蹈義陵險，死生等節。[6]雖事非通圓，[7]良其風軌有足懷者。[8]而情迹殊雜，[9]難爲條品；[10]片辭特趣，[11]不足區别。措之則事或有遺，[12]載之則貫序無統。[13]以其名體雖殊，[14]而操行俱絶，[15]故總爲《獨行篇》焉。庶備諸闕文，[16]紀志漏脱云爾。

［1］【今注】偏行：獨特的操守與品行。

［2］【今注】立方：立德。

［3］【李賢注】謂劉茂、衛福也。【今注】金石：比喻事物的堅固、剛强，内心的堅定、忠貞。　剋：戰勝，制服。　扞：抵禦，抵抗。

[4]【李賢注】戴就、陸續也。【今注】小諒：小事上的誠信。

[5]【李賢注】范式、張劭也。【今注】幽明：指生與死。

[6]【李賢注】繆彤、李善也。【今注】等節：指恪行操守，始終如一。

[7]【今注】通圓：圓滿。

[8]【今注】風軌：風範。

[9]【今注】情迹：情狀。

[10]【今注】條品：鑒別評定。

[11]【今注】片辭：簡短的言辭。 特趣：特別的愛好。

[12]【李賢注】措，置也。

[13]【今注】貫序：連貫的順序。序，大德本作“事”。

[14]【今注】名體：名位與身份。

[15]【今注】絶：獨特。

[16]【今注】庶：希望。 備：完備，齊備。 闕文：猶佚文。

譙玄字君黄，巴郡閬中人也。[1]少好學，能説《易》《春秋》。仕於州郡。成帝永始二年，有日食之災，[2]乃詔舉敦樸遜讓有行義者各一人。[3]州舉玄，詣公車，[4]對策高第，[5]拜議郎。[6]

[1]【今注】巴郡：治江州縣（今重慶市北）。 閬中：縣名。治所在今四川閬中市。

[2]【今注】案，《漢書・五行志下之下》：“永始二年二月乙酉晦，日有食之。”永始，西漢成帝劉驁年號（前16—前13）。

[3]【今注】詔舉：下詔推舉。 敦樸：純真質樸。 遜讓：恭順謙讓。

[4]【今注】詣：到，前往。 公車：官署名。設公車司馬令，掌殿司馬門，夜徼宫中，天下上事及闕下凡所徵召皆總領之，

令秩六百石。《漢書》卷一〇《成帝紀》建始三年（前30）十二月詔："丞相、御史與將軍、列侯、中二千石及内郡國舉賢良方正能直言極諫之士，詣公車，朕將覽焉。"

[5]【今注】對策：古時天子就政事或經義設問，由應試者對答。　高第：成績優異，名列前茅。

[6]【今注】議郎：官名。秦置，兩漢沿置，秩比六百石，侍從皇帝左右，掌顧問應對，無常事，唯詔令所使。漢代議郎特徵賢良方正敦樸有道第者。

帝始作期門，數爲微行。[1]立趙飛燕爲皇后，[2]后專寵懷忌，[3]皇太子多横夭。[4]玄上書諫曰："臣聞王者承天，[5]繼宗統極，[6]保業延祚，[7]莫急胤嗣，[8]故《易》有幹蠱之義，《詩》詠衆多之福。[9]今陛下聖嗣未立，[10]天下屬望，[11]而不惟社稷之計，[12]專念微行之事，愛幸用於所惑，[13]曲意留於非正。[14]竊聞後宫皇子産而不育。[15]臣聞之怛然，[16]痛心傷剥，[17]竊懷憂國，不忘須臾。[18]夫警衛不脩，則患生非常。[19]忽有醉酒狂夫，[20]分争道路，既無尊嚴之儀，[21]豈識上下之别。[22]此爲胡狄起於轂下，[23]而賊亂發於左右也。願陛下念天下之至重，愛金玉之身，[24]均九女之施，[25]存無窮之福，天下幸甚。"

[1]【李賢注】《前書》武帝微行，常與侍中、常侍、武騎及待詔北地良家子能騎射者期諸殿門，故有期門之號，自此始也。成帝微行亦然，故言始也。【今注】期門：官名。設期門郎，掌執兵扈從護衛。西漢平帝更名虎賁郎。《漢書·百官公卿表上》顔師古注引服虔曰："與期門下以微行，後遂以命官。"　微行：謂隱匿

身份，易服出行或私訪。案，《漢書·五行志中之上》："成帝鴻嘉、永始之間，好爲微行出游，選從期門郎有材力者，及私奴客，多至十餘，少五六人，皆白衣袒幘，帶持刀劍。或乘小車，御者在茵上，或皆騎，出入市里郊壄，遠至旁縣。"

［2］【今注】趙飛燕：原名"宜主"，父趙臨，長安人。因體態輕盈，能歌善舞，故曰"飛燕"。成帝微行，過陽阿公主府，見舞者趙飛燕而幸之，鴻嘉三年（前18）封爲婕妤，永始元年（前16）册爲皇后。傳見《漢書》卷九七下。

［3］【今注】懷忌：心懷妒忌。

［4］【今注】案，皇太子，中華本據《集解》引何焯説删"太"字，是。　横夭：意外夭折。《漢書·五行志上》："趙飛燕爲皇后，妹爲昭儀，賊害皇子，成帝遂亡嗣。"大德本、殿本"夭"後有"折"字。

［5］【今注】承天：承續天道。

［6］【今注】繼宗：繼承先祖。　統極：統領天下。

［7］【今注】延祚：延續皇位。

［8］【今注】莫急：莫不急於。　胤嗣：後嗣，後代。

［9］【李賢注】《易》曰："幹父之蠱。"注云："蠱，事也。"《毛詩》曰："螽斯，后妃之德也。后妃不好忌（好，紹興本、大德本、殿本作'妬'），則子孫衆多也。"其《詩》曰："螽斯羽，詵詵兮，宜爾子孫，振振兮。"【今注】幹蠱：即"幹父之蠱"，謂子承父志，完成父親未竟之業。

［10］【今注】聖嗣：皇嗣，指皇太子。

［11］【今注】屬望：期望，寄希望。

［12］【今注】社稷：指國家。

［13］【今注】愛幸：寵幸。

［14］【今注】曲意：委屈自己的心意，迎合别人的心意。事謂成帝"約以趙氏，故不立許氏。使天下無出趙氏上者"，故令趙

氏“無憂”。

[15]【李賢注】《前書》成帝宫人曹偉能及許美人皆生子，趙昭儀皆令殺之。【今注】案，皇子，大德本作“皇太子”。

[16]【今注】怛（dá）然：憂傷貌。

[17]【今注】傷剥：形容痛心。

[18]【今注】不忘須臾：片刻不能忘。

[19]【今注】非常：突如其來的事變。

[20]【今注】狂夫：悖逆胡爲者。

[21]【今注】儀：儀態，儀容。

[22]【今注】識：知道，了解。

[23]【今注】胡狄起於轂下：典出司馬相如上武帝《諫獵疏》，《史記》卷一一七《司馬相如列傳》：“今陛下好陵阻險，射猛獸，卒然遇軼材之獸，駭不存之地，犯屬車之清塵，輿不及還轅，人不暇施巧，雖有烏獲、逢蒙之伎，力不得用，枯木朽株盡爲害矣。是胡越起於轂下，而羌夷接軫也，豈不殆哉！雖萬全無患，然本非天子之所宜近也。”轂下，輦轂之下。

[24]【今注】金玉：黄金和玉石。比喻珍貴。

[25]【李賢注】九女，解見《崔琦傳》。

時數有災異，[1]玄輒陳其變。既不省納，[2]故久稽郎官。[3]後遷太常丞，[4]以弟服去職。[5]

[1]【今注】災異：自然災害或異常的自然現象。

[2]【今注】省納：省察采納。

[3]【今注】郎官：這裏指“議郎”。

[4]【今注】太常丞：太常屬官。本書《百官志二》：“（太常）丞一人，比千石。本注曰：掌凡行禮及祭祀小事，總署曹事。”《漢舊儀》曰：“丞舉廟中非法者。”

［5］【今注】弟服：古代爲親兄弟服齊衰周年，爲同祖兄弟服大功九月。

平帝元始元年，[1]日食，又詔公卿舉敦朴直言。[2]大鴻臚左咸舉玄詣公車對策，[3]復拜議郎，遷中散大夫。[4]四年，選明達政事能班化風俗者八人。[5]時並舉玄，[6]爲繡衣使者，[7]持節，[8]與太僕任惲等分行天下，[9]觀覽風俗，所至專行誅賞。[10]事未及終，而王莽居攝，[11]玄於是縱使者車，[12]變易姓名，間竄歸家，[13]因以隱遁。[14]

［1］【今注】元始：東漢平帝劉衎年號（1—5）。

［2］【今注】直言：直言敢諫。案，《漢書》卷一二《平帝紀》："（元始元年）夏五月丁巳朔，日有蝕之。大赦天下。公卿、將軍、中二千石舉敦厚能直言者各一人。"

［3］【今注】大鴻臚：官名。秦置典客，掌諸歸義蠻夷，有丞。西漢景帝中元六年（前144）更名大行令，武帝太初元年（前104）更名大鴻臚。成帝河平元年（前28）罷典屬國併大鴻臚。王莽時改稱典樂。東漢時復稱大鴻臚，掌諸侯及四方歸義蠻夷。本書《百官志二》："大鴻臚，卿一人，中二千石。本注曰：掌諸侯及四方歸義蠻夷。其郊廟行禮，贊導，請行事，既可，以命群司。諸王入朝，當郊迎，典其禮儀。及郡國上計，匡四方來，亦屬焉。皇子拜王，贊授印綬。及拜諸侯、諸侯嗣子及四方夷狄封者，臺下鴻臚召拜之。王薨則使弔之，及拜王嗣。"　左咸：西漢琅邪（今山東諸城市）人，受顔氏《公羊春秋》於淮陽泠豐，平帝元始元年（1），由復土將軍遷大鴻臚。

［4］【今注】中散大夫：官名。西漢平帝時置，掌顧問應對，

無常事，唯詔令所使。東漢時秩六百石。

[5]【今注】班化：治理化育。

[6]【今注】並舉：同時薦舉。

[7]【李賢注】《前書》御史大夫領繡衣直指，出討姦猾，理大獄。武帝所制，不常置。

[8]【今注】持節：古代使臣出行，執符節以爲憑證。

[9]【今注】太僕：官名。《周禮》有太僕，周初建國即設，非穆王始置。掌傳達王命及王之服位，侍從出入。又有僕夫掌王之馬政。秦漢合二爲一，仍稱太僕。西漢武帝改太僕曰僕，俸千石，掌馭及車馬。王莽時改太僕曰太御。東漢復舊稱。

[10]【今注】案，曹金華《後漢書稽疑》：《漢書·王莽傳》載“遣大司徒司直陳崇等八人分行天下，覽觀風俗”，《外戚恩澤侯表》載其“八人”爲王惲、閻遷、陳崇、李翕、郝黨、謝殷、逯普、陳鳳，而無譙玄。《集解》引惠棟説，謂疑范史據《華陽國志》《耆舊傳》諸書云然，非實録也。而《華陽國志》不見記載，又《漢書·平帝紀》作“遣太僕王惲等八人置副，假節，分行天下”，故疑譙玄爲副使也。（中華書局 2014 年版，第 2667 頁）

[11]【今注】居攝：皇帝年幼未能親政，由大臣代居其位處理政務。今山東曲阜孔廟有藏《居攝兩墳壇刻石》。

[12]【李賢注】縱，捨也。

[13]【李賢注】間，私也。

[14]【今注】隱遁：隱居，隱避。

後公孫述僭號於蜀，[1]連聘不詣。述乃遣使者備禮徵之；[2]若玄不肯起，便賜以毒藥。[3]太守乃自齎璽書至玄廬，[4]曰：“君高節已著，朝廷垂意，[5]誠不宜復辭，自招凶禍。”[6]玄仰天歎曰：“唐堯大聖，[7]許由恥仕；[8]周武至德，[9]伯夷守餓。[10]彼獨何人，[11]我亦何人。保志全高，死亦奚恨！”[12]遂受毒藥。玄子瑛泣血叩頭於太守曰：“方今國家東有嚴敵，[13]兵師四出，國用軍資或不常充足，願奉家錢千萬，[14]以贖父死。”太守爲請，[15]述聽許之。[16]玄遂隱藏田野，終述之世。

[1]【今注】公孫述：字子陽，扶風茂陵（今陝西興平市東北）人，西漢末年割據益州，稱帝於蜀。傳見本書卷一三。 僭號：冒用皇帝的稱號。

[2]【今注】備禮：禮儀周備。

[3]【今注】案，便賜，紹興本作“使陽”，大德本作“使賜”。

[4]【今注】自齎：親自遣送。 璽書：詔書。 廬：住所。

[5]【今注】垂意：關懷，關心。

[6]【今注】案，凶，紹興本作“四”。

[7]【今注】唐堯：上古帝王。帝嚳之子，姓伊祁，名放勳。事見《史記》卷一《五帝本紀》。

[8]【今注】許由：字武仲，陽城槐里人，堯舜時代的賢人，其墓在今河南登封市箕山上。

[9]【今注】周武：周武王。

[10]【今注】伯夷：名允，字公信，商末孤竹國人。時武王已平殷亂，天下宗周，而伯夷、叔齊耻之，義不食周粟，餓死於首陽山。傳見《史記》卷六一。

[11]【今注】獨：孰。

[12]【今注】奚：何。 恨：遺憾。

[13]【今注】嚴敵：强敵。

[14]【今注】奉：獻。

[15]【今注】爲請：替請求。

[16]【今注】聽許：聽從答應。

時兵戈累年，[1]莫能脩尚學業，[2]玄獨訓諸子勤習經書。建武十一年卒。明年，天下平定，玄弟慶以狀詣闕自陳。[3]光武美之，策詔本郡祠以中牢，[4]敕所在還玄家錢。

[1]【今注】累年：連年，多年。

[2]【今注】脩尚：修整使其高尚。

[3]【今注】詣闕：漢代詣闕的内容包括詣闕上書、四方貢獻、徵詣公車等。其中詣闕上書的内容又有伸冤、請罪、揭發檢舉、諫言獻策等。這裏指“伸冤”。《漢書》卷七一《于定國傳》：“民多冤結，州郡不理，連上書者交於闕廷。”

[4]【今注】中牢：古代祭祀的犧牲，牛、羊、豕三牲俱用稱“太牢”，衹用羊、豕二牲稱“少牢”。“中牢”即“少牢”。

時亦有犍爲費貽，[1]不肯仕述，乃漆身爲厲，[2]陽狂以避之，[3]退藏山藪十餘年。述破後，仕至合浦太守。[4]

[1]【今注】犍爲：郡名。西漢武帝建元六年（前135）分廣漢郡南部及夜郎國地置，屬益州。治鄨縣（今貴州遵義市），元光五年（前130）郡治移南廣縣（今四川筠連縣），昭帝始元元年（前86）移治僰道縣（今四川宜賓市西南）。東漢安帝永初元年（107）移治武陽縣（今四川眉山市彭山區境）。見《華陽國志》。

[2]【今注】漆身爲厲：言漆塗身，生瘡如病癩。《史記》卷八六《刺客列傳》“漆身爲厲”，《索隱》：“癘音賴。賴，惡瘡病也。凡漆有毒，近之多患瘡腫，若賴病然，故豫讓以漆塗身，令其若癩耳。然厲賴聲相近，古多假‘厲’爲‘賴’，今之‘癩’字從

‘疒’，故楚有賴鄉，亦作‘厲’字，《戰國策》説此亦作‘厲’字。”今睡虎地秦簡《封診式》有《厲》掾書，可以參看。

[3]【今注】陽狂：又作“佯狂”，裝瘋。

[4]【今注】合浦：郡名。西漢武帝元鼎六年（前111）置，治徐聞縣（今廣東徐聞縣南）。

瑛善説《易》，以授顯宗，[1]爲北宫衛士令。[2]

[1]【今注】顯宗：東漢明帝劉莊，公元57年至75年在位。顯宗是其廟號。紀見本書卷二。

[2]【李賢注】《漢官儀》曰：“北宫衛士令一人，秩六百石。”

李業字巨游，廣漢梓潼人也。[1]少有志操，介特。[2]習《魯詩》，[3]師博士許晃。[4]元始中，舉明經，[5]除爲郎。[6]

[1]【今注】梓潼：縣名。西漢廣漢郡治，治所在今四川梓潼縣。

[2]【今注】介特：指不入流俗。本書卷六〇上《馬融傳》“介特”，李賢注：“謂孤介特立也。”

[3]【今注】魯詩：《詩》今文學派之一。漢初魯人申公所傳。

[4]【今注】案，清人朱彝尊《經義考》有述漢代師承順序。

[5]【今注】明經：通曉經術。

[6]【李賢注】元始，平帝年也。

會王莽居攝，[1]業以病去官，杜門不應州郡之命。[2]太守劉咸强召之，業乃載病詣門。咸怒，出教曰：[3]“賢者不避害，譬猶彀弩射市，[4]薄命者先死。聞業名稱，[5]故欲與之爲治，而反託疾乎?”[6]令詣獄養病，欲殺之。客有説咸曰：“趙殺鳴犢，[7]孔子臨河而逝。[8]未聞求賢而脅以牢獄者也。”咸乃出之，因舉方正。[9]王莽以業爲酒士，[10]病不之官，[11]遂隱藏山谷，絶匿名迹，[12]終莽之世。

[1]【今注】居攝：因皇帝年幼不能親政，由大臣居代其位處理政務。

[2]【今注】杜門：閉門。

[3]【今注】教：指教敕、教誡。

[4]【今注】彀弩：猶彀弓。　市：集市。

[5]【今注】名稱：名聲。

[6]【今注】託疾：託病。

[7]【今注】趙：趙鞅，又稱趙簡子。　鳴犢：竇鳴犢，春秋晉國大夫。

[8]【李賢注】《史記》曰“孔子既不得用於衞，將西見趙簡子。至於河而聞竇鳴犢、舜華之死也，臨河而歎曰：‘美哉河水，洋洋乎！丘之不濟，命也夫！’子貢進曰：‘敢問何謂也?’孔子曰：‘竇鳴犢，舜華，晉國之賢大夫也。趙簡子未得志之時，須此兩人而後從政。丘聞之也，刳胎殺夭則騏驎不至，竭澤而漁則蛟龍不合陰陽（殿本無“陰陽”二字），覆巢毁卵則鳳凰不翔。何則?君子諱傷其類。夫鳥獸之於不義也，尚知避之，而況乎丘哉！’乃還”也。

[9]【今注】方正：漢代選舉科目之一。

[10]【李賢注】王莽時官酤酒，故置酒士也。

[11]【今注】之官：上任，到任所。

[12]【今注】名迹：姓名和行迹。

及公孫述僭號,[1]素聞業賢，徵之，欲以爲博士,[2]業固疾不起。[3]數年，述羞不致之，乃使大鴻臚尹融持毒酒奉詔命以劫業:[4]若起，則受公侯之位:[5]不起，賜之以藥。融譬旨曰:[6]“方今天下分崩，孰知是非，而以區區之身,[7]試於不測之淵乎![8]朝廷貪慕名德，曠官缺位,[9]于今七年，四時珍御,[10]不以忘君。宜上奉知己,[11]下爲子孫，身名俱全，不亦優乎!今數年不起,[12]猜疑寇心,[13]凶禍立加，非計之得者也。”業乃歎曰:“危國不入，亂國不居。[14]親於其身爲不善者,[15]義所不從。君子見危授命,[16]何乃誘以高位重餌哉?”[17]融見業辭志不屈，復曰:“宜呼室家計之。”業曰:“丈夫斷之於心久矣,[18]何妻子之爲?”遂飲毒而死。述聞業死，大驚，又恥有殺賢之名，乃遣使弔祠,[19]賻贈百匹。[20]業子翬逃辭不受。[21]

[1]【今注】案，東漢光武帝建武元年（25），公孫述稱帝於蜀，國號成家，年號龍興。

[2]【今注】博士：學官名。始見於戰國，秦因之。漢代以徵拜、薦舉或考試入選。掌圖書、通古今，以備顧問。

[3]【今注】固：副詞。一再，執意。

[4]【今注】劫：威脅，强迫。

[5]【今注】公侯：公爵和侯爵。泛指高官顯位。

[6]【今注】譬旨：曉譬旨意。

[7]【今注】區區：自謙之詞，形容微不足道。

[8]【今注】不測之淵：比喻危險之地。賈誼《過秦論》：“臨百尺之淵，以爲固。”

[9]【今注】曠官：位非其人謂曠官。曠，空也。

［10］【今注】珍御：御用的珍貴食物。

［11］【今注】知己：彼此相知而情深意切之人。

［12］【今注】不起：不出任官職。

［13］【今注】寇心：賊心，邪心。

［14］【李賢注】《論語》孔子曰："危邦不入，亂邦不居。天下有道則見，無道則隱。"

［15］【今注】爲：作。　不善：惡。這裏指僭號稱帝。

［16］【李賢注】《論語》曰："親於其身爲不善者，君子不入。"又曰："君子見危授命，見得思義。"【今注】案，《論語·陽貨》載："佛肸召，子欲往。子路曰：'昔者由也聞諸夫子曰："親於其身爲不善者，君子不入也。"佛肸以中牟畔，子之往也，如之何？'子曰：'然，有是言也。不曰堅乎，磨而不磷；不曰白乎，涅而不緇。吾豈匏瓜也哉？焉能繫而不食？'"

［17］【今注】重餌：貴重的食餌。指厚禄。

［18］【今注】案，殿本"丈夫"前有"以"字。　斷：決斷，決定。

［19］【今注】弔祠：吊祭。

［20］【今注】賻贈：贈送財物助辦喪事。

［21］【今注】翬：音 huī。

蜀平，光武下詔表其閭，[1]《益部紀》載其高節，[2]圖畫形象。[3]

［1］【今注】案，《史記》卷五五《留侯世家》司馬貞《索隱》引崔浩云："表者，標榜其里門也。"　閭：鄉里。《漢書》卷四〇《張良傳》顔師古曰："里門曰閭，表謂顯異之。"

［2］【今注】高節：高尚節操。

［3］【今注】形象：形體相貌。

初，平帝時，蜀郡王皓爲美陽令，[1]王嘉爲郎。[2]王莽篡位，並弃官西歸。及公孫述稱帝，遣使徵皓、嘉，恐不至，遂先繫其妻子。使者謂嘉曰："速裝，[3]妻子可全。"對曰："犬馬猶識主，況於人乎！"王皓先自刎，以首付使者。述怒，遂誅皓家屬。王嘉聞而歎曰：[4]"後之哉！"乃對使者伏劍而死。

［1］【今注】美陽：縣名。治所在今陝西扶風縣法門鎮，漢屬右扶風。

［2］【今注】郎：郎官，謂侍郎、郎中等職。掌顧問應對。

［3］【今注】速裝：迅速準備行裝。

［4］【今注】案，殿本"曰"前有"之"字。

是時犍爲任永君業同郡馮信，[1]並好學博古。公孫述連徵命，待以高位，皆託青盲以避世難。[2]永妻淫於前，匿情無言；見子入井，忍而不救。信侍婢亦對信姦通。[3]及聞述誅，皆盥洗更視曰：[4]"世適平，[5]目即清。"淫者自殺。光武聞而徵之，並會病卒。

［1］【今注】案，君，殿本作"及"，中華本據改，是。

［2］【今注】青盲：眼疾，《諸病源候論》："青盲者，謂眼本無異，瞳子黑白分明，直不見物耳。"古人或以青盲自污，或以白眼自晦。

［3］【今注】侍婢：侍女，女婢。

［4］【今注】盥洗：洗手洗面。

［5］【今注】適：和也。

劉茂字子衞，太原晉陽人也。[1]少孤，獨侍母居。[2]家貧，以筋力致養，[3]孝行著於鄉里。及長，能習《禮經》，教授常數百人。哀帝時，察孝廉，[4]再遷五原屬國候，[5]遭母憂去官。[6]服竟後爲沮陽令。[7]會王莽篡位，茂弃官，避世弘農山中教授。[8]

[1]【今注】晉陽：縣名。治所在今山西太原市晉源區。

[2]【今注】案，侍，大德本、殿本作“與”。

[3]【今注】筋力：猶體力。

[4]【今注】孝廉：漢代察舉科目之一。西漢武帝元光元年（前134）初令郡國舉孝、廉各一人，後合稱爲孝廉。漢代舉孝廉者多任郎官，有年齡限制，後又加考試。本書卷六《順帝紀》陽嘉元年（132）“初令郡國舉孝廉，限年四十以上，諸生通章句，文吏能牋奏，乃得應選；其有茂才異行，若顏淵、子奇，不拘年齒”。

[5]【今注】五原屬國候：五原郡屬國都尉之屬吏，治所在蒲澤縣（今內蒙古達拉特、准格爾兩旗境），東漢廢。西漢武帝時期，設置於西北邊郡少數民族地區的行政長官稱屬國都尉，職如郡守，秩比二千石，屬官有丞、候、千人等。東漢諸邊郡（西北、東北、西南等）皆分置，以安置降附、內屬匈奴、胡、羌、鮮卑等少數民族。

[6]【今注】母憂：母親的喪事。

[7]【李賢注】沮陽，縣，屬上谷郡，故城在今嬀州東。沮音阻。【今注】沮陽：故城在今河北懷來縣小南辛堡鄉大古城。

[8]【今注】弘農山：位於今陝西華陰市。

建武二年，歸，爲郡門下掾。[1]時赤眉二十餘萬衆攻郡縣，[2]殺長吏及府掾史。[3]茂負太守孫福踰牆藏空穴中，得免。其暮，俱奔盂縣。[4]晝則逃隱，夜求糧食。積百餘日，賊去，乃得歸府。明年，詔書求天下義士。福言茂曰："臣前爲赤眉所攻，吏民壞亂，奔走趣山，[5]臣爲賊所圍，命如絲髮，賴茂負臣踰城，出保盂縣。茂與弟觸冒兵刃，[6]緣山負食，[7]臣及妻子得度死命，[8]節義尤高。宜蒙表擢，[9]以厲義士。"詔書即徵茂拜議郎，遷宗正丞。[10]後拜侍中，[11]卒官。

[1]【今注】門下掾：州郡屬吏。本書卷一三《公孫述傳》李賢注："州郡有掾，皆自辟除之，常居門下，故以爲號。"縣亦有之。

[2]【今注】赤眉：新莽末以樊崇等爲首的起義軍，因以赤色塗眉，故稱"赤眉"。又稱"赤麋"，《漢書》卷九九下《王莽傳下》顔師古注："麋，眉也。以朱塗眉，故曰赤眉。古字通用。"

[3]【今注】掾史：官名。中央州、郡、縣皆置，分曹治事。東漢中後期，郡府及縣廷的吏員結構逐漸形成諸曹掾史的格局，這些掾史均由長吏自行辟舉，諸曹掾史，分曹治事。

[4]【李賢注】今并州盂縣也。【今注】盂縣：治所在今山西陽曲縣東北大盂鎮。

[5]【今注】趣（qū）：通"趨"。奔赴，前往。

[6]【今注】觸冒：冒着。

[7]【今注】緣山：沿着山野。　負食：背負糧食。

[8]【今注】死命：生死。

[9]【今注】表擢：表彰擢用。

[10]【李賢注】《續漢書》宗正丞一人，比千石也。

[11]【今注】侍中：官名。本書《百官志三》："侍中，比二千石。本注曰：無員。掌侍左右，贊導衆事，顧問應對。法駕出，

則多識者一人參乘，餘皆騎在乘輿車後。本有僕射一人，中興轉爲祭酒，或置或否。”又《通典》卷二一《職官三》：“侍中者，周公戒成王《立政》之篇所云‘常伯’‘常任’以爲左右，即其任也。秦爲侍中，本丞相史也，使五人往來殿内東廂奏事，故謂之侍中。漢侍中爲加官。凡侍中、左右曹、諸吏、散騎、中常侍，皆爲加官。所加或列侯、將軍、卿大夫、將、都尉、尚書、太醫、太官令至郎中，多至數十人。侍中、中常侍得入禁中，諸曹受尚書事，諸吏得舉法。漢侍中冠武弁大冠，亦曰‘惠文冠’，加金璫，附蟬爲文，貂尾爲飾。便繁左右，與帝升降。”

元初中，[1]鮮卑數百餘騎寇漁陽，[2]太守張顯率吏士追出塞，[3]遥望虜營烟火，急趣之。兵馬掾嚴授慮有伏兵，[4]苦諫止，不聽。顯蹴令進，[5]授不獲已，[6]前戰，伏兵發，授身被十創，殁於陣。[7]顯拔刃追散兵，不能制，虜射中顯，主簿衛福、功曹徐咸遽起之，[8]顯遂墮馬，福以身擁蔽，[9]虜并殺之。朝廷愍授等節，[10]詔書褒歎，[11]厚加賞賜，各除子一人爲郎中。[12]

[1]【今注】案，中華本校勘記：“《集解》引錢大昭説，謂‘元初’應依《鮮卑傳》作‘延平’。又引錢大昕説，謂本紀此事亦載於延平元年。今按：下文稱‘永初二年’，永初在延平後，元初前，則二錢之説是，今據改。”延平，漢殤帝年號。

[2]【今注】鮮卑：古民族名。東胡的一支，漢初居遼東，東漢時期移居匈奴故地。　漁陽：郡名。治漁陽縣（今北京市懷柔區北房鎮梨園莊東）。

[3]【今注】吏士：猶官兵。

[4]【今注】兵馬掾：漢代於漁陽、遼東、河西等軍事重鎮置

兵馬掾，職掌與兵曹略同，爲制度掾之一種。漢代有見以勸農掾兼任。

[5]【今注】蹙：逼迫，追逼。

[6]【今注】不獲已：不得已。

[7]【今注】歿：死。

[8]【今注】主簿：漢代中央及州郡縣，包括公主府等均置，掌文書簿籍。　功曹：漢代郡縣佐吏之一，主選署功勞。司隸校尉府稱功曹從事，州府稱治中從事，郡稱功曹，縣稱功曹掾。　案，起，殿本作“赴”，是。

[9]【今注】擁蔽：遮掩。

[10]【今注】愍：憐憫，哀憐。

[11]【今注】褒歎：褒獎贊嘆。

[12]【今注】郎中：漢時屬郎中令。郎掌守門户，出充車騎，有議郎、中郎、侍郎、郎中，皆無員，多至千人。議郎、中郎秩比六百石，侍郎比四百石，郎中比三百石。中郎有五官、左、右三將，秩皆比二千石。郎中有車、户、騎三將，秩皆比千石。

永初二年，[1]劇賊畢豪等入平原界，[2]縣令劉雄將吏士乘船追之。至厭次河，[3]與賊合戰。雄敗，執雄，以矛刺之。時小吏所輔[4]前叩頭求哀，願以身代雄。豪等縱雄而刺輔，貫心洞背即死。東郡太守捕得豪等，[5]具以狀上。詔書追傷之，[6]賜錢二十萬，除父奉爲郎中。

[1]【今注】永初：東漢安帝劉祜年號（107—113）。

[2]【今注】劇賊：大盜，强賊。　平原：漢初置平原郡，郡治設於平原縣（今山東德州市中部）。

[3]【李賢注】厭次縣之河也。【今注】厭次：縣名。治所在

今山東惠民縣東桑落墅。

［4］【李賢注】所，姓也。《風俗通》曰："宋大夫華所事之後也。漢有所忠，爲諫議大夫。"

［5］【今注】東郡：秦始置，因在秦地之東故名。治所設於濮陽，東漢獻帝初平二年（191）移治今河南南樂縣韓張鎮。

［6］【今注】追傷：追念傷悼。

温序字次房，太原祁人也。[1]仕州從事。[2]建武二年，騎都尉弓里戍[3]將兵平定北州，到太原，歷訪英俊大人，[4]問以策謀。戍見序奇之，上疏薦焉。於是徵爲侍御史。[5]遷武陵都尉，病免官。[6]

［1］【今注】祁：縣名。治所在今山西祁縣。

［2］【今注】從事：又稱"從事史"，漢三公府至州郡自辟僚屬，多以從事爲稱。州府有别駕從事史、治中從事史、簿曹從事史、兵曹從事史、部郡國從事史，秩百石。

［3］【李賢注】弓理（理，殿本作"里"），姓也。【今注】騎都尉：秦至漢初爲統兵武職，不統兵時爲侍衛武官。里耶秦簡"更名方"見"（改）騎邦尉爲騎尉"，疑指騎都尉。西漢宣帝時令中郎將、騎都尉監羽林。亦見騎都尉領西域事者。後又有領三輔胡越騎、監河堤事者。因親近皇帝，多以侍中兼任。東漢騎都尉屬光禄勳，秩比二千石，除監軍外，也領軍出征。

［4］【今注】歷訪：遍訪。

［5］【今注】侍御史：御史大夫屬官，由御史中丞統領，秩六百石，因給事殿中，故名侍御史，或簡稱"御史"。《漢舊儀》："御史，員四十五人，皆六百石。其十五人衣絳，給事殿中，爲侍御史，宿廬在石渠門外。二人尚璽，四人持書給事，二人侍前，中丞一人領。餘三十人留寺，理百官事也，皆冠法冠。"

［6］【今注】案，嶽麓秦簡所見秦代《遷吏令》規定："一歲病不視事盈三月以上者，皆免。"（陳松長主編：《岳麓書院藏秦簡（伍）》，上海辭書出版社 2017 年版，第 190 頁）《漢書》卷八五《谷永傳》："永病，三月，有司奏請免。"又卷九〇《酷吏傳》："會琅邪太守以視事久病，滿三月免。"

六年，拜謁者，[1]遷護羌校尉。[2]序行部至襄武，[3]爲隗囂别將苟宇所拘劫。[4]宇謂序曰："子若與我并威同力，天下可圖也。"序曰："受國重任，分當效死，[5]義不貪生苟背恩德。"宇等復曉譬之。序素有氣力，大怒，叱宇等曰："虜何敢迫脅漢將！"因以節撾殺數人。[6]賊衆争欲殺之。宇止之曰："此義士死節，[7]可賜以劍。"序受劍，銜鬚於口，[8]顧左右曰："既爲賊所迫殺，無令鬚汙土。"遂伏劍而死。

［1］【今注】謁者：秦漢皇宫、后宫、太子宫及諸侯王國皆置，掌關通内外，導引賓客，兼奉命出使。謁者屬郎中令，由謁者僕射統領，秩比六百石，謁者有缺，選郎中美鬚眉大音者補。后宫置中宫謁者令、中宫謁者，由宦官任之。太子宫置先馬，職如謁者。王國置謁者，秩四百石。

［2］【今注】護羌校尉：西漢武帝始置，掌西羌事務，秩比二千石，治護羌城（今青海湟源縣西），擁節，不常置。東漢光武帝建武六年（30）復置，都隴西令居縣（今甘肅永登縣西北），後時置時廢。章帝建初元年（76）至靈帝中平元年（184）遂爲常職，屬員有長史、司馬、從事等。

［3］【今注】行部：巡行所屬部域，考核政績。 襄武：漢代隴西郡之郡治，位於今甘肅隴西縣西南。

[4]【今注】隗囂：字季孟，天水成紀（今甘肅秦安縣）人。出身隴右大族，新莽末割據天水。傳見本書卷一三。　拘劫：拘留劫持。

[5]【今注】分：職分。　效死：獻出生命。

[6]【今注】節：符節。　摑殺：擊殺。《資治通鑑》卷四二《漢紀》世祖光武皇帝建武八年胡三省："檛，職瓜翻，擊也。"摑，紹興本作"檛"。

[7]【今注】死節：爲保全節操而死。

[8]【今注】銜鬚：口含鬍鬚。

序主簿韓遵、從事王忠持屍歸斂。[1]光武聞而憐之，命忠送喪到洛陽，賜城傍爲冢地，[2]賻穀千斛、縑五百匹，[3]除三子爲郎中。長子壽，服竟爲鄒平侯相。[4]夢序告之曰："久客思鄉里。"壽即弃官，上書乞骸骨歸葬。[5]帝許之，乃反舊塋焉。[6]

[1]【今注】主簿：官名。漢代中央及郡縣官署均置，主管文書，辦理事務。　從事：官名。亦稱"從事史""從事掾"。漢代三公府及州郡長官多自辟僚屬，多以從事爲稱。

[2]【今注】城傍：洛陽城傍。　冢地：墓地。

[3]【今注】賻：送給喪家的布帛、錢財等。　縑：淺黄色的細絹，常用作貨幣或賞賜酬謝的禮物。

[4]【今注】服竟：守喪期滿。《後漢紀》卷五《光武帝紀》此句作"賜洛陽城旁冢地，穀千斛，縑五百匹。除序子壽爲郎，遷鄒平侯相"。

[5]【今注】乞骸骨：乞使骸骨得歸故鄉。用於官吏自請退職。

[6]【李賢注】序墓在今并州祁縣西北。【今注】案，舊塋在

今山西祁縣修善村西北，舊有東漢護羌校尉温序之墓石碑。

彭脩字子陽，會稽毗陵人也。[1]年十五時，父爲郡吏，得休，[2]與脩俱歸，道爲盜所劫，脩困迫，乃拔佩刀前持盜帥曰：[3]“父辱子死，卿不顧死邪？”盜相謂曰：“此童子義士也，不宜逼之。”遂辭謝而去。鄉黨稱其名。[4]

[1]【李賢注】毗陵，今常州晉陵縣也。《吴地記》曰：“本名延陵，吴王諸樊封季札。漢改曰毗陵。”【今注】案，西晉惠帝永興元年（304）避東海王越世子毗諱，改毗陵爲晉陵（今江蘇常州市）。

[2]【李賢注】休，假也。

[3]【今注】佩刀：古代男子服飾有佩刀，以示威武。本書《輿服志下》：“佩刀，乘輿黄金通身貂錯，半鮫魚鱗，金漆錯，雌黄室，五色罽隱室華。諸侯王黄金錯，環挾半鮫，黑室。公卿百官皆純黑，不半鮫。小黄門雌黄室，中黄門朱室，童子皆虎爪文，虎賁黄室虎文，其將白虎文，皆以白珠鮫爲鏢口之飾。乘輿者，加翡翠山，紆嬰其側。”

[4]【今注】鄉黨：同鄉，鄉親。

後仕郡爲功曹。[1]時西部都尉宰鼂行太守事，[2]以微過收吴縣獄吏，[3]將殺之，主簿鍾離意爭諫甚切，[4]鼂怒，使收縛意，[5]欲案之，[6]掾吏莫敢諫。[7]脩排閤直入，[8]拜於庭，曰：“明府發雷霆於主簿，[9]請聞其過。”鼂曰：“受教三日，初不奉行，[10]廢命不忠，[11]豈非過邪？”脩因拜曰：“昔任座面折文侯，[12]朱雲攀毁欄檻，[13]自非賢君，焉得忠臣？今慶明府爲賢君，主簿爲忠臣。”鼂遂原意罰，貰獄吏罪。[14]

［1］【今注】功曹：官名。此指郡功曹史（掾），秩百石，掌衆務，職統諸曹。

［2］【李賢注】應劭《漢官》曰：“都尉，秦官也。本名郡尉。掌佐太守典其武職，秩比二千石。孝景時更名都尉。”【今注】西部都尉：會稽郡西部都尉，治錢塘縣（今浙江杭州市）。

［3］【今注】微過：輕微的過失。　吴縣：治所在今江蘇蘇州市姑蘇區。

［4］【今注】鍾離意：字子阿，會稽山陰（今浙江紹興市）人。傳見本書卷四一。

［5］【今注】收縛：猶收繫。

［6］【今注】案：成案定罪。

［7］【今注】掾吏：掾史，官名。漢以後中央、三公府及州縣皆置，分曹治事，由長吏自行闢舉。吏，殿本作“史”。

［8］【今注】排閤：推開閤門。

［9］【今注】明府：郡守的尊稱。　雷霆：泛指暴怒、盛怒。

［10］【今注】初不：始終不，全不。

［11］【今注】案，《左傳》僖公五年：“守官廢命，不敬；固讐之保，不忠。失忠與敬，何以事君？”

［12］【李賢注】解見《文苑禰衡傳》。

［13］【李賢注】《前書》成帝時，朱雲上書，請以尚方斬馬劍斬張禹。上欲殺之，雲攀折殿檻。《西京雜記》云：“攀折玉檻。”

［14］【今注】貰：寬赦。

後州辟從事。[1]時賊張子林等數百人作亂，郡言州，請脩守吳令。[2]脩與太守俱出討賊，賊望見車馬，競交射之，飛矢雨集。脩障扞太守，[3]而爲流矢所中死，太守得全。[4]賊素聞其恩信，[5]即殺弩中脩者，餘悉皆降散。[6]言曰："自爲彭君故降，[7]不爲太守服也。"[8]

[1]【今注】辟：徵召。

[2]【今注】守：兼職，代理。　吳：縣名。治所在今江蘇蘇州市。

[3]【今注】障扞：遮擋，掩護。

[4]【今注】得全：得以保全性命。

[5]【今注】恩信：恩德信義。

[6]【今注】案，紹興本、大德本無"皆"字。

[7]【今注】故：原因。

[8]【今注】服：順服。

索盧放字君陽，[1]東郡人也。以《尚書》教授千餘人。[2]初署郡門下掾。更始時，使者督行郡國，[3]太守有事，當就斬刑。[4]放前言曰："今天下所以苦毒王氏，[5]歸心皇漢者，[6]實以聖政寬仁故也。而傳車所過，[7]未聞恩澤。太守受誅，誠不敢言，但恐天下惶懼，[8]各生疑變。夫使功者不如使過，[9]願以身代太守之命。"遂前就斬。使者義而赦之，由是顯名。

[1]【李賢注】索盧，姓也。【今注】案，《漢書》卷九九《王莽傳》有見索盧恢。

[2]【今注】尚書：書名。儒家經典之一，分爲《虞書》《夏

書》《商書》《周書》。

［3］【今注】督行：視察，巡視。

［4］【今注】斬刑：斷開受刑者身體的死刑。漢律殊死謂斬刑。

［5］【今注】苦毒：痛恨。　王氏：指王莽。

［6］【今注】皇漢：猶大漢，漢朝。

［7］【今注】傳車：古代運送使者或傳遞公文的車。這裏代指使者。

［8］【今注】惶懼：恐懼，驚慌。

［9］【李賢注】若秦穆赦孟明而用之，霸西戎。

建武六年，徵爲洛陽令，[1]政有能名。以病乞身，[2]徙諫議大夫，[3]數納忠言，後以疾去。

［1］【今注】洛陽令：東漢洛陽爲建都之地，洛陽令，掌治其縣，地位高於列郡縣令。案，本書卷一六《鄧寇傳》載："司隸校尉應奉、河南尹何豹、洛陽令袁騰並驅爭先。"

［2］【今注】乞身：猶辭職。

［3］【今注】諫議大夫：惠棟《後漢書補注》引《齊職儀》曰："秦置諫大夫，屬郎中令，無常員，多至數十人，掌論議，漢初不置，至武帝始因秦置之，無常員，皆名儒宿德爲之。光武增'議'字爲諫議大夫，置三十人。"西漢諫大夫，秩比八百，東漢減爲六百石。

建武末，復徵不起，光武使人輿之，[1]見於南宮雲臺，[2]賜穀二千斛，遣歸，除子爲太子中庶子。[3]卒於家。[4]

[1]【今注】輿之：謂載而行之。

[2]【今注】南宫雲臺：東漢南宫高臺名，也是東漢群臣議事之所。

[3]【今注】太子中庶子：太子少傅屬官，職如侍中，掌侍左右，贊導衆事，顧問應對。《漢書·百官公卿表上》："太子太傅、少傅，古官。屬官有太子門大夫、庶子、先馬、舍人。"庶子，應劭注："員五人，秩六百石。"太子登基後，太子中庶子隨即轉爲侍中，如王商、史丹、歐陽地餘等。

[4]【李賢注】《續漢書》曰："太子中庶子，秩六百石。"

周嘉字惠文，汝南安城人也。[1]高祖父燕，宣帝時爲郡決曹掾。[2]太守欲枉殺人，燕諫不聽，遂殺囚而黜燕。因家守闕稱冤。[3]詔遣覆考，燕見太守曰："願謹定文書，皆著燕名，府君但言時病而已。"出謂掾史曰："諸君被問，悉當以罪推燕。如有一言及於府君，燕手劍相刃。"使乃收燕繫獄。屢被掠楚，[4]辭無屈橈。[5]當下蠶室，[6]乃歎曰："我平王之後，正公玄孫，[7]豈可以刀鋸之餘下見先君？"[8]遂不食而死。燕有五子，皆至刺史、太守。

[1]【今注】安城：縣名。治所在今河南平輿縣。

[2]【今注】決曹掾：漢代三公府及郡國之司法官吏，主罪法事。

[3]【今注】守闕：指詣闕上書伸冤。

[4]【今注】掠楚：謂拷打，笞掠。

[5]【今注】案，橈，殿本作"撓"。

[6]【今注】蠶室：受宫刑之牢獄。本書卷一下《光武帝紀

下》："詔死罪繫囚皆一切募下蠶室，其女子宫。"李賢注："蠶室，宫刑獄名。宫刑者畏風，須暖，作窨室蓄火如蠶室，因以名焉。"

［7］【李賢注】《謝承書》曰"燕字少卿，其先出自周平王之後。漢興，紹嗣封爲正公，食采於汝墳"也。

［8］【今注】刀鋸之餘：指受過宫刑。

嘉仕郡爲主簿。王莽末，群賊入汝陽城，[1]嘉從太守何敞討賊，敞爲流矢所中，郡兵奔北，[2]賊圍繞數十重，白刃交集，嘉乃擁敞，以身扞之。因呵賊曰："卿曹皆人隸也。[3]爲賊既逆，豈有還害其君者邪？嘉請以死贖君命。"因仰天號泣。群賊於是兩兩相視，曰："此義士也！"給其車馬，遣送之。

［1］【今注】汝陽：縣名。治所在今河南商水縣。

［2］【今注】奔北：謂背陳走。猶敗走。

［3］【今注】人隸：猶人臣，不敢渫瀆言臣，故以僕隸稱之。

後太守寇恂舉爲孝廉，[1]拜尚書侍郎。[2]光武引見，問以遭難之事。嘉對曰："太守被傷，命懸寇手，臣實駑怯，[3]不能死難。"[4]帝曰："此長者也。"[5]詔嘉尚公主，[6]嘉稱病篤，不肯當。

［1］【今注】寇恂：字子翼，上谷昌平（今北京市昌平區南）人。東漢開國名將。光武帝建武三年（27），寇恂爲汝南太守。傳見本書卷一六。

［2］【今注】尚書侍郎：爲尚書屬官，秩四百石，員三十六人，凡六曹，一曹有六人，主作文書起草。本書《百官志三》引蔡

質《漢儀》曰:“尚書郎初從三署詣臺試，初上臺稱守尚書郎，中歲滿稱尚書郎，三年稱侍郎。客曹郎主治羌胡事，劇遷二千石或刺史，其公遷爲縣令，秩滿自占縣去，詔書賜錢三萬與三臺祖餞，餘官則否。治嚴一月，準謁公卿陵廟乃發。御史中丞遇尚書丞、郎，避車執板住揖，丞、郎坐車舉手禮之，車過遠乃去。尚書言左右丞，敢告知如詔書律令。郎見左右丞，對揖無敬，稱曰左右君。丞、郎見尚書，執板對揖，稱曰明時。見令、僕射，執板拜，朝賀對揖。”

［3］【今注】駑怯：駑下怯弱。

［4］【今注】死難：爲國家危難或事業而死。

［5］【今注】長者：指忠厚、信謹、寬大等有名德之人。

［6］【今注】尚公主：漢制以列侯尚公主，嘉稱病篤，故不敢當。

稍遷零陵太守，[1]視事七年，卒，零陵頌其遺愛，[2]吏民爲立祠焉。

［1］【今注】稍遷：這裏指積功勞，漸以晉升。漢代官吏積勞四歲進爲一功。稍，漸也。

［2］【今注】零陵：郡名。西漢武帝置，治零陵縣（今廣西全州縣西南），東漢光武帝建武年間，改治泉陵縣（今湖南永州市北）。

嘉從弟暢，[1]字伯持，性仁慈，爲河南尹。[2]永初二年，夏旱，久禱無應，暢因收葬洛城傍客死骸骨凡萬餘人，應時澍雨，[3]歲乃豐稔。位至光禄勳。[4]

［1］【今注】從弟：堂弟。

［2］【今注】河南尹：此爲官名。本書《百官志四》："河南尹一人，主京都，特奉朝請。"

［3］【今注】澍雨：及時的雨。

［4］【今注】光禄勳：官名。秦置郎中令，漢因之。西漢武帝太初元年（前104）更名光禄勳，王莽時改爲司中，東漢時仍稱光禄勳。秩中二千石，掌宿衛宫殿門户，典謁署郎更直執戟，宿衛門户，考其德行而進退之。郊祀之事，掌三獻。丞一人，比千石。

范式字巨卿，山陽金鄉人也，[1]一名氾。少遊太學，[2]爲諸生，與汝南張劭爲友。劭字元伯。二人並告歸鄉里。式謂元伯曰："後二年當還，將過拜尊親，見孺子焉。"[3]乃共剋期日。後期方至，元伯具以白母，請設饌以候之。母曰："二年之别，千里結言，爾何相信之審邪？"[4]對曰："巨卿信士，必不乖違。"[5]母曰："若然，當爲爾醖酒。"至其日，巨卿果到，升堂拜飲，盡歡而别。

［1］【今注】金鄉：縣名。治所在今山東嘉祥縣阿城鋪村。

［2］【今注】太學：漢代設在京師的最高教育機構。西漢武帝元朔五年（前124）始置，立五經博士。東漢因之。

［3］【李賢注】見其子也。孺子，稚子也。

［4］【今注】審：真實，確實。

［5］【今注】乖違：違背。

式仕爲郡功曹。後元伯寢疾篤，[1]同郡郅君章、殷子徵晨夜省視之。元伯臨盡，歎曰："恨不見吾死友！"[2]子徵曰："吾與君章盡心於子，是非死友，復欲誰求？"元伯曰："若二子者，吾生友耳。山陽范巨卿，所謂死友也。"尋而卒。式忽夢見元伯玄冕垂纓屣履而呼曰："巨卿，吾以某日死，當以爾時葬，[3]永歸黄泉。子未我忘，豈能相及？"式怳然覺寤，[4]悲歎泣下，具告太守，請往奔喪。太守雖心不信而重違其情，許之。式便服朋友之服，[5]投其葬日，馳往赴之。式未及到，而喪已發引，既至壙，[6]將窆，[7]而柩不肯進。其母撫之曰："元伯，豈有望邪？"[8]遂停柩移時，乃見有素車白馬，號哭而來。其母望之曰："是必范巨卿也。"巨卿既至，叩喪言曰："行矣元伯！死生路異，永從此辭。"會葬者千人，咸爲揮涕。式因執紼而引，[9]柩於是乃前。式遂留止冢次，爲脩墳樹，然後乃去。

[1]【今注】寢疾：卧病。

[2]【今注】案，悵，紹興本、大德本、殿本皆作"恨"。死友：至死不相負的朋友。

[3]【今注】爾時：猶彼時。

[4]【今注】怳然：惆悵貌。

[5]【李賢注】《儀禮喪服記》曰："朋友六通國（六通國，紹興本作'在他國'，大德本、殿本作'在它國'），袒免，歸則已。"注云："謂無親者爲之主喪服。"又曰："朋友麻。"注云："朋友雖無親，有同道之恩，相爲服緦之經帶。"

[6]【今注】壙：墓穴。大德本作"曠"。

[7]【李賢注】窆，下棺也。

[8]【今注】案，邪，大德本作"耶"。

[9]【今注】執紼：吊所執紼曰"綍"，下葬時牽引柩入墓穴。

後到京師，受業太學。時諸生長沙陳平子亦同在學，與式未相見，而平子被病將亡，謂其妻曰："吾聞山陽范巨卿，烈士也，[1]可以託死。吾殁後，但以屍埋巨卿户前。"乃裂素爲書，以遺巨卿。既終，妻從其言。時式出行適還，省書見瘞，[2]愴然感之，向墳揖哭，以爲死友。乃營護平子妻兒，身自送喪於臨湘。[3]未至四五里，乃委素書於柩上，[4]哭别而去。其兄弟聞之，尋求不復見。長沙上計掾史到京師，[5]上書表式行狀，三府並辟，[6]不應。

[1]【今注】烈士：節義之士。

[2]【今注】瘞（yì）：埋葬。

[3]【今注】臨湘：縣名。治所在今湖南長沙市。

[4]【今注】素書：書信（以白絹爲書）。

[5]【今注】上計掾史：亦稱"上計掾"，古代負責州郡縣道上計事務的屬吏。

[6]【今注】三府：太尉、司徒、司空府。

舉州茂才，[1]四遷荆州刺史。友人南陽孔嵩，[2]家貧親老，乃變名姓，傭爲新野縣阿里街卒。[3]式行部到新野，而縣選嵩爲導騎迎式。[4]式見而識之，呼嵩，把臂謂曰："子非孔仲山邪？"對之歎息，語及平生。曰："昔與子俱曳長裾，[5]遊集帝學，[6]吾蒙國恩，致位牧伯，[7]而子懷道隱身，處於卒伍，不亦惜乎！"嵩曰："侯嬴長守於賤業，[8]晨門肆志於抱關。[9]子欲居九夷，不患其陋。[10]貧者士之宜，豈爲鄙哉！"式勑縣代嵩，嵩以爲先傭未竟，不肯去。

［1］【今注】茂才：漢代察舉科目之一。《漢書》卷六《武帝紀》顔師古注："應劭曰：'舊言秀才，避光武諱稱茂才。'……師古曰：'茂，美也。'"

［2］【今注】南陽：郡名。治宛縣（今河南南陽市卧龍區）。

［3］【李賢注】阿里，里名也。【今注】新野縣：治所在今河南新野縣。　街卒：掌管街道治安及掃除等差役。北宋劉攽曰："夫東西漢之時，賢士長者未嘗不仕郡縣也。自曹掾、書史、馭吏、亭長、門幹、街卒、游徼、嗇夫，盡儒生學士爲之，才試於事，情見於物，則賢不肖較然。故遭事不惑，則知其智；犯難不避，則知其節；臨財不私，則知其廉；應對不疑，則知其辯，如此，故察舉易，而賢公卿大夫自此出矣。"（《全宋文》卷一五〇二《送焦千之序》）

［4］【李賢注】導引之騎。【今注】案，本書《百官志五》劉昭注引《古今注》曰："（刺史）常以春分行部，郡國各遣一吏迎界上。"

［5］【今注】長裾：儒服，長外衣。

［6］【今注】案，集，大德本作"進"，殿本作"息"。

［7］【今注】牧伯：指刺史。

［8］【李賢注】《史記》曰，侯嬴年七十，家貧，爲大梁夷門卒。魏公子聞之，往請，欲厚遺之，不肯受，曰："臣脩身潔行數十年，終不以監門困故受公子財。"

［9］【李賢注】解見《張晧傳》也（殿本無"也"字）。

［10］【李賢注】《論語》曰："孔子欲居九夷。或曰：'陋，如之何？'子曰：'君子居之，何陋之有。'"

嵩在阿里，正身厲行，[1]街中子弟皆服其訓化。遂辟公府。[2]之京師，[3]道宿下亭，盜共竊其馬，尋問知其嵩也，乃相責讓曰："孔仲山善士，[4]豈宜侵盜乎！"於是送馬謝之。嵩官至南海太守。[5]式後遷廬江太守，[6]有威名，卒於官。

[1]【今注】厲行：砥礪操行。

[2]【今注】辟：徵辟。

[3]【今注】之：到。

[4]【今注】善士：有德之士。

[5]【今注】南海：郡名。治番禺縣（今廣東廣州市）。

[6]【今注】廬江：郡名。治舒縣（今安徽廬江縣西南），後徙皖縣（今安徽潜山縣），東漢獻帝建安末徙至陽泉縣（今安徽霍邱縣臨水鎮）。

李善字次孫，南陽淯陽人，[1]本同縣李元蒼頭也。[2]建武中疫疾，元家相繼死没，唯孤兒續始生數旬，而貲財千萬，諸奴婢私共計議，欲謀殺續，分其財産。善深傷李氏而力不能制，乃潛負續逃去，[3]隱山陽瑕丘界中，[4]親自哺養，乳爲生湩，[5]推燥居溼，[6]備嘗艱勤。續雖在孩抱，奉之不異長君，有事輒長跪請曰，[7]然後行之。閭里感其行，皆相率脩義。續年十歲，善與歸本縣，脩理舊業。告奴婢於長吏，悉收殺之。時鍾離意爲瑕丘令，上書薦善行狀。光武詔拜善及續並爲太子舍人。[8]

[1]【今注】淯陽：縣名。治所在今河南南陽市南六十里。

［2］【今注】蒼頭：僕隸。《禮記·祭義》孔穎達疏："漢家僕隸謂蒼頭。以蒼巾爲飾，異於民也。"

［3］【今注】案，去，大德本、殿本作"亡"。

［4］【今注】山陽瑕丘：位於今山東濟寧市兖州區東北。

［5］【李賢注】湩，乳汁也。音竹用反。

［6］【今注】案，本書卷五四《楊震傳》李賢注引《孝經援神契》："母之於子也，鞠養殷勤，推燥居濕，絶少分甘。"

［7］【今注】案，曰，紹興本、大德本、殿本作"白"，是。

［8］【今注】太子舍人：秦官，掌東宫宿衛，似郎中，秩二百石，漢因之。太子登基後，隨例遷爲郎。王莽時，太常學子弟歲舉甲科四十人爲郎中，乙科二十人爲太子舍人。東漢桓帝建和初，詔諸學生年十六以上，比郡國明經，試，次第上名。中第十七人爲太子舍人。永壽二年（156）甲午，詔復課試諸生，補郎、舍人。試能通三經者，擢其高第，爲太子舍人；其不得第者，後試復隨輩試，第復高者，亦得爲太子舍人。已爲太子舍人，滿二歲，試能通四經者，擢其高第，爲郎。

善，顯宗時辟公府，以能理劇，[1]再遷日南太守。[2]從京師之官，道經淯陽，過李元冢。未至一里，乃脱朝服，持鉏去草。及拜墓，哭泣甚悲，身自炊爨，[3]執鼎俎以脩祭祀。垂泣曰："君夫人，善在此。"盡哀，數日乃去。到官，以愛惠爲政，懷來異俗。[4]遷九江太守，[5]未至，道病卒。續至河間相。[6]

［1］【今注】理劇：即理繁事劇，謂治理繁難事務。

［2］【今注】日南：郡名。治西卷縣（今越南廣治省甘露河與廣治河合流處）。

［3］【今注】炊爨（cuàn）：燒火做飯。

[4]【今注】懷來：招來，謂感化之。

[5]【今注】九江：郡名。秦置，治壽春縣（今安徽壽縣），東漢時移治陰陵縣（今安徽定遠縣西北）。

[6]【今注】河間：河間國。西漢孝文帝時置，東漢光武帝建武十三年（37）省，屬信都。和帝永元二年（90），復分樂成、涿郡、渤海爲河間。　相：王國相。又稱“諸侯相”，漢初稱丞相，西漢景帝中元五年（前145）改稱相。《漢書》卷九《元帝紀》：“（初元）三年春，令諸侯相位在郡守下。”顏師古曰：“此諸侯謂諸侯王也。”

王忳字少林，[1]廣漢新都人也。[2]忳嘗詣京師，於空舍中見一書生疾困，愍而視之。書生謂忳曰：“我當到洛陽，而被病，命在須臾，[3]腰下有金十斤，願以相贈，死後乞藏骸骨。”未及問姓名而命絶。忳即鬻金一斤，[4]營其殯葬，餘金悉置棺下，人無知者。後歸數年，縣署忳大度亭長。初到之日，有馬馳入亭中而止。其日，大風飄一繡被，復墯忳前，[5]即言之於縣，縣以歸忳。忳後乘馬到雒縣，[6]馬遂奔走，牽忳入它舍。主人見之喜曰：“今禽盜矣。”問忳所由得馬，忳具説其狀，并及繡被。主人悵然良久，[7]乃曰：“被隨旋風與馬俱亡，卿何陰德而致此二物？”[8]忳自念有葬書生事，因説之，并道書生形貌及埋金處。[9]主人大驚號曰：“是我子也。姓金名彦。前往京師，不知所在，何意卿乃葬之。大恩久不報，天以此章卿德耳。”忳悉以被馬還之，彦父不取，又厚遺忳，忳辭讓而去。時彦父爲州從惠，[10]因告新都令，假忳休，[11]自與俱迎彦喪，餘金俱存。忳由是顯名。

［1］【李賢注】忳音純。

［2］【今注】新都：縣名。治所在今四川成都市新都區。

［3］【今注】須臾：片刻之間。

［4］【今注】鬻金：賣金。大德本、殿本無“金”字。

［5］【今注】案，憧，殿本作“墮”。

［6］【今注】雒縣：西漢置，治所在今四川廣漢市北。

［7］【今注】悵然：失憶不樂貌。

［8］【今注】陰德：爲善而人不知，則爲陰德。凡爲善而人知之，則爲陽善。

［9］【今注】案，大德本、殿本“金”後有“之”字。

［10］【今注】案，惠，紹興本、大德本、殿本皆作“事”，是。

［11］【今注】案，殿本“休”後有“息”字。

仕郡功曹，州治中從事。[1]舉茂才，除郿令。[2]到官，至斄亭。[3]亭長曰：“亭有鬼，數殺過客，不可宿也。”忳曰：“仁勝凶邪，德除不祥，何鬼之避！”即入亭止宿。夜中聞有女子稱冤之聲。忳呪曰：[4]“有何枉狀，可前求理乎？”女子曰：“無衣，不敢進。”忳便投衣與之。女子乃前訴曰：“妾夫爲涪令，[5]之官過宿此亭，亭長無狀，[6]賊殺妾家十餘口，[7]埋在樓下，悉取財貨。”[8]忳問亭長姓名。女子曰：“即今門下游徼者也。”[9]忳曰：“汝何故數殺過客？”對曰：“妾不得白日自訴，每夜陳冤，客輒眠不見應，不勝感恚，[10]故殺之。”忳曰：“當爲汝理此冤，勿復殺良善也。”因解衣於地，忽然不見。明旦召游徼詰問，[11]具服罪，即收繫，及同謀十餘人悉伏辜，[12]遣吏送其喪歸鄉里，於是亭遂清安。

[1]【今注】治中從事：官名。州府佐官，掌州選署及文書案卷衆事，秩百石。在司隸校尉則稱“功曹從事”。

[2]【今注】郿：縣名。治所在今陝西眉縣東十五里渭河北岸。

[3]【李賢注】蘩音台。

[4]【今注】呪：同“咒”。祝告之。

[5]【今注】涪：縣名。治所在今四川綿陽市涪江東岸。

[6]【今注】無狀：没有緣故。

[7]【今注】案，賊，大德本、殿本作“枉”。

[8]【今注】案，大德本、殿本“取”前有“盜”字。

[9]【今注】門下游徼：縣廷佐吏，掌徼循，禁司奸盜。

[10]【今注】感恚：憤恨。感，通“憾”。

[11]【今注】詰問：追問，責問。

[12]【今注】伏辜：服罪。

張武者，吴郡由拳人也。[1]父業，郡門下掾，送太守妻子還鄉里，至河内亭，[2]盜夜劫之，業與賊戰死，遂亡失屍骸。[3]武時年幼，不及識父。後之太學受業，每節，常持父遺劍，至亡處祭醊，[4]泣而還。太守第五倫嘉其行，[5]舉孝廉。遭母喪過毁，[6]傷父魂靈不返，因哀慟絶命。

[1]【李賢注】由拳，縣，故城在今蘇州嘉興縣南。【今注】

由拳：縣名。治所在今浙江嘉興市南湖區。

［2］【今注】河内：郡名。治懷縣（今河南武陟縣西南）。

［3］【今注】案，紹興本無“失”字。

［4］【今注】祭醊：又作“祭餟”，醊謂連續之祭。殷墟甲骨卜辭中見“三叕”“五叕”；睡虎地《日書·乙種》見“席叕其後，亦席三叕”。

［5］【今注】第五倫：字伯魚，京兆長陵（今陝西咸陽市）人。東漢大臣，官至司空。傳見本書卷四一。

［6］【今注】過毁：哀傷過度。

陸續字智初，會稽吴人也。[1]世爲族姓。[2]祖父閎，字子春，建武中爲尚書令。[3]美姿貌，喜著越布單衣，[4]光武見而好之，自是常勑會稽郡獻越布。

［1］【今注】吴：縣名。治所在今江蘇蘇州市。

［2］【今注】族姓：世族大姓。

［3］【今注】尚書令：官名。掌凡選署及奏下尚書曹文書衆事。秩千石。《通典》卷二二《職官四》：“秦，置尚書令。尚，主也。漢因之，銅印青綬。武帝用宦者，更爲中書謁者令。成帝去中書謁者令官，更以士人爲尚書令。後漢衆務，悉歸尚書，三公但受成事而已。尚書令主贊奏事，總領紀綱，無所不統。與司隸校尉、御史中丞朝會皆專席而坐，京師號曰‘三獨坐’。故公爲令、僕射者，朝會不陛奏事。天子封禪，則尚書令奉玉牒檢兼藏封之禮。”

［4］【今注】案，著，大德本作“者”，殿本作“着”。 越布：俗稱“夏布”，又稱“越葛”，用葛爲之。其特點是絲縷纖細，薄如蟬翼。

續幼孤，仕郡户曹史。[1]時歲荒民飢，[2]太守尹興使續於都亭賦民饘粥。[3]續悉簡閲其民，訊以名氏。事畢，興問所食幾何？續因口説六百餘人，皆分別姓字，[4]無有差謬。興異之，刺史行部，見續，辟爲別駕從事。[5]以病去，還爲郡門下掾。

[1]【今注】户曹史：漢代郡佐吏，爲户曹的副職，佐助户曹掾主民户、祠祀、農桑等事。

[2]【今注】案，大德本、殿本"飢"後有"困"字。

[3]【今注】都亭：都邑之亭。《資治通鑑》卷二七《漢紀》中宗孝宣皇帝神爵四年胡注："凡郡縣皆有都亭。秦法，十里一亭，郡縣治所則置都亭。"　賦：通"敷"。發放。　饘（zhān）粥：稀飯。

[4]【今注】案，字，大德本、殿本作"名"。

[5]【今注】別駕從事：東漢司隸校尉及州部屬吏，秩百石。校尉及刺史行部則奉引，録衆事。

是時楚王英謀反，[1]陰疏天下善士，[2]及楚事覺，顯宗得其録，有尹興名，乃徵興詣廷尉獄。[3]續與主簿梁宏、功曹史駟勳及掾史五百餘人詣洛陽詔獄就考，[4]諸吏不堪痛楚，死者大半，唯續、宏、勳掠考五毒，[5]肌肉消爛，終無異辭。續母遠至京師，覘候消息，[6]獄事特急，[7]無緣與續相聞，母但作饋食，[8]付門卒以進之。續雖見考苦毒，而辭色慷慨，[9]未嘗易容，唯對食悲泣，不能自勝。[10]使者怪而問其故。續曰："母來不得相見，故泣耳。"使者大怒，以爲門卒通傳意氣，[11]召將案之。續曰："因食餉羹，識母所自調和，故知來耳，非人告也。”使者問：“何以知母所作乎？”續曰：“母嘗截肉未嘗不方，斷葱以寸爲度，是以知之。”使者問諸謁舍，[12]續母果來，於是陰嘉之，上書説續行狀。帝即赦興等事，還鄉里，禁錮終身。[13]續以老病卒。

［1］【今注】案，事見本書卷四二《光武十王傳》。

［2］【今注】陰疏：私底下搜尋網羅。

［3］【今注】廷尉獄：獄名。廷尉所署監獄，大臣有罪則下廷尉獄。因多奉詔收繫犯人，故又稱“廷尉詔獄”。

［4］【今注】詔獄：囚禁奉詔收捕案犯的監獄即稱爲詔獄，東漢京師各政府機構設置的監獄統稱爲“中都官獄”，即屬於詔獄。廷尉獄亦稱“廷尉詔獄”。東漢桓帝設黄門北寺獄，亦稱“北寺詔獄”，此外，還有掖庭獄、暴室獄、都内獄、洛陽獄都屬於詔獄。王先謙《漢書補注》卷五三引周壽昌云：“凡遣官治獄謂之詔獄，謂奉詔治獄也。”

［5］【今注】五毒：五種酷刑。《資治通鑑》卷四五《漢紀》顯宗孝明皇帝永平十四年胡注：“或云，鞭、箠、及灼及徽、纆爲五毒。”

［6］【今注】覘候：探聽。

［7］【今注】案，特，大德本、殿本作“持”。

［8］【今注】饋食：熟食。

［9］【今注】慷慨：情緒激勵抗揚。

［10］【今注】自勝：克制自己。

［11］【今注】案，門卒，大德本、殿本作“獄門吏卒”。 意氣：謂餽送財禮。

［12］【李賢注】謁舍所謂停主人之舍也。

［13］【今注】禁錮：禁止仕宦及參與政治。

長子稠，廣陵太守，[1]有理名。[2]中子逢，[3]樂安太守。[4]少子褒，力行好學，不慕榮名，連徵不就。褒子康，已見前傳。

［1］【今注】廣陵：郡名。治廣陵縣（今江蘇揚州市西北蜀岡上）。

［2］【今注】有理名：有治理之名。

［3］【今注】案，大德本、殿本“中”前有“續”字。

［4］【今注】樂安：郡名。治高苑縣（今山東鄒平縣東北苑城鎮）。

戴封字平仲，濟北剛人也。[1]年十五，詣太學，師事鄮令東海申君。[2]申君卒，送喪到東海，道當經其家。父母以封當還，豫爲娶妻。封暫過拜親，不宿而去。還京師卒業。時同學石敬平温病卒，[3]封養視殯斂，以所齎糧市小棺，[4]送喪到家。家更斂，見敬平行時書物皆在棺中，乃大異之。封後遇賊，財物悉被略奪，唯餘縑七匹，[5]賊不知處，封乃追以與之，曰：“知諸君乏，故送相遺。”賊驚曰：“此賢人也。”盡還其器物。

［1］【李賢注】剛，縣，故城在今兗州龔丘縣東北。【今注】剛：縣名。治所在今山東寧陽縣堽城鎮。

［2］【今注】鄮：縣名。治所在今浙江寧波市鄞州區東。

［3］【今注】温病：温熱病之泛稱，多因傷寒引發。

［4］【今注】齎：携帶。

［5］【今注】縑：《釋名·釋采帛》：“縑，兼也，其絲細緻，

數兼於絹，染兼五色，細緻，不漏水也。”

後舉孝廉，光禄主事，遭伯父喪去官。詔書求賢良方正直言之士，有至行能消災伏異者，公卿郡守各舉一人。[1]郡及大司農俱舉封。[2]公車徵，[3]陛見，[4]對策第一，擢拜議郎。遷西華令。[5]時汝、潁有蝗災，獨不入西華界。時督郵行縣，[6]蝗忽大至，督郵其日即去，蝗亦頓除，一境奇之。其年大旱，封禱請無獲，[7]乃積薪坐其上以自焚。火起而大雨暴至，於是遠近歎服。

［1］【今注】案，本書卷四《和帝紀》和帝永元六年（94）三月丙寅，詔“令三公、中二千石、二千石、内郡守相舉賢良方正能直言極諫之士各一人。昭巖穴，披幽隱，遣詣公車，朕將悉聽焉”。帝乃親臨策問，選補郎吏。

［2］【今注】大司農：秦置治粟内史，掌穀貨。西漢景帝後元元年（前143）更名大農令，武帝太初元年（前104）更名大司農，秩中二千石，掌諸錢穀金帛諸貨幣。郡國四時上月旦見錢穀簿，其逋未畢，各具别之。邊郡諸官請調度者，皆爲報給，損多益寡，取相給足。屬官有太倉、均輸、平準、都内、籍田五令丞，斡官、鐵市兩長丞。又郡國諸倉農監、都水六十五官長丞皆屬焉。王莽改大司農曰羲和，後更爲納言。初，斡官屬少府，中屬主爵，後屬大司農。

［3］【今注】公車徵：即徵詣公車。《漢官儀》曰：“（公車司馬令）掌殿司馬門，夜徼宫中，天下上事及闕下凡所徵召皆總領之。”

［4］【今注】陛見：臣下謁見皇帝。

[5]【今注】西華：縣名。治所在今河南周口市西北。今河南出土有東漢“西華令印”。

[6]【今注】督郵：漢置，郡府屬吏，秩六百石，掌監屬縣、督送郵書，兼及案繫盜賊、點録囚徒、催繳租賦等。漢代每郡依據所轄縣多少，分東、西、南、北、中等爲五部（或二部、三部），分部循行。督郵位卑權重，“分明善惡于外”，遂爲郡守之“耳目”。《通典》卷三三《職官十五》云：“督郵，功曹之極位。”

[7]【今注】案，僆，紹興本、殿本作“獲”。

遷中山相。[1]時諸縣囚四百餘人，辭狀已定，當行刑。封哀之，皆遣歸家，與剋期日，皆無違者。詔書策美焉。

[1]【今注】中山：王國名。西漢景帝前元三年（前154）封庶子劉勝而立，國都盧奴縣（今河北定州市）。東漢建武年間，宗室劉茂、光武庶子劉輔曾封中山王，建武三十年（54）徙封皇子劉焉爲中山王，歷五世，國除。

永元十二年，[1]徵拜太常，[2]卒官。

[1]【今注】案，二，大德本作“一”。

[2]【今注】太常：官名。秦置奉常。西漢景帝中元六年（前144）改名太常。王莽曾改名秩宗。東漢復名太常。秩中二千石，掌禮儀祭祀，每祭祀，先奏其禮儀；及行事，常贊天子。每選試博士，奏其能否。大射、養老、大喪，皆奏其禮儀。每月前晦，察行陵廟。《通典》卷二五《職官七》稱：“漢舊常以列侯忠敬孝慎者居之；後漢不必侯也。”

李充字大遜，陳留人也。[1]家貧，兄弟六人同食遞衣。[2]妻竊謂充曰："今貧居如此，難以久安，妾有私財，願思分異。"[3]充僞酬之曰：[4]"如欲别居，當醞酒具會，[5]請呼鄉里内外，共議其事。"婦從充置酒讌客。充於坐中前跪白母曰："此婦無狀，[6]而教充離間母兄，罪合遣斥。"便呵叱其婦，逐令出門，婦銜涕而去。坐中驚肅，[7]因遂罷散。充後遭母喪，行服墓次，人有盜其墓樹者，[8]充手自殺之。服闋，[9]立精舍講授。[10]

[1]【今注】陳留：縣名。治所在今河南開封市祥符區陳留鎮。

[2]【今注】案，同食遞衣，大德本作"同衣遞食"。遞衣，輪流穿一件衣服。

[3]【今注】分異：謂别居異財，另立户籍。

[4]【今注】僞酬：假裝應答。

[5]【今注】醞酒：釀酒。

[6]【今注】案，大德本、殿本"婦"後有"人"字。 無狀：罪至不可言狀。

[7]【今注】驚肅：震驚而肅静。

[8]【今注】案，人有，大德本、殿本作"有人"。另，大德本無"墓"字。

[9]【今注】服闋：守喪期滿。

[10]【今注】精舍：學舍。

太守魯平請署功曹，不就。平怒，乃援充以捐溝中，[1]因謫署縣都亭長。[2]不得已，起親職役。後和帝公車徵，不行。延平中，[3]詔公卿、中二千石各舉隱士大儒，務取高行，以勸後進，特徵充爲博士。[4]時魯平亦爲博士，每與集會，常歎服焉。

［1］【今注】援：牽引。捐：棄。

［2］【今注】謫署：降職並外調。　縣都亭長：都邑之亭長。本書卷一〇下《皇后紀下》李賢注："凡言都亭者，並城内亭也。"

［3］【今注】延平：東漢殤帝劉隆年號（106）。

［4］【今注】博士：學官名。戰國時置，秦因之，諸子、詩賦、方術皆立博士。西漢文帝置一經博士，武帝時置五經博士，掌教授、課試、奉使、議政。

充遷侍中。大將軍鄧騭貴戚傾時，[1]無所下借，[2]以充高節，每卑敬之。嘗置酒請充，賓客滿堂，酒酣，騭跪曰："幸託椒房，[3]位列上將，幕府初開，[4]欲辟天下奇偉，以匡不逮，惟諸君博求其器。"充乃爲陳海内隱居懷道之士，頗有不合。騭欲絶其説，以肉啖之。充抵肉於地，曰："説士猶甘於肉！"[5]遂出，徑去。騭甚望之。同坐汝南張孟舉往讓充曰："一日聞足下與鄧將軍説士未究，[6]激刺面折，不由中和，[7]出言之責，非所以光祚子孫者也。"充曰："大丈夫居世，貴行其意，何能遠爲子孫計哉！"[8]由是見非於貴戚。

［1］【今注】鄧騭：字昭伯，南陽新野（今河南新野縣）人。東漢外戚，太傅鄧禹之孫。傳見本書卷一六。

［2］【李賢注】下音假。借音子夜反。

［3］【今注】椒房：代指后妃。

［4］【今注】幕府：將軍府。《史記》卷八一《廉頗藺相如列傳》《集解》引如淳曰："將軍征行無常處，所在爲治，故言'莫府'。莫，大也。"《索隱》按："注如淳解'莫，大也'云云。又崔浩云'古者出征爲將帥，軍還則罷，理無常處，以幕帟爲府署，故曰莫府'。"

［5］【今注】説士：游説之士。

［6］【李賢注】一日猶昨日也。

［7］【今注】中和：儒家中庸之道。《禮記・中庸》："中也者，天下之大本也，和也者，天下之達道也。"

［8］【今注】案，大德本無"哉"字。

遷左中郎將，[1]年八十八，[2]爲國三老。[3]安帝常特進見，賜以几杖。[4]卒於家。

［1］【今注】左中郎將：主左署郎，秩比二千石。《漢官儀》："五官左右中郎將，秦官也，秩比二千石。凡郎官皆主更直，執戟宿衛。"《漢舊儀》："左、右中郎將，秩比二千石，主謁者、常侍侍郎，以貲進。"

［2］【今注】案，後一"八"字，大德本、殿本作"以"。

［3］【今注】國三老：春秋戰國時期已有三老名稱出現。掌教化，爲衆民之帥，非吏而有比吏之權，漢代三老有鄉三老、縣三老、郡三老、國三老四種類型。秦漢時期年五十以上，有德行、尊奉教化者，可擢爲三老。《史記・平準書》："非吏比者三老、北邊騎士。"《集解》引如淳曰："非吏而得與吏比者，官謂三老。"《漢書》卷一上《高帝紀上》："舉民年五十以上，有修行，能帥衆爲善，置以爲三老，鄉一人。擇鄉三老一人爲縣三老，與縣令丞尉以事相教，復勿繇戍。"清咸豐壬子年間（1852）餘姚客星山出土

《漢三老碑》石刻。

［4］【今注】几杖：坐几和手杖，爲敬老者之物。今西北簡牘資料見《王杖十簡》《王杖詔書令册》。

繆肜字豫公，汝南召陵人也。[1]少孤，兄弟四人，皆同財業。[2]及各娶妻，諸婦遂求分異，又數有鬬争之言。[3]肜深懷憤歎，[4]乃掩户自檛曰：[5]"繆肜，汝脩身謹行，學聖人之法，將以齊整風俗，奈何不能正其家乎！"弟及諸婦聞之，悉叩頭謝罪，遂更爲敦睦之行。[6]

［1］【今注】召陵：縣名。治所在今河南漯河市東。

［2］【今注】案，業，殿本作"産"。

［3］【今注】鬬争之言：謂妯娌之争。

［4］【今注】憤歎：憤慨嘆息。

［5］【今注】案，檛，殿本作"撾"。撾，擊打，敲打。

［6］【今注】敦睦：親厚和睦。

仕縣爲主簿。時縣令被章見考，吏皆畏懼自誣，而肜獨證據其事，掠考苦毒，至乃體生蟲蛆，因復傳换五獄，踰涉四年，令卒以自免。

太守隴西梁湛召爲決曹史。[1]安帝初，湛病卒官，肜送喪還隴西。始葬，會西羌反叛，[2]湛妻子悉避亂它郡，肜獨留不去，爲起墳冢，乃潛穿井旁以爲窟室，[3]晝前隱竄，[4]夜則負土，[5]及賊平而墳已丘。[6]其妻子意肜已死，還見大驚。關西咸稱傳之，共給車馬衣資，彤不受而歸鄉里。

[1]【今注】隴西：郡名。治狄道縣（今甘肅臨洮縣南）。 決曹史：西漢丞相府和東漢三公府及郡國皆置，爲決曹的佐史，掌罪法事。

[2]【今注】西羌：古族名。主要分布在今甘肅南部、青海東部、四川北部一帶。傳見本書卷八七。

[3]【今注】案，旁，大德本、殿本作"傍"。 窟室：地下室。

[4]【今注】案，前，紹興本作"則"，是。

[5]【今注】負土：負土成墳。

[6]【今注】案，丘，紹興本、大德本、殿本作"立"，是。

辟公府，舉尤異，遷中牟令。[1]縣近京師，多權豪，彤到，誅諸姦吏及託名貴戚賓客者百有餘人，威名遂行。卒於官。

[1]【今注】中牟：縣名。治所在今河南中牟縣。

陳重字景公，豫章宜春人也。[1]少與同郡雷義爲友，俱學《魯詩》《顏氏春秋》。[2]太守張雲舉重孝廉，重以讓義，前後十餘通記，[3]雲不聽。義明年舉孝廉，重與俱在郎署。

[1]【李賢注】宜春，今袁州縣。【今注】宜春：縣名。治所在今江西宜春市袁州區。

[2]【今注】魯詩：《詩經》今文學派之一。漢代魯人申培公

所傳，文帝時，立爲博士。　顔氏春秋：又稱《公羊顔氏春秋》，西漢魯國薛（今山東滕州市官橋鎮）人顔安樂所傳，屬今文經。

［3］【李賢注】記，書也。【今注】通記：猶通信。

有同署郎負息錢數十萬，[1]責主日至，詭求無已，[2]重乃密以錢代還。郎後覺知而厚辭謝之。重曰："非我之爲，將有同姓名者。"終不言惠。又同舍郎有告歸寧者，[3]誤持鄰舍郎絝以去。[4]主疑重所取，重不自申說，而市絝以償之。後寧喪者歸，以絝還主，其事乃顯。

［1］【今注】息錢：有息貸款。

［2］【李賢注】《説文》曰："詭，責也。"【今注】無已：没有休止。

［3］【今注】歸寧：回家省親。

［4］【今注】絝：古"袴"字，下衣。指左右各一，分裹兩脛的套褲，無襠。

重後與義俱拜尚書郎，[1]義代同時人受罪，以此黜退，重見義去，亦以病免。

［1］【今注】尚書郎：漢尚書臺屬官，掌文書期會。東漢時分三公曹、吏部曹、民曹、客曹、二千石曹、中都官曹，分曹署事。本書《百官志三》引蔡質《漢儀》曰："尚書郎初從三署詣臺試，初上臺稱守尚書郎，中歲滿稱尚書郎，三年稱侍郎。客曹郎主治羌胡事，劇遷二千石或刺史，其公遷爲縣令，秩滿自占縣去，詔書賜錢三萬與三臺祖餞，餘官則否。治嚴一月，準謁公卿陵廟乃發。御

史中丞遇尚書丞、郎，避車執板住揖，丞、郎坐車舉手禮之，車過遠乃去。尚書言左右丞，敢告知如詔書律令。郎見左右丞，對揖無敬，稱曰左右君。丞、郎見尚書，執板對揖，稱曰明時。見令、僕射，執板拜，朝賀對揖。”

後舉茂才，除細陽令。[1]政有異化，舉尤異，當遷爲會稽太守，遭姊憂去官。[2]後爲司徒所辟，拜侍御史，卒。

[1]【今注】細陽：縣名。治所在今安徽太和縣東南。

[2]【今注】姊憂：即姊（姐姐）喪。

雷義字仲公，豫章鄱陽人也。[1]初爲郡功曹，皆擢舉善人，[2]不伐其功。[3]義嘗濟人死罪，[4]罪者後以金二斤謝之，義不受，金主伺義不在，默投金於承塵上。[5]後葺理屋宇，乃得之，[6]金主已死，無所復還，[7]義乃以付縣曹。

[1]【李賢注】鄱陽，縣，城在今饒州鄱陽縣東。【今注】鄱陽：縣名。治所在今江西鄱陽縣東。

[2]【今注】案，皆，殿本作“嘗”，是。

[3]【今注】不伐其功：不自矜其功。

[4]【今注】濟人：幫助、救助别人。

[5]【今注】承塵：床上的帳幕。劉熙《釋名·釋床帳》：“承塵，施於上以承塵土也。”

[6]【今注】案，之，大德本、殿本作“金”。

[7]【今注】案，所，大德本作“得”。

後舉孝廉，拜尚書侍郎，有同時郎坐事當居刑作，[1]義默自表取其罪，以此論司寇。[2]同臺郎覺之，委位自上，乞贖義罪。順帝詔皆除刑。

[1]【今注】居刑作：謂居官府勞作，指在官府指定場所罰服勞役。

[2]【今注】司寇：刑徒名。《漢書·刑法志》："隸臣妾滿二歲，爲司寇；司寇一歲，及作如司寇二歲，皆免爲庶人。"顔師古注引如淳曰："罪降爲司寇，故一歲，正司寇，故二歲也。"又《漢舊儀》："罪爲司寇，司寇男備守，女爲作如司寇，皆作二歲。"

義歸，舉茂才，讓於陳重，刺史不聽，義遂陽狂被髮走，[1]不應命。鄉里爲之語曰："膠漆自謂堅，不如雷與陳。"三府同時俱辟二人。義遂爲守灌謁者。[2]使持節督郡國行風俗，太守令長坐者凡七十人。旋拜侍御史，除南頓令，[3]卒官。

[1]【今注】案，陽，大德本、殿本作"佯"。

[2]【李賢注】《漢官儀》曰："謁者三十五人，以郎中秩滿歲稱給事，未滿歲稱灌謁者。"胡廣云："明章二帝服勤園陵，謁者灌栢，後遂稱云。"馬融以爲"灌者，習所職也"。應奉云："如胡公之言，則吉凶異制。馬云'灌，習也'，字又非也。高祖承秦，灌嬰服事七年，號大謁者，後人掌之，以姓灌章，豈其然乎？"

[3]【今注】南頓：縣名。治所在今河南項城市西南。

子授，官至蒼梧太守。[1]

[1]【今注】蒼梧：郡名。秦置，治所暫不可考。西漢武帝元鼎六年（前111）復置，郡治廣信縣（今廣西梧州市與廣東封開縣交匯一帶）。

范冉字史雲，[1]陳留外黄人也。[2]少爲縣小吏，[3]年十八，奉檄迎督郵，冉恥之，乃遁去。到南陽，受業於樊英。[4]又遊三輔，就馬融通經，[5]歷年乃還。

[1]【李賢注】"冉"或作"丹"。

[2]【今注】外黄：縣名。治所在今河南民權縣西北。

[3]【今注】縣小吏：縣官機構中處理各類具體事務的辦事人員，職如胥吏。

[4]【今注】樊英：字季齊，南陽魯陽（今河南魯山縣）人。善圖緯，東漢著名術士。傳見本書卷八二上。

[5]【今注】馬融：字季長，扶風茂陵（今陝西興平市東北）人。東漢名將馬援從孫，經學大師。傳見本書卷六〇上。

冉好違時絶俗，爲激詭之行。[1]常慕梁伯鸞、閔仲叔之爲人。[2]與漢中李固、河内王奂親善，而鄙賈偉節、郭林宗焉。[3]奂後爲考城令，[4]境接外黄，[5]屢遣書請冉，冉不至。及奂遷漢陽太守，[6]將行，冉乃與弟協步齎麥酒，於道側設壇以待之。冉見奂車徒駱驛，遂不自聞，惟與弟共辯論於路。奂識其聲，即下車與相揖對。奂曰："行路倉卒，非陳契闊之所，[7]可共到前亭宿息，[8]以叙分隔。"冉曰："子前在考城，思欲相從，以賤質自絶豪友耳。今子遠適千里，會面無期，故輕行相候，以展訣别。如其相追，將有慕貴之譏矣。"

便起告違，拂衣而去。奐瞻望弗及，冉長逝不顧。

[1]【今注】激詭之行：指不合時俗禮法之行爲。

[2]【今注】梁伯鸞：梁鴻。字伯鸞，扶風平陵（今陝西咸陽市）人。傳見本書卷八三。 閔仲叔：閔貢，字仲叔，太原（今山西太原市）人。傳見本書卷五三。

[3]【李賢注】《謝承書》曰："奐字子昌，河内武德人。明五經，負笈追業，常賃灌園，恥交勢利。爲考城令，遷漢陽太守，徵拜議郎，卒。"【今注】李固：字子堅，漢中南鄭（今陝西漢中市）人。東漢名臣，官至太尉。傳見本書卷六三。 賈偉節郭林宗：事見本書卷六七《黨錮傳》。

[4]【今注】考城：縣名。治所在今河南民權縣七鄉西南。

[5]【今注】外黄：縣名。治所在今河南民權縣西北内黄集。

[6]【今注】漢陽：郡名。治冀縣（今甘肅甘谷縣東）。

[7]【今注】案，紹興本無"契"字。

[8]【今注】案，大德本、殿本無"到"字。

桓帝時，以冉爲萊蕪長，[1]遭母憂，不到官。後辟太尉府，以狷急不能從俗，[2]常佩韋於朝。[3]議者欲以爲侍御史，因遁身逃命於梁沛之間，徒行敝服，賣卜於市。

[1]【李賢注】萊蕪，縣，屬泰山郡，故城在今淄川縣東南。【今注】萊蕪：縣名。治所在今山東淄博市南博山城東。

[2]【今注】狷急：性情急躁不能容忍。

[3]【李賢注】《史記》曰，西門豹性急，佩韋以自緩。【今注】韋：皮繩，性柔軟。古人性急則佩韋，緩則佩弦。

遭黨人禁錮，遂推鹿車，[1]載妻子，捃拾自資，[2]或寓息客廬，或依宿樹蔭。如此十餘年，乃結草室而居焉。所止單陋，有時粮粒盡，[3]窮居自若，言貌無改，閭里歌之曰："甑中生塵范史雲，釜中生魚范萊蕪。"

[1]【今注】鹿車：又稱"轆車"，一種獨輪小車。《風俗通》云："鹿車窄小，裁容一鹿也。或云樂車，乘牛馬者，剉斬飲飼達曙，今乘此雖爲勞極，然入傳舍，偃卧無憂，故曰樂車。無牛馬而能行者，獨一人所致耳。"

[2]【李賢注】《袁固松書》曰（固，紹興本、大德本、殿本作"山"，是）："冉去官，嘗使兒俉麥（俉，大德本作'拾'；殿本作'捃拾'），得五斛。鄰人尹臺遺之一斛，囑兒莫道。冉後知，即令并送六斛，言麥已雜矣，遂誓不敢受。"

[3]【今注】案，粮，大德本、殿本作"絶"。大德本無"盡"字。

及黨禁解，爲三府所辟，乃應司空命。是時西羌反叛，黄巾作難，[1]制諸府掾屬不得妄有去就。[2]冉首自劾退，詔書特原不理罪。又辟太尉府，以疾不行。

[1]【今注】黄巾：東漢末年（184）以張角爲首的太平道信徒起義，因頭綁黄巾爲記號，故稱。

[2]【李賢注】制，制書也。

中平二年，[1]年七十四，卒於家。臨命遺令勑其子曰：[2]"吾生於昏闇之世，[3]值乎淫侈之俗，[4]生不得匡世濟時，死何忍自同於世！氣絶便斂，斂以時服，衣足蔽形，棺足周身，[5]斂畢便穿，[6]穿畢便埋。[7]其明堂之奠，[8]干飯寒水，飲食之物，勿有所下。墳封高下，[9]令足自隱。[10]知我心者李子堅、王子炳也。[11]今皆不在，制之在爾，勿令鄉人宗親有所加也。”[12]於是三府各遣令史奔弔。大將軍何進移書陳留太守，[13]累行論謚，僉曰宜爲貞節先生。[14]會葬者二千餘人，刺史郡守各爲立碑表墓焉。

［1］【今注】中平：東漢靈帝劉宏年號（184—189）。

［2］【今注】臨命：臨死前。　遺令：臨終告誡、囑咐。

［3］【今注】昏闇：猶昏暗。

［4］【今注】淫侈：奢侈浪費。

［5］【今注】周身：全身。

［6］【今注】穿：穿穴。

［7］【今注】案，畢，大德本作“必”。

［8］【李賢注】禮送死者衣曰明衣，器曰明器。鄭玄注云：“明者，神明之也。”此言明堂，亦神明之堂，謂壙中也。

［9］【今注】墳封：墳上的封土。

［10］【李賢注】《前書》劉向曰：“延陵季子葬子，其高可隱。”《音義》云：“謂人立可隱肘也。”隱音於靳反。

［11］【李賢注】李子堅，李仁也（仁，紹興本、大德本、殿本作“固”）。

［12］【今注】加：擔負。

［13］【今注】何進：字遂高，南陽宛（今河南南陽市卧龍區）人。東漢靈帝何皇后之兄。傳見本書卷六九。

［14］【李賢注】《謚法》“清白守節曰貞（謚，紹興本、大德

本、殿本作‘謚’，是），好廉自剋曰節”也。【今注】僉：都，皆。

戴就字景成，會稽上虞人也。[1]仕郡倉曹掾，[2]楊州刺史歐陽參奏太守成公浮臧罪，遣部從事薛安案倉庫簿領，收就於錢唐縣獄。[3]幽囚考掠，五毒參至。就慷慨直辭，色不變容。又燒鋘斧，使就挾於肘腋。[4]就語獄卒："可熟燒斧，勿令冷。"[5]每上彭考，[6]因止飯食不肯下，肉焦毀墯地者，掇而食之。[7]主者窮竭酷慘，無復餘方，乃卧就覆船下，以馬通薰之。[8]一夜二日，皆謂已死，發船視之，就方張眼大罵曰："何不益火，而使滅絶！"又復燒地，以大鍼刺指爪中，使以把土，[9]爪悉墯落。主者以狀白安，安呼見就，謂曰："太守罪穢狼籍，[10]受命考實，君何故以骨肉拒扞邪？"就據地答言："太守剖符大臣，當以死報國。卿雖銜命，固宜申斷冤毒，奈何誣枉忠良，强相掠理，令臣謗其君，子證其父！薛安庸騃，忸行無義，[11]就考死之日，當白之於天，與群鬼殺汝於亭中。如蒙生全，當手刃相裂！"安深奇其壯節，即解械，更與美談，表其言辭，解釋郡事。徵浮還京師，免歸鄉里。

[1]【今注】上虞：縣名。治所在今浙江上虞市。

[2]【今注】倉曹掾：漢代三公府及郡縣皆置，主倉穀事。

[3]【今注】案，唐，殿本作"塘"。 縣獄：漢代郡有治獄的權力，但没有另外設置郡獄，從這條材料來看，郡的治獄場所並非一定是郡治所在的縣獄。

[4]【李賢注】鋘從"吴"。《毛詩》云："不吴不敖。"何承

天《纂文》曰：“臿，今之鋘也。”張揖《字詁》云：“臿，刃也。”鋘音華。穿《説文》《字林》《三蒼》並無“鋘”字（穿，紹興本、大德本、殿本作“案”，是）。（殿本此注在“又燒”後）

［5］【今注】案，泠，紹興本、殿本作“冷”。

［6］【李賢注】彭即蒡也。【今注】彭考：謂笞打拷問。

［7］【李賢注】掇，拾也，丁活反。

［8］【李賢注】《本草經》曰：“馬通，馬矢也。”【今注】案，以馬矢熏目可致失明，使其臥就覆船下，復以馬矢薰之，以致死。

［9］【今注】把土：抓土。

［10］【今注】案，籍，紹興本、大德本、殿本作“藉”。

［11］【李賢注】忸，怢也，猶言慣習。騃音吾楷反。

太守劉寵舉就孝廉，光禄主事，病卒。[1]

［1］【李賢注】《風俗通》曰：“光禄奉肹上就爲上事（上，紹興本、大德本、殿本作‘主’）。”

趙苞字威豪，甘陵東武城人。[1]從兄忠，爲中常侍，[2]苞深恥其門族有宦官名埶，[3]不與忠交通。[4]

［1］【李賢注】今貝川武城縣（川，紹興本、大德本、殿本作“州”）。【今注】東武城：縣名。治所在今山東武城縣西。

［2］【今注】中常侍：官名。秦置中常侍官，參用士人，皆銀璫左貂，給事殿省。西漢沿置，出入宫廷，侍從皇帝，爲列侯至郎中的加官。東漢時，中常侍成爲有具體職掌的官職，本無員數，明帝永平中定爲四人，明帝以後，員數稍增，改以金璫右貂，兼領卿署之職。自和熹太后以女主稱制，不接公卿，乃以閹人爲常侍、小

黄門，通命兩宫，自此以來，悉用閹人。東漢後期，中常侍把持朝政，權勢極盛。東漢中常侍秩千石，後增秩比二千石。

［3］【今注】名埶：名聲和權勢。

［4］【今注】交通：結交，往來。

初仕州郡，舉孝廉，再遷廣陵令。[1]視事三年，政教清明，郡表其狀，[2]遷遼西太守。抗厲威嚴，[3]名振邊俗。[4]以到官明年，遣使迎母及妻子，垂當到郡，[5]道經柳城，[6]值鮮卑萬餘人入塞寇鈔，[7]苞母及妻子遂爲所劫質，載以擊郡。苞率步騎二萬，[8]與賊對陣。賊出母以示苞，苞悲號謂母曰："爲子無狀，[9]欲以微禄奉養朝夕，不圖爲母作禍。[10]昔爲母子，今爲王臣，義不得顧私恩，毁忠節，唯當萬死，[11]無以塞罪。"母遥謂曰："威豪，人各有命，何得相顧，以虧忠義！昔王陵母對漢使伏劍，[12]以固其志，爾其勉之。"苞即時進戰，賊悉摧破，其母妻皆爲所害。苞殯斂母畢，[13]自上歸葬。靈帝遣策弔慰，封鄃侯。[14]

［1］【今注】廣陵：縣名。治所在今江蘇揚州市西北蜀岡上。

［2］【今注】表：顯揚，表彰。

［3］【今注】抗厲：高尚嚴正。

［4］【今注】邊俗：邊地民衆。

［5］【今注】垂：將近。

［6］【李賢注】柳城，縣，屬遼西郡，故城在今營州南。【今注】柳城：縣名。治所在今遼寧朝陽縣十二臺鄉袁臺子村。

［7］【今注】寇鈔：劫掠。

［8］【今注】案，殿本無"步"字。

[9]【今注】無狀：没有功績，不成器。

[10]【今注】不圖：不料。

[11]【今注】案，准，紹興本、殿本作“唯”，是。

[12]【今注】王陵：泗水沛（今江蘇沛縣）人。西漢大臣，官至右丞相、太傅。傳見《漢書》卷四〇。

[13]【今注】殯斂：即殯殮。

[14]【李賢注】鄃，今貝州縣也，音式榆反。【今注】鄃：亦作“俞”，縣名。治所在今山東平原縣腰站鎮闞莊南。

苞葬訖，[1]謂鄉人曰：“食禄而避難，非忠也；殺母以全義，[2]非孝也。如是，有何面目立於天下！”遂歐血而死。[3]

[1]【今注】訖：完畢。

[2]【今注】全義：保全節操。

[3]【今注】歐：通“嘔”。

向栩字甫興，河内朝歌人，[1]向長之後也。[2]少爲書生，性卓詭不倫。[3]恒讀《老子》，[4]狀如學道。又似狂生，[5]好被髪，著絳綃頭。[6]常於竈北坐板牀上，如是積久，板乃有膝踝足指之處。不好語言而喜長嘯。賓客從就，[7]輒伏而不視。有弟子，名爲“顔淵”“子貢”“季路”“冉有”之輩。或騎驢入市，乞匄於人。[8]或悉要諸乞兒俱歸止宿，[9]爲設酒食。時人莫能測之。郡禮請辟，舉孝廉、賢良方正、有道，[10]公府辟，皆不到。又與彭城姜肱、京兆韋著並徵，栩不應。

［1］【今注】朝歌：縣名。治所在今河南淇縣。

［2］【李賢注】《高士傳》向長，"向"字作"尚"也。

［3］【今注】卓詭不倫：猶超凡脱俗。

［4］【今注】恒：副詞。經常。

［5］【今注】狂生：狂放之人。

［6］【李賢注】《説文》："綃，生絲也，從系肖聲。"音消。案：此字當作"幧"，音此消反，其字從"巾"。古詩云："少年見羅敷，脱巾著幧頭。"鄭玄注《儀禮》云："如今著幓頭，自項中而前，交額上，却繞髻也。"

［7］【今注】從就：往就，往從。

［8］【今注】乞匄：乞丐。

［9］【今注】要：通"邀"。大德本、殿本作"邀"。

［10］【今注】有道：漢代辟舉科目之一。

後特徵，[1]到，拜趙相。及之官，時人謂其必當脱素從儉，[2]而栩更乘鮮車，[3]御良馬，世疑其始僞。及到官，略不視文書，舍中生蒿萊。[4]

［1］【今注】特徵：特别徵召，猶公車特徵。有别於孝廉、賢良方正、有道、公府辟等。

［2］【李賢注】脱易簡素。

［3］【今注】鮮車：裝飾華麗的車子。

［4］【今注】蒿萊：野草，雜草。

徵拜侍中，每朝廷大事，侃然正色，[1]百官憚之。會張角作亂，栩上便宜，[2]頗譏刺左右，[3]不欲國家興兵，但遣將於河上北向讀《孝經》，[4]賊自當消滅。中常侍張讓讒栩不欲令國家命將出師，[5]疑與角同心，欲爲内應。收送黄門北寺獄，[6]殺之。

[1]【今注】侃然：剛直貌。

[2]【今注】便宜：有利國家，合乎時宜的事。

[3]【今注】左右：謂近臣，侍從。

[4]【今注】孝經：儒家十三經之一。以孝爲中心，講述儒家的倫理綱常。

[5]【今注】張讓：潁川（今河南禹州市）人。東漢宦官。傳見本書卷七八。

[6]【今注】黄門北寺獄：獄名。屬黄門署，位於北宫金商門（禁門）附近。《風俗通》："寺，司也，廷之有法度者也，諸官府所止曰寺。"黄門北寺獄多奉詔獄。

諒輔字漢儒，廣漢新都人也。[1]仕郡爲五官掾。[2]時夏大旱，太守自出祈禱山川，連日而無所降。輔乃自暴庭中，[3]慷慨呪曰：[4]"輔爲股肱，[5]不能進諫納忠，薦賢退惡，和調陰陽，承順天意，至令天地否隔，[6]萬物焦枯，百姓喁喁，[7]無所訴告，咎盡在輔。今郡太守改服責己，爲民祈福，[8]精誠懇到，[9]未有感徹。[10]輔今敢自祈請，若至日中不雨，[11]乞以身塞無狀。"於是積薪柴聚茭茅以自環，[12]搆火其傍，[13]將自焚焉。未及日中時，而天雲晦合，[14]須臾澍雨，一郡沾潤。世以此稱其至誠。

[1]【今注】新都：縣名。治所在今四川成都市新都區東。

[2]【李賢注】《百官志》曰："每州皆置諸曹掾史。有功曹

史，主選署功勞。有五官掾，署功曹及諸曹事。”【今注】五官掾：漢代郡國屬吏，位次功曹，郡中春秋祭祀，由五官掾主祭，居諸曹之首。今見《史晨饗孔廟後碑》《桐柏淮源廟碑》等。

[3]【今注】暴：曝曬。

[4]【今注】呪：禱告。

[5]【今注】股肱：左右輔助之臣。

[6]【今注】天地否隔：天地陰陽之氣無法交流融合。見《周易》“否卦”（天地否）。

[7]【今注】喁（yóng）喁：衆人向慕貌。

[8]【今注】案，析，紹興本、大德本、殿本作“祈”，是。

[9]【今注】懇到：懇切，懇至。

[10]【今注】感徹：感通。

[11]【今注】案，紹興本、大德本無“日”字。

[12]【李賢注】茭，乾草也。【今注】自環：環繞自周。

[13]【今注】案，傍，殿本作“旁”。

[14]【今注】晦：昏暗。

劉翊字子相，潁川潁陰人也。[1]家世豐産，[2]常能周施而不有其惠。[3]曾行於汝南界中，[4]有陳國張季禮遠赴師喪，[5]遇寒冰車毀，[6]頓滯道路。[7]翊見而謂曰：“君慎終赴義，行宜速達。”即下車與之，不告姓名，自策馬而去。季禮意其子相也，後故到潁陰，[8]還所假乘。[9]翊閉門辭行，不與相見。

[1]【今注】潁陰：縣名。治所在今河南許昌市。

[2]【今注】家世：家族門第或家族世系。

[3]【今注】周施：周濟施舍。

[4]【今注】汝南：郡名。治平輿縣（今河南平輿縣北）。

[5]【今注】陳國：諸侯王國名。治陳縣（今河南淮陽縣）。東漢初爲淮陽郡。光武帝建武元年（25）九月，遥封更始帝劉玄爲淮陽王。建武十五年，封皇子劉延爲淮陽公，建武十七年進爵爲淮陽王，明帝永平十六年（73）因過徙爲阜陵王，淮陽復爲郡。章帝建初四年（79）徙常山王劉昞爲淮陽王。至章和元年（87），劉昞卒，淮陽國除爲郡。章和二年，章帝崩，遺詔徙封西平王劉羡爲陳王，食淮陽郡。淮陽自此改稱陳。傳國至劉寵，獻帝建安二年（197）爲袁術所殺，國除爲郡

[6]【今注】案，冰，大德本、殿本作“水”。

[7]【今注】頓滯：停息滯留。

[8]【今注】故：特意。

[9]【今注】假：借。

常守志卧疾，不屈聘命。河南种拂臨郡，[1]引爲功曹，翊以拂名公之子，[2]乃爲起焉。拂以其擇時而仕，甚故任之。[3]陽翟黄綱恃程夫人權力，[4]求占山澤以自營植。拂召翊問曰：“程氏貴盛，在帝左右，不聽則恐見怨，與之則奪民利，爲之奈何？”翊曰：“名山大澤不以封，蓋爲民也。[5]明府聽之，則被佞倖之名矣。[6]若以此獲禍，貴子申甫，則自以不孤也。”[7]拂從翊言，遂不與之。乃舉翊爲孝廉，不就。

[1]【今注】臨郡：指上任爲郡守。

[2]【李賢注】拂，暠之子也。

[3]【今注】案，故，紹興本、大德本、殿本作“敬”，是。

[4]【今注】陽翟：縣名。治所在今河南禹州市。　程夫人：

據清人洪頤煊説，程夫人乃程璜之女，用事宫中，又稱“程大人”。

［5］【李賢注】《禮記》曰：“名山大澤不以封。”

［6］【今注】佞倖：善於諂媚阿諛而得主上寵幸。

［7］【李賢注】申甫，拂之子。

後黄巾賊起，郡縣飢荒，翊救給乏絶，[1]資其食者數百人。鄉族貧者，死亡則爲具殯葬，嫠獨則助營妻娶。[2]

［1］【今注】乏絶：匱乏而瀕於絶境。

［2］【李賢注】寡婦爲嫠（爲，殿本作“曰”），無夫曰獨。

獻帝遷都西京，[1]翊舉上計掾。[2]是時寇賊興起，道路隔絶，使驛稀有達者。翊夜行晝伏，乃到長安。詔書嘉其忠勤，特拜議郎，[3]遷陳留大守。翊散所握珍玩，唯餘車馬，自載東歸。出關數百里，見士大夫病亡道次，[4]翊以馬易棺，脱衣斂之。又逢知故困餒於路，[5]不忍委去，[6]因殺所駕牛，以救其乏。衆人争之，[7]翊曰：“視没不救，非志士也。”遂俱餓死。

［1］【今注】西京：長安。

［2］【今注】上計掾：又稱“上計掾史”，古代負責州郡縣道上計事務的屬吏。

［3］【今注】特拜：特授官職。案，《漢官儀》：“議郎、中郎，秦官也。議郎秩比六百石，特徵賢良方正敦朴有道第。”

［4］【今注】道次：道旁。

［5］【今注】知故：舊交。　困餒：困乏飢餓。餒，大德本作

"乏"。

［6］【今注】委去：委棄離去。

［7］【今注】案，争，紹興本、大德本、殿本作"止"。

王烈字彦方，[1]太原人也。[2]少師事陳寔，[3]以義行稱。鄉里有盜牛者，[4]主得之，盜請罪曰："刑戮是甘，乞不使王彦方知也。"烈聞而使人謝之，遺布一端。[5]或問其故，烈曰："盜懼吾聞其過，是有耻惡之心。既懷耻惡，必能改善，故以此激之。"後有老父遺劍於路，行道一人見而守之，至暮，老父還，尋得劍，怪而問其姓名，以事告烈。烈使推求，乃先盜牛者也。諸有争訟曲直，將質之於烈，[6]或至塗而反，或望廬而還。其以德感人若此。

［1］【李賢注】《魏志》烈字彦考。【今注】案，《三國志》卷一一《魏書・王烈傳》載："王烈者，字彦方，於時名聞在原、寧之右。"

［2］【今注】太原：郡名。治晉陽縣（今山西太原市晉源區）。平原郡則在今山東。《獻帝起居注》曰："建安十五年，初置徵事二人，原與平原王烈俱以選補。"又《三國志》卷一一《魏書・管寧傳》："天下大亂，（管寧）聞公孫度令行於海外，遂與原及平原王烈等至于遼東。"

［3］【今注】陳寔：字仲弓，潁川許（今河南許昌市）人。東漢名士，時人謚爲"文范先生"。傳見本書卷六二。

［4］【今注】案，此句或讀爲"以義行稱鄉里。有盜牛者"。牛，紹興本作"牟"，本段下同。

［5］【今注】一端：古代布帛二丈爲一端，二端相向卷之，共

爲一兩（重量單位），合一匹（長度單位）。一端即半匹，半兩。

［6］【今注】質：這裏指質疑辯論。

察孝廉，三府並辟，皆不就。遭黄巾、董卓之亂，乃避地遼東，夷人尊奉之。太守公孫度接以昆弟之禮，[1]訪酬政事。欲以爲長史，[2]烈乃爲商賈自穢，得免。[3]曹操聞烈高名，遣徵不至。建安二十四年，終於遼東，年七十八。

［1］【李賢注】《魏志》曰："公孫度字叔濟，本遼東襄平人。度父延，避吏居玄菟，任爲郡吏。時玄菟太守公孫域子豹，年十八，早死，度少時名豹，又與域子同年，域是親哀之（是，紹興本、大德本、殿本作'見'），遣就師學，爲娶妻。後舉有道，除尚書郎，遼東太守。"【今注】昆弟：同"昆仲"。指兄和弟，比喻親密如兄弟。

［2］【今注】長史：官名。秦置。丞相、太尉、三公及將軍府均設長史，總理府事。邊陲郡守亦置長史，掌兵馬。

［3］【今注】案，漢代市井子孫不得仕宦爲吏。

贊曰：乘方不忒，臨義罔惑。[1]惟此剛絜，果行育德。[2]

［1］【李賢注】忒，差也。言獨行之人，乘履方正，不差二也。【今注】乘：行，行爲。　方：方正，守矩。　罔：没有。

［2］【李賢注】《易·蒙卦·象》曰"君子以果行育德"也。【今注】剛絜：剛强，清白。　果行：果斷的行動。

後漢書　卷八二上

列傳第七十二上

方術上

任文公　郭憲　許楊　高獲　王喬　謝夷吾　楊由
李南　李郃　段翳　廖扶　折像　樊英

仲尼稱《易》有君子之道四焉，曰“卜筮者尚其占”。[1]占也者，先王所以定禍福，決嫌疑，幽贊於神明，遂知來物者也。[2]若夫陰陽推步之學，往往見於墳記矣。[3]然神經怪牒，[4]玉策金繩，[5]關扃於明靈之府，[6]封縢於瑶壇之上者，[7]靡得而闚也。[8]至乃《河》《洛》之文，[9]龜龍之圖，[10]箕子之術，[11]師曠之書，[12]緯候之部，[13]鈐決之符，[14]皆所以探抽冥賾，參驗人區，時有可聞者焉。[15]其流又有風角、遁甲、七政、元氣、六日七分、逢占、日者、挺專、須臾、孤虛之術，[16]及望雲省氣，推處祥妖，時亦有以效於事也。[17]而斯道隱遠，玄奥難原，故聖人不語怪神，罕言性命。[18]或開末而抑其端，[19]或曲辭以章其義，[20]所謂“民可使由之，不可使知之”。[21]

［1］【李賢注】《易·繫辭》曰：“以言者尚其辭，以動者尚其變，以制器者尚其象，以卜筮者尚其占。”【今注】仲尼：孔子。　易：《周易》。儒家經典之一，相傳爲周文王所作。其内容形成時間較早，本爲卜筮用書。　卜筮者尚其占：以占卜爲業者看重其占卜術。

［2］【李賢注】《易·説卦》曰：“聖人之作《易》也，幽贊於神明而生蓍。”《繫辭》曰：“無有遠近幽深，遂知來物。”【今注】幽贊：暗中受神明佐助。

［3］【李賢注】《左傳》曰：“履端於始，舉正於中，歸餘於終。”《尚書》曰“歷象日月星辰”也。【今注】陰陽推步之學：推算日月運轉、天文曆法的占星之學。　墳記：古代的典籍。

［4］【今注】神經怪牒：神仙鬼怪的經傳典籍。

［5］【今注】玉策金繩：以玉器爲載體、以金繩編連的册書。

［6］【今注】關扃於明靈之府：關閉在神靈的府第。

［7］【今注】封縢於瑶壇之上：封捆在瑶壇之上。

［8］【今注】靡得而闚：無法得以窺視。闚，通“窺”。

［9］【今注】河洛之文：《河圖》《洛書》。古代的讖緯圖書。

［10］【李賢注】《尚書中候》曰：“堯沈璧於洛，玄龜負書，背中赤文朱字，止壇。舜禮壇于河畔，沈璧，禮畢（畢，大德本作‘壇’），至于下昊，黄龍負卷舒圖（殿本無‘負’字），出水壇畔。”

［11］【李賢注】箕子説《洪範》五行陰陽之術也。【今注】箕子之術：傳世箕子爲周武王作《洪範》五行陰陽之術。

［12］【李賢注】占災異之書也。今書《七志》有《師曠》六

篇。【今注】師曠：春秋時期晉國大臣，通音律，善占筮。

［13］【李賢注】緯，七經緯也。候，《尚書中候》也。【今注】緯候：《七經緯》與《尚書中候》的合稱。

［14］【李賢注】兵法有《羊鈐篇》及《玄女六韜要決》（羊，紹興本、大德本、殿本作“玉”，是），曰：“九公對武王曰（九，紹興本、大德本、殿本作‘太’，是）：‘主將有陰符，有大勝得敵之符，符長一尺；有破軍禽敵之符，符長九寸；有隆城得邑之符（隆，紹興本、大德本、殿本作“降”，是），符長八寸；有却敵執遠之符，符長七寸；有交兵驚中堅寺之符（寺，紹興本、大德本、殿本作“守”，是），符長六寸；有請糧食益兵之符，符長五寸；有敗軍亡將之符，符長四寸；有失亡吏卒之符，符長三寸。諸奉使行符稽留，若符事聞，聞符所告者皆誅。’”【今注】鈐決之符：與軍事有關的兵陰陽之書。鈐決，《玉鈐篇》與《玄女六韜要決》的合稱。

［15］【李賢注】《小爾雅》曰（小，殿本作“按”）：“賾，深也。區，域也。”【今注】探抽：探取，探求。 冥賾：深奧的義理。 人區：人間之事。

［16］【李賢注】風角、六日七分，解並見《郎顗傳》。遁甲，推六甲之陰而隱遁也，今書《七志》有《遁甲經》。七政，日、月、五星之政也。元氣者，謂開闢陰陽之書也。《河圖》曰：“元氣闓陽爲天。”《前書》班固曰：“東方朔之逢占、覆射。”《音義》云：“逢人所問而占之也。”日者，十筮掌日之術也（十，大德本、殿本作“卜”，是），《史記》司馬季主爲日者。挺專，折竹卜也。《楚辭》曰：“索瓊茅以筳專。”注云：“筳，八段竹也。楚人名結草折竹曰專。”挺音大寧反（挺，殿本作“筳”）。須臾，陰陽吉凶立成之法也。今書《七志》有武王《須臾》一卷。孤虛者，孤謂六甲之孤辰，若甲子旬中，戌亥無干，是爲孤也，對孤爲虛。《前書·藝文志》有《風后孤虛》二十卷。【今注】案，本

書卷三〇下《郎顗傳》李賢注："風角謂候四方四隅之風，以占吉凶也……《易稽覽圖》曰：'甲子卦氣起中孚，六日八十分日之七。'鄭玄注云：'六以候也。八十分爲一日之七者，一卦六日七分也。'"風角、遁甲、七政、元氣、六日七分、逢占、日者、挺專、須臾、孤虛之術皆是方士占卜之術。

［17］【李賢注】望雲，解見《明帝紀》。省氣者，觀城郭人畜氣以占之也。【今注】望雲省氣：本書卷二《明帝紀》李賢注："《周禮》保章氏：'以五雲之色，辨吉凶、水旱、豐荒之祲象。'鄭司農注云：'以二至二分觀雲色，青爲蟲，白爲喪，赤爲兵荒，黑爲水，黄爲豐。故《春秋傳》曰："凡分至啓閉必書雲物，爲備故也。"'杜預注云：'物謂氣色灾變也。'"　推處祥妖：推究祥瑞與妖異。

［18］【李賢注】《論語》曰："子不語怪力亂神。"又曰："子罕言利與命與仁。"

［19］【李賢注】《論語》曰："孔子有疾，子路請禱。子曰：'丘之禱久矣。'"鄭玄注云："明素恭肅於鬼神，且順子路之言也。"【今注】或開末而抑其端：或是放開末尾而抑制其開頭。

［20］【李賢注】《易》曰"探賾索隱，鉤深致遠，定天下之吉凶，成天下之亹文者（亹文，紹興本作'亹亹'；大德本、殿本作'亹亹'，是），莫善於蓍龜"也。【今注】或曲辭以章其義：或是隱曲其言辭以顯揚其義。

［21］【李賢注】《論語》孔子之言也（殿本無"也"字）。鄭玄注云："由，從也。言王者設教，務使人從之，若皆知其本末，則愚者或輕而不行。"【今注】民可使由之不可使知之：百姓衹可以跟從王者之教，不可以讓他們知道其緣由本末。

漢自武帝頗好方術，[1]天下懷協道蓺之士，[2]莫不負策抵掌，順風而屈焉。[3]後王莽矯用符命，[4]及光武尤信讖言，[5]士之赴趣時宜者，皆騁馳穿鑿，[6]争談之也。故王梁、孫咸名應圖籙，越登槐鼎之任，[7]鄭興、賈逵以附同稱顯，桓譚、尹敏以乖忤淪敗，[8]自是習爲内學，尚奇文，貴異數，不乏於時矣。[9]是以通儒碩生，忿其姦妄不經，奏議慷慨，以爲宜見藏擯。[10]子長亦云："觀陰陽之書，使人拘而多忌。"蓋爲此也。[11]

［1］【今注】武帝：西漢武帝劉徹，公元前141年至前87年在位。紀見《史記》卷一二、《漢書》卷六。

［2］【今注】懷協：懷藏，掌握。

［3］【李賢注】《前書》武帝時李少翁（李，中華本校勘記："《校補》謂案《前書·郊祀志》拜文成將軍者齊人少翁，史不言何姓，'李'字衍。今據删。"翁，殿本作"君"，誤，本注下同）、欒犬等並以方術見（犬，紹興本、大德本、殿本作"大"，是）。少翁拜文成將軍，欒大拜五利將軍，貴震天下，而海上燕、齊之士，莫不搤腕而自言有禁方矣。抵，側擊也。【今注】負策抵掌：背着書籍，摩拳擦掌。 案，屈，紹興本、殿本作"屆"，是。屆，到來。

［4］【今注】王莽：字巨君，魏郡元城（今河北大名縣東北）人。西漢元帝皇后王政君侄子。孺子嬰初始元年（8）稱帝，改國號爲新，年號始建國。傳見《漢書》卷九九。

［5］【今注】光武：東漢開國皇帝劉秀，公元25年至57年在位。紀見本書卷一。

［6］【今注】案，騁馳，大德本、殿本作"馳騁"。

［7］【李賢注】光武以《赤伏符》文拜梁爲大司空，又以讖文拜孫咸爲大司馬，見《景丹傳》。【今注】王梁：字君嚴，漁陽

要陽（今河北豐寧滿族自治縣東南）人。東漢官吏。傳見本書卷二二。　孫咸：本書卷二二《景丹傳》："世祖即位，以讖文用平狄將軍孫咸行大司馬，衆咸不悦。"李賢注："《東觀記》載讖文曰'孫咸征狄'也。"　槐鼎：指三公。槐，三槐。相傳周代宫廷外種有三棵槐樹，三公朝天子時，面向三槐而立。後因以三槐喻三公。

[8]【李賢注】各見本傳。【今注】鄭興：字少贛，河南開封（今河南開封市）人。東漢官吏、經學家。傳見本書卷三六。　賈逵：字景伯，扶風平陵（今陝西咸陽市西北）人。東漢官吏、經學家。賈誼九世孫，賈徽之子。傳見本書卷三六。　桓譚：字君山，沛國相（今安徽濉溪縣西北）人。東漢官吏。著有《新論》。傳見本書卷二八上。　尹敏：字幼季，南陽堵陽（今河南方城縣東）人。東漢官吏。傳見本書卷七九上。　乖忤：抵觸，違逆。

[9]【李賢注】内學謂圖讖之書也。其事祕密，故稱内。

[10]【李賢注】謂桓譚、賈逵、張衡之流也。各見本傳。【今注】藏擯：收藏摒棄。

[11]【李賢注】司馬遷字子長，其父太史公《論六家之要》曰："觀陰陽之術，太詳而衆忌，使人拘而多畏。"見《史記》也。

夫物之所偏，未能無蔽，[1]雖云大道，其硋或同。[2]若乃《詩》之失愚，《書》之失誣，然則數術之失，[3]至於詭俗乎？[4]如令温柔敦厚而不愚，斯深於《詩》者也；踈通知遠而不誣，斯深於《書》者也；[5]極數知變而不詭俗，斯深於數術者也。[6]故曰："苟非其人，道不虚行。"[7]意者多迷其統，取遣頗偏，甚有雖流宕過誕亦失也。[8]

［1］【今注】案，未，殿本作“不”。

［2］【李賢注】硋音五愛反（殿本無“音”字）。【今注】硋：同“礙”。障礙，妨礙。

［3］【今注】案，數術，大德本、殿本作“術數”。

［4］【今注】詭俗：欺世，矯情。

［5］【李賢注】《禮記》曰：“其爲人也，温柔敦厚，《詩》教也；疏通知遠，《書》教也。《詩》之失愚，《書》之失誣。”鄭玄注“《詩》敦厚，近愚；《書》知遠，近誣”也。

［6］【李賢注】《易》曰：“極數知來之謂占。”又曰：“知變化之道者，其知神之所爲乎？”

［7］【李賢注】《易·繫辭》之文也。【今注】苟非其人道不虛行：語出《周易·繫辭下》。意爲如果不是那種人，大道就不會運行。

［8］【李賢注】取遣謂信與不信也。陰陽之術，或信或不信，各有所執，故偏頗也。以爲甚有者雖流宕失中，過稱虛誕，豈亦爲失也（豈，殿本作“者”）。【今注】流宕：放蕩失據。　過誕：過分虛妄。

中世張衡爲陰陽之宗，[1]郎顗咎徵最密，[2]餘亦班班名家焉。[3]其徒亦有雅才偉德，未必體極蓺能。[4]今蓋糾其推變尤長，可以弘補時事，因合表之云。[5]

［1］【今注】張衡：字平子，南陽西鄂（今河南南陽市北）人。東漢科學家、文學家。傳見本書卷五九。

［2］【今注】郎顗：字雅光，北海安丘（今山東安丘市西南）人。東漢學者。傳見本書卷三〇下。　咎徵：災禍應驗。

［3］【李賢注】謂襄楷、蔡邕、楊厚等也。

［4］【今注】體極蓺能：熱衷於數藝技能。

［5］【李賢注】表，顯也。

任文公，巴郡閬中人也。[1]父文孫，[2]明曉天官風角祕要。[3]文公少修父術，州辟從事。[4]哀帝時，[5]有言越嶲太守欲反，[6]刺史大懼，[7]遣文公等五從事檢行郡界，潛伺虛實。共止傳舍，時暴風卒至，文公遽趣白諸從事促去，[8]當有逆變來害人者，因起駕速驅。諸從事未能自發，郡果使兵殺之，文公獨得免。

［1］【李賢注】閬中，今隆州縣。【今注】巴郡：治江州縣（今重慶市北）。　閬中：縣名。治所在今四川閬中市嘉陵江北岸。

［2］【今注】文孫：中華本校勘記："《集解》引惠棟説，謂案《華陽國志》，文公爲文孫弟。今按：父名'文孫'，子不當名'文公'，必有誤。"

［3］【今注】天官：天文，天象。　案，角，大德本、殿本作"星"。

［4］【今注】從事：官名。又稱從事史。漢制，司隸校尉和州刺史，置從事史十二人，分掌政事，秩皆百石。

［5］【今注】哀帝：西漢哀帝劉欣，公元前7年至前1年在位。紀見《漢書》卷一一。

［6］【今注】越嶲：郡名。治邛都縣（今四川西昌市東南）。

［7］【今注】刺史：官名。西漢武帝元封五年（前106）置，共十三部（州），每部置刺史一人，秩六百石。無治所，每年歲末入奏。成帝綏和元年（前8）更名州牧，秩二千石。哀帝建平二年（前5）復爲刺史，元壽二年（前1）又稱州牧。東漢光武帝建武元年（25）復置牧。建武十一年省。十八年，罷州牧，置刺史，秩六百石。有固定治所，高於郡級地方行政長官。掌監察、選舉、劾

奏、領兵等。屬吏有從事史、假佐。靈帝中平五年（188），改置州牧。

[8]【今注】遽趣：立刻，馬上。趣，大德本、殿本作“起”。

後爲治中從事。[1]時天大旱，[2]白刺史曰：“五月一日，當有大水，[3]其變已至，[4]不可防救，宜令吏人豫爲其備。”刺史不聽，文公獨儲大船，百姓或聞，頗有爲防者。到其日旱烈，文公急命促載，使白刺史，刺史笑之。日將中，天北雲起，須臾大雨，至晡時，[5]湔水涌起十餘丈，[6]突壞廬舍，所害數千人。文公遂以占術馳名。辟司空掾。[7]平帝即位，[8]稱疾歸家。

[1]【今注】治中從事：官名。州府佐官，掌州選署及文書案卷衆事，秩百石。

[2]【今注】案，大德本無“大”字。

[3]【今注】案，大，大德本作“人”。

[4]【今注】案，大德本無“其”字。

[5]【今注】晡時：下午三點到五點。晡，大德本、殿本作“餔”。

[6]【李賢注】酈元《水經注》云“湔水出綿道玉壘山”，在今益州。湔音子延反。【今注】湔水：水名。源出綿虒道（今四川汶川縣西南綿虒鎮）玉壘山。東南至江陽（今四川瀘州市）入長江。

[7]【今注】司空掾：東漢司空屬吏有掾一人，轄員吏二十九人。

[8]【今注】平帝：西漢平帝劉衎，公元前1年至5年在位。紀見《漢書》卷一二。

王莽簒後，文公推數，[1]知當大亂，乃課家人負物百斤，環舍趨走，日數十到，[2]時人莫知其故。後兵寇並起，其逃亡者少能自脱，惟文公大小負糧捷步，[3]悉得完免。遂奔子公山，十餘年不被兵革。

[1]【李賢注】推歷運之數也。

[2]【今注】案，紹興本、大德本、殿本無“到”字，是。

[3]【李賢注】捷，徤也（徤，大德本、殿本作“健”）。

公孫述時，[1]蜀武擔石折。[2]文公曰：“噫！西州智士死，我乃當之。”自是常會聚子孫，設酒食。後三月果卒。故益部爲之語曰：[3]“任文公，智無雙。”

[1]【今注】公孫述：字子陽，扶風茂陵（今陝西興平市東北）人。傳見本書卷一三。

[2]【李賢注】武擔，山，在今益州成都縣北百二十步。楊雄《蜀王本紀》云（楊，殿本作“揚”）：“武都丈夫化爲女子（夫，大德本作‘大’），顔色美絶，蓋山精也。蜀王納以爲妃，無幾物故，乃發卒之武都擔土，葬於成都郭中（成，大德本作‘城’），號曰武擔。以石作鏡一枚表其墓。”《華陽國志》曰：“玉哀念之（玉，紹興本、大德本、殿本作‘王’），遣五丁之武都擔土爲妃作冢，蓋地數畝，高七丈。”其石俗今名爲石笋。【今注】武擔：山名。在今四川成都市西北。

[3]【今注】益部：益州刺史部。

郭憲字子横，汝南宋人也。[1]少師事東海王仲子。[2]時王莽爲大司馬，[3]召仲子，仲子欲往。憲諫曰："禮有來學，無有往教之義。[4]今君賤道畏貴，竊所不取。"仲子曰："王公至重，不敢違之。"憲曰："今正臨講業，且當訖事。"仲子從之，日晏乃往。[5]莽問："君來何遲？"仲子具以憲言對，莽陰奇之。及後篡位，拜憲郎中，[6]賜以衣服。憲受衣焚之，逃于東海之濱。莽深忿恚，[7]討逐不知所在。

[1]【李賢注】《續漢志》汝南郡有宋公國，周名郪丘，漢改爲新郪，章帝建初四年，徙宋公於此。【今注】汝南：郡名。治平輿縣（今河南平輿縣北）。　宋：縣名。西漢時稱新郪，治所在今安徽太和縣倪丘鎮附近。

[2]【今注】東海：郡國名。漢高祖時初置。新莽改名爲沂平郡。治郯縣（今山東郯城縣西北）。東漢光武帝建武十五年（39），光武帝封皇子劉陽爲東海公。建武十七年，劉陽進爵東海王。建武十九年，更爲東海國。後徙治魯（今山東曲阜市）。

[3]【今注】大司馬：官名。原爲太尉。秦置，金印紫綬，西漢武帝元狩四年（前119）改名大司馬，東漢光武帝建武二十七年復稱太尉，與司徒、司空合稱三公。

[4]【李賢注】《禮記》曰："禮聞來學，不聞往教。"

[5]【今注】日晏：天色已晚。

[6]【今注】郎中：官名。在漢代，爲郎中令或光禄勳下屬的官員，無定員，掌持戟值班，宿衛殿門，出充車騎，秩比三百石。

[7]【今注】忿恚：惱怒，怨恨。

光武即位，求天下有道之人，乃徵憲拜博士。[1]再遷，建武七年，[2]代張堪爲光禄勳。[3]從駕南郊。[4]憲在位，忽回向東北，[5]含酒三潠。[6]執法奏爲不敬。[7]

詔問其故。憲對曰："齊國失火，[8]故以此厭之。"後齊果上火災，與郊同日。

［1］【今注】博士：官名。秦置，漢因之。九卿之一奉常（太常）屬官。掌通古今，教弟子，備顧問。秩比六百石。設僕射一人領之。漢武帝罷黜百家以前，博士治各家之學。其後博士主要傳授儒家經典，員額依時有所增減。

［2］【今注】建武：東漢光武帝劉秀年號（25—56）。

［3］【今注】張堪：字君遊，南陽宛（今河南南陽市卧龍區）人。傳見本書卷三一。　光禄勳：官名。秦置郎中令，漢因之。武帝太初元年（前104）更名光禄勳，王莽改爲司中，東漢時仍稱光禄勳。秩中二千石，掌宿衛宫殿門户，典謁署郎更直執戟，宿衛門户，考其德行而進退之。郊祀之事，掌三獻。丞一人，比千石。

［4］【今注】從駕南郊：跟隨皇帝到都城南郊祭祀天地。

［5］【今注】案，回，殿本作"面"。

［6］【李賢注】《埤蒼》曰："潠，噴也。"音巽。

［7］【李賢注】執法，紀刻之官也（紀，大德本、殿本作"糺"，是）。

［8］【今注】齊國：東漢光武帝建武十一年改齊郡爲齊國，治臨淄縣（今山東淄博市東北）。

八年，車駕西征隗囂，[1]憲諫曰："天下初定，車駕未可以動。"憲乃當車拔佩刀以斷車靷。[2]帝不從，遂上隴。[3]其後潁川兵起，[4]乃回駕而還。帝歎曰："恨不用子横之言。"

［1］【今注】隗囂：字季孟，天水成紀（今甘肅静寧縣西南）

人。東漢光武帝建武九年（33）爲漢軍所敗，憂憤而死。傳見本書卷一三。

［2］【李賢注】靷在馬胸，音胤。【今注】車靷：引車前行的革帶。

［3］【今注】隴：隴山。

［4］【今注】潁川兵起：本書卷一下《光武紀下》："潁川盜賊寇没屬縣，河東守守兵亦叛，京師騷動……八月，帝自上郣晨夜東馳。九月乙卯，車駕還宫。庚申，帝自征潁川盜賊，皆降。"潁川，郡名。治陽翟縣（今河南禹州市）。

時匈奴數犯塞，[1]帝患之，乃召百僚廷議。憲以爲天下疲敝，不宜動衆。諫争不合，乃伏地稱眩瞀，不復言。[2]帝令兩郎扶下殿，憲亦不拜。帝曰："常聞'關東觥觥郭子横'，竟不虚也。"[3]憲遂以病辭退，卒於家。

［1］【今注】匈奴：秦漢時期北方游牧民族，又稱"胡"。戰國時，分布於秦、趙、燕以北的地區。秦朝時，爲蒙恬擊敗而北遷。秦末至漢初，陸續統治了大漠南北及河西走廊地區。西漢武帝時，爲衛青、霍去病等所敗，退守漠北。宣、元時發生内亂，南匈奴臣服於漢廷，北匈奴郅支單于被殺。東漢初年因天災再度内亂，復分爲南北，南匈奴降漢内附，北匈奴保持相對獨立地位。和帝初年，竇憲率兵與南匈奴共破北匈奴，北匈奴就此衰落，後逐漸西遷。傳見本書卷八九。

［2］【李賢注】瞀，亂也。【今注】眩瞀：頭昏目眩。

［3］【李賢注】觥觥，剛直之貌，音古横反。

許楊字偉君，[1]汝南平輿人也。[2]少好術數。王莽輔政，召爲郎，稍遷酒泉都尉。[3]及莽篡位，楊乃變姓名爲巫醫，逃匿它界。莽敗，方還鄉里。

[1]【今注】案，許楊，中華本校勘記："《校補》引柳從辰説，謂《御覽》七十二引《謝承書》及本書，'楊'均作'陽'。"

[2]【今注】汝南：郡名。治平輿縣（今河南平輿縣北）。

[3]【今注】酒泉：郡名。治福禄縣（今甘肅酒泉市）。　都尉：官名。原作"郡尉"，西漢景帝時改爲都尉。郡中掌統兵作戰的武官。

汝南舊有鴻郤陂，[1]成帝時，丞相翟方進奏毁敗之。[2]建武中，太守鄧晨欲修復其功，[3]聞楊曉水脈，召與議之。楊曰："昔成帝用方進之言，[4]尋而自夢上天，天帝怒曰：'何故敗我濯龍淵？'是後民失其利，多致飢困。時有謡歌曰：'敗我陂者翟子威，飴我大豆，亨我芋魁。[5]反乎覆，陂當復。'昔大禹決江疏河目利天下，明府今興立廢業，富國安民，童謡之言，將有徵於此。誠願目死效力。"晨大悦，[6]因署楊爲都水掾，[7]使典其事。楊因高下形埶，[8]起塘四百餘里，數年乃立。[9]百姓得其便，累歲大稔。[10]

[1]【李賢注】陂在今豫州汝陽縣東。【今注】鴻郤陂：渠塘名。漢代水利工程。又稱鴻池陂、洪池陂。漢武帝時開鑿，引淮水爲陂灌田。故迹在今河南淮河北汝南、平輿、正陽、息縣間。成帝時毁廢，民失其利。東漢鄧晨爲汝南太守，修復陂池，民得其利。

［2］【今注】翟方進：字子威，汝南上蔡（今河南上蔡縣西南）人。西漢官員。爲太守府小史。讀經博士，受《春秋》。以射策甲科爲郎。舉明經，遷議郎。成帝河平中，轉博士，遷朔方刺史，遷丞相司直。永始二年（前15），遷御史大夫，擢爲丞相，封高陵侯。綏和二年（前7），以天象而自殺。謚恭侯。傳見《漢書》卷八四。

［3］【今注】鄧晨：字偉卿，南陽新野（今河南新野縣）人。東漢官吏。傳見本書卷一五。

［4］【李賢注】《前書》翟方進奏壞鴻郤陂。

［5］【李賢注】方進字子威。芋魁，芋根也。《前書》"飴"作"飯"（大德本無"飴作"二字），"亨"作"羹"。

［6］【今注】案，大，紹興本作"太"。

［7］【今注】都水掾：兩漢時郡國有水利設施及魚利者，則設都水官以掌其事。西漢由大司農直接領屬，東漢則歸郡國所管。

［8］【今注】案，埶，殿本作"勢"。

［9］【李賢注】塘，堤堰水也。

［10］【今注】大稔：豐收。

初，豪右大姓因緣陂役，[1]競欲辜較在所，[2]楊一無聽，遂共譖楊受取財賂。晨遂收楊下獄，而械輒自解。獄吏恐，遽白晨。晨驚曰："果濫矣。太守聞忠信可以感靈，今其效乎！"即夜出楊，遣歸。時天大陰晦，道中若有火光照之，時人異焉。後已病卒。晨於都宫爲楊起廟，[3]圖畫形像，百姓思功績，[4]皆祭祀之。

［1］【今注】豪右：豪門大族。漢以右爲上，故稱豪右。

［2］【今注】辜較：搜刮聚斂。

[3]【今注】案，宫，紹興本作“官”。

[4]【今注】案，紹興本、殿本“思”後有“其”字，是。

高獲字敬公，[1]汝南新息人也。[2]爲尼首方面。[3]少遊學京師，與光武有舊。[4]師事司徒歐陽歙。[5]歙下獄當斷，獲冠鐵冠，帶鈇鑕，[6]詣闕請歙。帝雖不赦，而引見之。謂曰：“敬公，朕欲用子爲吏，宜改常性。”獲對曰：“臣受性於父母，不可改之於陛下。”出便辭去。

[1]【今注】案，高獲，中華本校勘記：“《集解》引汪文臺説，謂《御覽》十一引《謝承書》作‘周獲’。”

[2]【今注】新息：縣名。治所在今河南息縣。

[3]【李賢注】尼首，首象尼丘山，中下四方高也。【今注】案，紹興本、大德本、殿本“爲”後有“人”字，是。

[4]【今注】案，大德本、殿本“舊”前有“素”字。

[5]【今注】司徒：官名。西漢哀帝元壽二年（前1），正三公官分職，改丞相爲大司徒。王莽托古改制，以儒家學説爲依據，重新確定了三公的分職。東漢光武帝建武二十七年（51）去“大”字，稱司徒，掌全國民政、教化等事宜。與太尉、司空並列爲三公。　歐陽歙：字正思，樂安千乘（今山東高青縣）人。東漢大臣。傳見本書卷七九上。

[6]【今注】鈇鑕：斬人的刑具。鈇爲斧，鑕爲砧板。鈇，大德本、殿本作“鐵”。

三公争辟不應。[1]後太守鮑昱請獲，[2]既至門，令主簿就迎，[3]主簿曰但使騎吏迎之，[4]獲聞之，即去。

昱遣追請獲，獲顧曰：“府君但爲主簿所欺，不足與談。”遂不留。時郡境大旱。獲素善天文，曉遁甲，能役使鬼神。昱自往問何以致雨，獲曰：“急罷三部督郵，[5]明府當自北出，到三十里亭，雨可致也。”昱從之，果得大雨。每行縣，輒軾其閭。[6]獲遂遠遁江南，卒於石城。[7]石城人思之，共爲立祠。

[1]【今注】三公：東漢時指太尉、司徒、司空。

[2]【今注】鮑昱：字文泉，上黨屯留（今山西長治市屯留區）人。東漢光武帝建武初爲高都長，後爲沘陽長。明帝永平年間，任汝南太守。傳見本書卷二九。

[3]【今注】主簿：官名。漢朝中央及州郡官府均置，典領文書簿籍，經辦各種事務。此處指郡主簿。

[4]【今注】案，中華本據《刊誤》删“曰”字。

[5]【李賢注】《續漢書》曰：“監屬縣有三部，每部督郵書掾一人。”【今注】督郵：官名。漢置，郡府屬吏。掌監屬縣、督送郵書，兼及案繫盜賊、點録囚徒、催繳租賦等。漢代每郡依據所轄縣多少，分東、西、南、北、中等爲五部（或二部、三部），分部循行。秩六百石。

[6]【李賢注】軾，所以禮之。《禮記》曰“軾視馬尾”也。【今注】軾其閭：至其閭里扶軾示敬。

[7]【李賢注】石城在今蘇州西南。【今注】石城：縣名。治所在今安徽馬鞍山市東。

王喬者，河東人也。[1]顯宗世，[2]爲葉令。[3]喬有神術，每月朔望，[4]常自縣詣臺朝。帝怪其來數，而不見車騎，密令太史伺望之。[5]言其臨至，輒有雙鳧從東南飛來。[6]於是候鳧至，舉羅張之，[7]但得一隻舄焉。[8]乃詔尚方詠視，[9]則四年中所賜尚書官屬履也。每當朝時，葉門下鼓不擊自鳴，聞於京師。後天下玉棺於堂前，吏人推排，終不摇動。喬曰："天帝獨召我邪？"乃沐浴服飾寢其中，蓋便立覆。宿昔葬於城東，土自成墳。其夕，縣中牛皆流汗喘乏，而人無知者。百姓乃爲立廟，號葉君祠。牧守每班録，皆先謁拜之。[10]吏人祈禱，無不如應。若有違犯，亦立能爲祟。帝乃迎取其鼓，置都亭下，略無復聲焉。或云此即古仙人王子喬也。[11]

[1]【今注】河東：郡名。治安邑縣（今山西夏縣西北）。

[2]【今注】顯宗：東漢明帝劉莊，公元 57 年至 75 年在位。顯宗是其廟號。紀見本書卷二。

[3]【今注】葉：縣名。治所在今河南葉縣南。

[4]【今注】朔望：農曆每月初一叫朔，十五叫望。

[5]【今注】太史：官名。即太史令。秦置，兩漢均置，隸太常，掌天時、星曆及時節禁忌，國有瑞應、災異，掌記之，且有修史之任。東漢時秩六百石。

[6]【今注】鳧：野鴨。

[7]【今注】羅：羅網。捕鳥的工具。

[8]【今注】舄：鞋。

[9]【李賢注】《説文》曰，詠亦視也。音直吝反（直，紹興本、大德本、殿本作"真"）。【今注】案，尚万，紹興本作"尚方"，大德本、殿本作"上方"，紹興本是。尚方，官署名。秦置，漢因之，主作禁器物，即皇室所用刀劍兵器及玩好之物。西漢武帝時分置中、左、右三令。東漢因置尚方，隸屬少府。　詠視：

察看。

［10］【李賢注】王喬墓在今葉縣東。

［11］【李賢注】劉向《列仙傳》曰："王子喬，周靈王太子晉也。好吹笙，作鳳鳴。遊伊洛間，道士浮丘公接上嵩山（士，紹興本作'古'，大德本作'占'）。二十餘年後（二，殿本作'三'，中華本據改。校勘記：'《御覽》三九、六六二引，並作"三十餘年"'），來於山上，告桓良曰：'告我家，七月七日待我緱氏山頭。'果乘白鶴駐山顛，望之不得到，舉手謝時人而去。"

謝夷吾字堯卿，會稽山陰人也。[1]少爲郡吏，學風角占候。太守第五倫擢爲督郵。[2]時烏程長有臧釁，[3]倫使收案其罪。夷吾到縣，無所驗，但望閤伏哭而還。一縣驚怪，不知所爲。及還，白倫曰："竊以占候，知長當死。近三十日，遠不過六十日，遊魂假息，非刑所加，故不收之。"倫聽其言，至月餘，果有驛馬齎長印綬，上言暴卒。倫以此益禮信之。[4]

［1］【今注】會稽：郡名。治吴縣（今江蘇蘇州市）。東漢順帝永建四年（129），徙治山陰縣（今浙江紹興市）。　山陰：縣名。治所在今浙江紹興市。

［2］【今注】第五倫：字伯魚，京兆長陵（今陝西咸陽市）人。傳見本書卷四一。

［3］【今注】烏程：縣名。治所在今浙江湖州市南下菰城。　臧釁：貪贓的嫌疑。

［4］【李賢注】《謝承書》曰"倫甚崇其道德，轉署主簿，使子從受《春秋》，夷吾待之如師弟子之禮。時或遊戲，不肯讀書，便白倫行罰，遂成其業"也。

舉孝廉，[1]爲壽張令，[2]稍遷荆州刺史，[3]遷鉅鹿太守。[4]所在愛育人物，有善績。及倫作司徒，令班固爲文薦夷吾曰：[5]“臣聞堯登稷、契，政隆太平；[6]舜用皋陶，政致雍熙。[7]殷、周雖有高宗、昌、發之君，[8]猶賴傅説、吕望之策，[9]故能克崇其業，允協大中。[10]竊見鉅鹿太守會稽謝夷吾，出自東州，厥土塗泥，[11]而英姿挺特，[12]奇偉秀出。才兼四科，行包九德，[13]仁足濟時，知周萬物。加以少膺儒雅，[14]韜含六籍，[15]推考星度，綜校圖録，探賾聖祕，[16]觀變歷徵，[17]占天知地，與神合契，據其道德，以經王務。[18]昔爲陪隸，[19]與臣從事，奮忠毅之操，躬史魚之節，[20]董臣嚴綱，勖臣懦弱，[21]得以免戾，[22]寔賴厥勳。[23]及其應選作宰，惠敷百里，降福彌異，流化若神，[24]爰牧荆州，威行邦國。奉法作政，有周、召之風；[25]居儉履約，紹公儀之操。[26]尋功簡能，爲外臺之表；[27]聽聲察實，爲九伯之冠。[28]遷守鉅鹿，政合時雍。德量績謀，有伊、吕、管、晏之任；[29]闡弘道奥，同史蘇、京房之倫。[30]雖密勿在公，[31]而身出心隱，[32]不殉名以求譽，[33]不馳騖以要寵，[34]念存遜遁，[35]演志箕山。[36]方之古賢，[37]實有倫序；[38]采之於今，超焉絶俗。[39]誠社稷之元龜，大漢之棟甍。[40]宜當拔擢，使登鼎司，[41]上令三辰順軌於歷象，[42]下使五品咸訓于嘉時，[43]必致休徵克昌之慶，[44]非徒循法奉職而已。臣以頑駑，器非其疇，[45]尸禄負乘，夕惕若厲。[46]願乞骸骨，更授夷吾，上以光七曜之明，[47]

下以厭率土之望，庶令微臣塞咎免悔。”[48]

[1]【今注】孝廉：漢朝選拔舉薦人才的科目之一。孝指孝悌，廉指廉潔。漢制規定，每年郡國從所屬吏民中推舉孝、廉各一人。東漢和帝時始以人口爲標準，每二十萬人歲舉孝廉一人。

[2]【李賢注】《謝承書》曰：“縣人女子張雨，早喪父母，年五十，不肯嫁（嫁，大德本作‘双’），留養孤弟二人，教其學問，各得通經。雨皆爲娉娶，皆成善士。夷吾薦於州府，使各選舉，表復雨門户。永平十五年，蝗發泰山，流徙郡國，荐食五穀，過壽張界，飛逝不集。”【今注】壽張：縣名。治所在今山東東平縣西南。

[3]【李賢注】《謝承書》曰：“夷吾雅性明遠，能決斷罪疑。行部始到南陽縣，遇孝章皇帝巡狩，駕幸魯陽，有詔勅荆州刺史入傳録見囚徒，誡長吏‘勿廢舊儀，朕將覽焉’。上臨西廂南面，夷吾處東廂，分帷隔中央。夷吾所決正一縣三百餘事，事與上合。而朝廷歎息曰：‘諸州刺史盡如此者，朕不憂天下。’常以勵群臣。”【今注】荆州：西漢武帝時所置十三刺史部之一，下轄南陽、南郡、江夏、零陵、桂陽、武陵、長沙七郡。

[4]【今注】鉅鹿：郡名。西漢時治鉅鹿縣（今河北平鄉縣西南），東漢時移治廮陶縣（今河北寧晉縣西南）。

[5]【今注】班固：字孟堅，扶風安陵（今陝西咸陽市東北）人。史學家，著有《漢書》。傳見本書卷四〇。

[6]【今注】堯：傳説中的古代帝王，號陶唐氏，史稱唐堯。稷：后稷，名弃。周之始祖。幼時即好種五穀，堯時舉爲農師，天下得其利。舜將其封於邰，號曰后稷，别姓姬氏。契：商之始祖。曾輔佐大禹治水有功。舜將其封於商，賜姓子氏。案，政，中華本校勘記：“下云‘政致雍熙’，《刊誤》謂案文勢不當駢用兩‘政’字，蓋本是‘治’，避唐諱作‘化’，後人不知，誤改爲

‘政’。”

[7]【今注】舜：上古帝王。姚姓，有虞氏，名重華。相傳由四嶽推舉給堯。都於蒲板（今山西永濟市東南）。在位時除四凶，選禹治水，天下大治。　皋陶：相傳爲堯舜時人，舜命爲管理刑政的士。佐禹平水土有功，後禹封其後裔於英、六。　雍熙：和樂升平。

[8]【今注】高宗：商王武丁。在位期間，任用傅説而國大治，使殷復興。廟號高宗。　昌：姬昌。即周文王。是周朝的奠基者。在位時敬老慈少，禮下賢者，贏得諸侯尊重，周族勢力得以擴張。　發：姬發。周朝建立者。周文王之子。他聯合諸侯，起兵伐紂，經牧野之戰，滅商興周，定都於鎬。

[9]【今注】傅説：商王武丁時大臣。相傳曾爲從事版築的奴隸，後被武丁重用，國家大治。　吕望：即姜尚。周文王遇於渭水之濱，尊稱太公望。輔佐周文王、武王滅商立周。周武王尊其爲師尚父。封於齊，都營丘。

[10]【李賢注】《尚書·洪範》曰：“皇建其有極。”孔安國注云：“皇，太（太，大德本、殿本作‘大’，是）；極，中也。”【今注】克崇其業允協大中：興建功業，和洽中正。

[11]【今注】厥土塗泥：語出《尚書·禹貢》：“厥土惟塗泥。”是説揚州土地是濕潤的泥土。

[12]【今注】案，姿，殿本作“資”。

[13]【李賢注】四科，見《文苑傳》。《尚書》咎繇陳九德，曰“寬而栗，愿而恭，亂而敬，柔而立，擾而毅，直而温，簡而廉，剛而塞，强而義”也。【今注】四科：孔門四科。即德行、政事、文學、言語。

[14]【今注】膺：接受。

[15]【今注】韜含：包含。　六籍：六經。

[16]【今注】探賾：探索奥秘。

［17］【今注】歷徵：天象變化的徵兆。

［18］【今注】王務：朝廷的公事。

［19］【今注】陪隸：僕役。

［20］【今注】躬史魚之節：躬行史魚的節操。史魚，名佗，字子魚。春秋時衛國大夫。爲人正直，以勸諫著稱。

［21］【李賢注】董，督也。勗，勵也。

［22］【今注】免戾：免除災禍。

［23］【今注】寔賴厥勳：都是依靠他的功勞。

［24］【今注】降福彌異流化若神：降下特别的幸福，教化百姓有若神靈。

［25］【今注】周：周公。周武王之弟姬旦。武王去世後輔佐成王，平滅管蔡之亂，營建洛邑，制禮作樂，確立周代各項制度。成王成年後，周公還政於成王。　召：召公，姬奭。食邑於召，故稱召公。周成王時任太保，後輔佐周康王。

［26］【李賢注】《史記》公儀休相魯，拔園葵，去織婦，不與人争利。【今注】公儀：公儀休。春秋時期魯國人，曾任魯國之相。奉法循理，不與民争利。

［27］【今注】尋功簡能：任用有功勞之人，挑選有才能之人。尋，任用。簡，挑選。　外臺：指刺史。

［28］【李賢注】《左傳》曰："五侯九伯。"杜預注云："九州之伯也。"【今注】九伯：上古九州的方伯。

［29］【今注】德量績謀：道德器度，功績謀略。　伊：伊尹。商初大臣。傳説出身奴隸，爲有莘氏女的陪嫁之臣，後輔佐商湯滅夏。　吕：吕望。　管：管仲。名夷吾，字仲。初從公子糾，後經鮑叔牙推薦，被齊桓公任用爲相，助齊桓公稱霸。　晏：晏子。名嬰，春秋時齊國人。事齊靈公、莊公、景公，以節儉力行重於齊。

［30］【李賢注】《左傳》史蘇，晉太史，善筮者。京房字君明，善陰陽占候，見《前書》。【今注】史蘇：晉獻公時大夫，任

晉國太史，善占卜。　京房：字君明，東郡頓丘（今河南浚縣北）人。西漢經學家。少事梁人焦延壽，研治《易經》。其後遂著《易傳》。永光、建昭間，數上疏言事，所言屢中，爲帝所賞識，數次召見。是時中書令石顯專權，深疾房，遂設法中傷之。房被徵入獄，死於獄中。傳見《漢書》卷七五。

[31]【今注】密勿：勤勉努力。

[32]【今注】身出心隱：人出仕，心隱遁。

[33]【今注】殉名：舍身求名。

[34]【今注】馳騖：來回奔波。

[35]【今注】念存遯遁：心中想着退隱。

[36]【今注】演志：行志。　箕山：山名。相傳堯時隱士許由隱居於箕山。

[37]【今注】方：比。

[38]【今注】倫序：等類、次序。

[39]【今注】案，焉，大德本、殿本作"然"。

[40]【李賢注】《尚書》曰："格人元龜，罔敢知吉。"元，大也。甍亦棟也。【今注】元龜：大龜，古代用於占卜。借指謀士。　棟甍：棟梁。

[41]【今注】鼎司：指三公職位。

[42]【今注】三辰：日、月、星。

[43]【李賢注】五品，五常之教也，謂父義，母慈，兄友，弟恭，子孝也。訓，順也。

[44]【今注】休徵：吉祥徵兆。　克昌：子孫昌大。

[45]【李賢注】疇，類也。

[46]【李賢注】《易》曰："負且乘，致寇至。"又曰（曰，大德本作"田"）："夕惕若厲。"言君子終日乾乾，至于夕，猶怵惕戒懼，若危厲。【今注】尸禄負乘：空受俸禄，才非其位。　夕惕若厲：終日戒懼，如臨危境。

[47]【今注】七曜：日、月、水星、金星、火星、木星、土星。

[48]【今注】庶：或許。　塞咎免悔：抵補罪過，避免悔恨。

後以行春乘柴車，從兩吏，[1]冀州刺史上其儀序失中，[2]有損國典，左轉下邳令。[3]豫尅死日，[4]如期果卒。勑其子曰："漢末當亂，必有發掘露骸之禍。"使懸棺下葬，墓不起墳。[5]

[1]【李賢注】柴車，賤車也。【今注】行春：郡太守在春季頒布春令，勸農桑，班時令（參見薛夢瀟《東漢郡守"行春"考》，《中國史研究》2014年第1期）。

[2]【今注】冀州：西漢武帝時所置十三刺史部之一。東漢時治高邑縣（今河北柏鄉縣北）。後移治鄴縣（今河北臨漳縣西南）。

[3]【今注】左轉：左遷。降職、貶官。　下邳：縣名。治所在今江蘇邳州市南。

[4]【今注】豫尅：預先算定。

[5]【李賢注】墓謂塋域。墳謂築土。

時博士勃海郭鳳亦好圖讖，[1]善説災異，吉凶占應。先自知死期，豫令弟子市棺斂具，至其日而終。[2]

[1]【今注】案，勃，殿本作"渤"。

[2]【李賢注】棺音古亂反。

楊由字哀侯，蜀郡成都人也。[1]少習《易》，并七政、元氣、風雲占候。爲郡文學掾。[2]時有大雀夜集於庫樓上，太守廉范以問由。[3]由對曰："此占郡内當有小兵，然不爲害。"後二十餘日，廣柔縣蠻夷反，殺傷長吏，[4]郡發庫兵擊之。又有風吹削哺，[5]太守以問由。由對曰："方當有薦木實者，其色黄赤。"頃之，五官掾獻橘數包。[6]

[1]【今注】蜀郡：治成都縣（今四川成都市武侯區）。

[2]【今注】文學掾：漢制，郡國設學校，置學官管理其事，稱郡文學，或稱郡文學掾。

[3]【今注】廉范：字叔度，京兆杜陵（今陝西西安市）人。東漢官吏。廉丹之孫。傳見本書卷三一。

[4]【李賢注】廣柔縣屬蜀郡，故城在今茂州汶川縣西。【今注】廣柔：縣名。治所在今四川理縣東北。

[5]【李賢注】"哺"當作"柹"，音孚廢反。《顔氏家訓》曰："削則札也。《左傳》曰'削而投之'是也。史家假借爲'肝肺'字，今俗或作'脯'，或作爲'反哺'之'哺'，學士因云'是屏障之名'，非也。《風角書》曰'庶人之風揚塵轉削'，若是屏障，何由可轉。"【今注】削哺：削札牘時削下的碎片。

[6]【今注】五官掾：漢代郡太守自辟屬官，掌春秋祭祀。若功曹及諸曹員吏出缺可代理其職務。

由嘗從人飲，勑御者曰："酒若三行，便宜嚴駕。"[1]既而趣去。後主人舍有鬬相殺者，人請問何以知之。由曰："向社中木上有鳩鬬，此兵賊之象也。"其言多驗。著書十餘篇，名曰《其平》。終于家。

[1]【今注】嚴駕：整備車馬。

李南字孝山，丹陽句容人也。[1]少篤學，明於風角。和帝永元中，[2]太守馬棱坐盜賊事被徵，[3]當詣廷尉，[4]吏民不寧，南特通謁賀。棱意有恨，謂曰："太守不德，今當即罪，而君反相賀邪？"南曰："旦有善風，明日中時應有吉問，故來稱慶。"旦日，[5]棱延望景晏，[6]以爲無徵；至晡，乃有驛使齎詔書原停棱事。南問其遲留之狀。使者曰："向度宛陵浦里𣢾，[7]馬踠足，是以不得速。"[8]棱乃服焉。後舉有道，[9]辟公府，病不行，終於家。

[1]【李賢注】句容，今潤州縣也。近句曲山有所容，因名焉。【今注】丹陽：郡名。治宛陵縣（今安徽宣州市）。 句容：縣名。治所在今江蘇句容市。

[2]【今注】和帝：東漢和帝劉肇，公元 88 年至 105 年在位。紀見本書卷四。 永元：東漢和帝劉肇年號（89—105）。

[3]【今注】馬棱：字伯威，扶風茂陵（今陝西興平市東北）人。東漢官吏。馬援族孫。傳見本書卷二四。

[4]【今注】廷尉：官名。位列九卿，主掌司法審判，秩中二千石。

[5]【今注】旦日：第二天。

[6]【今注】景晏：天色已晚，日暮。

[7]【李賢注】宛陵，縣，屬丹陽郡。𣢾，以舟濟水也。【今注】宛陵：縣名。治所在今安徽宣城市。

[8]【李賢注】宛（宛，紹興本、大德本、殿本作"踠"），屈損也。

[9]【今注】有道：漢代選舉科目之一。意爲選拔有道德、有才能的人。

南女亦曉家術，爲由拳縣人妻。[1]晨詣爨室，[2]卒有暴風，婦便上堂從姑求歸，[3]辭其二親。姑不許，乃跪而泣曰："家世傳術，疾風卒起，先吹竈突及井，[4]此禍爲婦女主爨者，妾將亡之應。"因著其亡日。乃聽還家，如期病卒。

[1]【今注】由拳縣：治所在今浙江嘉興市南。

[2]【今注】爨室：厨房。

[3]【今注】姑：婆婆。

[4]【今注】竈突：竈上的烟囱。

李郃字孟節，漢中南鄭人也。[1]父頡，以儒學稱，官至博士。郃襲父業，遊太學，[2]通《五經》。善《河》《洛》風星，[3]外質朴，人莫之識。縣召署幕門候吏。[4]

[1]【今注】漢中：郡名。治南鄭縣（今陝西漢中市漢臺區）。南鄭：縣名。治所在今陝西漢中市漢臺區。

[2]【今注】太學：漢代最高學府。西漢武帝元朔五年（前124）始置。至東漢，太學制度大爲發展，生員衆多。

[3]【今注】風星：風角星象。

[4]【今注】幕門候吏：縣屬客舍中掌迎送賓客的小吏。

和帝即位，分遣使者，皆微服單行，各至州縣，觀採風謡。使者二人當到益部，投郃候舍。時夏夕露坐，郃因仰觀，問曰："二君發京師時，寧知朝廷遣二使邪?”二人默然，驚相視曰：“不聞也。”問何以知之。郃指星示云：“有二使星向益州分野，故知之耳。”[1]

[1]【李賢注】《前書》觜觿、参，益州之分野也。

後三年，其使者一人拜漢中太守，郃猶爲吏，太守奇其隱德，召署户曹史。[1]時大將軍竇憲納妻，[2]天下郡國皆有禮慶，郡亦遣使。郃進諫曰：“竇將軍椒房之親，[3]不修禮德，而專權驕恣，危亡之禍可翹足而待，願明府一心王室，勿與交通。”太守固遣之，郃不能止，請求自行，許之。郃遂所在留遲，以觀其變。行至扶風，[4]而憲就國自殺，支黨悉伏其誅，凡交通憲者，皆爲免官，唯漢中太守不豫焉。

[1]【今注】户曹史：郡佐吏，爲户曹的副職，主民户、祠祀、農桑等事。

[2]【今注】竇憲：字伯度，扶風平陵（今陝西咸陽市西北）人。東漢外戚。傳見本書卷二三。

[3]【今注】椒房之親：指竇憲爲外戚身份。椒房，椒房宫。漢代皇后居住的宫殿。

[4]【今注】扶風：即右扶風，漢三輔之一。治長安縣（今陝西西安市西北）。東漢時移治槐里縣（今陝西興平市東南）。

郃歲中舉孝廉，五遷尚書令，[1]又拜太常。[2]元初四年，[3]代袁敞爲司空，[4]數陳得失，有忠臣節。在位四年，坐請託事免。

［1］【今注】尚書令：官名。西漢時爲尚書署長官，掌文書，爲少府屬官。秩六百石。武帝以後，職權稍重，掌傳達詔命章奏。秩千石。東漢時爲尚書臺長官，掌決策詔令、總領朝政。如以公兼任，增秩至二千石。朝會時，與御史中丞、司隸校尉皆專席坐，時號“三獨坐”。

［2］【今注】太常：官名。西漢景帝中元六年（前144）名奉常。掌祭祀社稷、宗廟和朝會、喪葬禮儀，管理、巡視陵廟所在縣邑，兼管博士和博士弟子的考核、薦舉。王莽時改名秩宗。東漢時掌禮儀祭祀及博士選拔考核。秩中二千石。

［3］【今注】元初：東漢安帝劉祜年號（114—120）。

［4］【今注】司空：官名。漢初稱御史大夫。西漢成帝綏和元年（前8）更名大司空。哀帝建平二年（前5）復稱御史大夫，元壽二年（前1）又改稱大司空。東漢光武帝建武二十七年（51）改稱司空，掌水土工程、祭祀等。秩萬石。

安帝崩，[1]北鄉侯立，[2]復爲司徒。及北鄉侯病，郃陰與少府河南陶範、步兵校尉趙直謀立順帝，[3]會孫程等事先成，[4]故郃功不顯。明年，坐吏民疾病，仍有災異，賜策免。將作大匠翟酺上郃“潛圖大計，以安社稷”，[5]於是録陰謀之功，封郃涉都侯，辭讓不受。年八十餘，卒於家。門人上黨馮冑獨制服，[6]心喪三年，時人異之。[7]

［1］【今注】安帝：東漢安帝劉祜，公元106年至125年在位。紀見本書卷五。

［2］【今注】北鄉侯：劉懿。東漢章帝孫，封北鄉侯。延光四年（125），安帝崩，即皇帝位。在位僅七個月即病薨，謚少帝。

［3］【今注】少府：官名。戰國三晉和秦均有設置，漢因之。掌山澤陂池市肆租稅，以供宮廷開支。兼管宮廷日常事務及手工製作。秩中二千石。西漢武帝時期將少府部分山澤陂池之稅移交大司農。東漢少府職屬進一步精簡，掌宮中服御諸物、寶貨珍膳的供給和服務。　河南：即河南尹，原爲河南郡，西漢高祖二年（前205）改三川郡所置。東漢時，因建都洛陽，光武帝建武十五年（39）改稱河南尹。　陶範：曹金華《後漢書稽疑》："'陶範'諸書僅見，當是'陶敦'之訛。《順帝紀》載延光四年十二月'以少府河南陶敦爲司空'，永建元年冬十月'司空陶敦免'。《虞詡傳》'順帝省其章，乃爲免司空陶敦'，章懷注：'敦字文理，京縣人也。'《鄧騭傳》、《後漢紀》卷十八亦作'陶敦'。"（中華書局2014年版，第1132頁）　步兵校尉：西漢武帝始置，爲北軍八校尉之一，位次列卿，屬官有丞、司馬等。領上林苑門屯兵，戍衛京師，兼任征伐，秩二千石。東漢時爲北軍五校尉之一，秩比二千石，隸北軍中候。掌宿衛禁兵，有司馬一員。　順帝：東漢順帝劉保，公元125年至144年在位。紀見本書卷六。

［4］【今注】孫程：字稚卿，涿郡新城（今河北保定市徐水區西）人。東漢宦官。傳見本書卷七八。

［5］【今注】將作大匠：官名。西漢景帝中元六年（前144）由將作少府改名。亦簡稱將作、大匠。秩二千石，或以功勞增秩中二千石。掌領徒隸修建宮室、宗廟、陵寢及其他土木工程，植樹於道旁。新莽改名都匠。東漢復舊，然初不置專官，常以謁者兼領其事，至章帝始真授。　翟酺：字子超，廣漢雒（今四川廣漢市東）人。東漢大臣。傳見本書卷四八。

［6］【今注】上黨：郡名。治長子縣（今山西長子縣西南）。

［7］【李賢注】《家語》曰"仲尼既葬，弟子皆家于墓，行心喪之禮。三年喪畢，或去或留"也。

胄字世威，奉世之後也。[1]常慕周伯況、閔仲叔之爲人，[2]隱處山澤，不應徵辟。

[1]【李賢注】奉代字子明（代，大德本、殿本作“世”，是），宣帝時爲前將軍，見《前書》也。【今注】奉世：馮奉世，字子明，上黨潞（今山西潞城市）人。西漢將領。宣帝時以衛候使持節送大宛諸國客到伊修城。莎車王殺漢使，便以節令諸王發兵五千擊莎車，殺其王。遷光禄大夫、衡水都尉。尋爲右將軍典屬國。元帝時，擊破犯隴西的彡姐等七種羌，賜爵關内侯。傳見《漢書》卷七九。

[2]【今注】周伯況：周黨，字伯況，太原廣武（今山西代縣西南）人。兩漢之際隱士。傳見本書卷八三。　閔仲叔：字仲叔，太原（今山西太原市）人。東漢初高士。傳見本書卷五三。

郃子固，[1]已見前傳。弟子歷，字季子。清白有節，博學善交，與鄭玄、陳紀等相結。[2]爲新城長，[3]政貴無爲。亦好方術。時天下旱，縣界特雨。官至奉車都尉。[4]

[1]【今注】固：李固，字子堅，漢中南鄭（今陝西漢中市）人。傳見本書卷六三。

[2]【今注】鄭玄：字康成，北海高密（今山東高密市西南）人。東漢著名經學家。傳見本書卷三五。　陳紀：字元方，潁川許（今河南許昌市東）人。東漢大臣。傳見本書卷六二。

[3]【今注】新城：縣名。治所在今河南伊川縣西南。

[4]【今注】奉車都尉：官名。西漢武帝元鼎二年（前 115）置，掌御乘輿車，東漢時屬光禄勳。

段翳字元章，廣漢新都人也。[1]習《易經》，明風角。時有就其學者，雖未至，必豫知其姓名。嘗告守津吏曰："某日當有諸生二人，荷擔問翳舍處者，幸爲告之。"後竟如其言。又有一生來學，積年，自謂略究要術，辭歸鄉里。翳爲合膏藥，并以簡書封於筒中，告生曰："有急發視之。"生到葭萌，[2]與吏争度，津吏檛破從者頭。生開筒得書，言到葭萌，與吏鬬頭破者，以此膏裹之。生用其言，創者即愈。生歎服，乃還卒業。翳遂隱居竄跡，終于家。

[1]【今注】廣漢：郡名。西漢時治梓潼縣（今四川梓潼縣）。東漢安帝永初二年（108）移治涪縣（今四川綿陽市東），又徙治雒縣（今四川廣漢市）。　新都：縣名。治所在今四川成都市新都區。

[2]【今注】葭萌：縣名。治所在今四川廣元市西南。

廖扶字文起，[1]汝南平輿人也。[2]習《韓詩》《歐陽尚書》，教授常數百人。父爲北地太守，[3]永初中，[4]坐羌没郡下獄死。扶感父以法喪身，憚爲吏。及服終而歎曰："老子有言：'名與身孰親？'吾豈爲名乎！"遂絶志世外。專精經典，尤明天文、讖緯，風角、推步之術。州郡公府辟召皆不應。就問災異，亦無所對。

[1]【李賢注】廖，音力弔反，又音力救反。

[2]【今注】平輿：縣名。治所在今河南平輿縣北。

［3］【今注】北地：郡名。治富平縣（今寧夏吴忠市西南）。

［4］【今注】永初：東漢安帝劉祜年號（107—113）。

扶逆知歲荒，[1]乃聚穀數千斛，悉用給宗族姻親，又斂葬遭疫死亡不能自收者。常居先人冢側，未曾入城市。太守謁焕，[2]先爲諸生，從扶學，後臨郡，未到，先遣吏脩門人之禮，又欲擢扶子弟，[3]固不肯，當時人因號爲北郭先生。年八十，終于家。[4]

［1］【今注】逆知：預知。

［2］【李賢注】謁，姓也。【今注】謁焕：曹金華《後漢書稽疑》："《集解》引惠棟説，謂《華陽國志》云焕巴郡墊江人，一云江州人，見《汝南紀》，《風俗通》作'涣'。又《通志·氏族略》第四作'汝南太守謁瓊'，《姓解》一引作'謁涣'，《姓氏書辯證》卷三七謂'謁瓊，一名焕'。《姓氏急就篇》卷上引作'漢汝南太守謁涣，江津人'。詳見吴樹平《風俗通義校釋》'佚文'。"（第1133頁）

［3］【今注】案，權，紹興本、大德本、殿本作"擢"。

［4］【今注】案，于，紹興本作"千"。

二子，孟舉、偉舉，並知名。

折像字伯式，廣漢雒人也。[1]其先張江者，封折侯，[2]曾孫國爲鬱林太守，[3]徙廣漢，因封氏焉。[4]國生像。

［1］【今注】雒：縣名。治所在今四川廣漢市東。

[2]【今注】案，折，中華本校勘記："《集解》引惠棟説，謂《華陽國志》云江爲武威太守，封南陽折侯，因氏焉。案南陽有析縣，前漢屬宏農，酈元音持益反，顔籀音先歷反，字從木，不從手。"

[3]【今注】鬱林：郡名。治布山縣（今廣西桂平市西）。

[4]【今注】封氏：以封地爲姓氏。

國有貲財二億，家僮八百人。像幼有仁心，不殺昆蟲，不折萌牙。[1]能通《京氏易》，好黄老言。及國卒，感多藏厚亡之義，[2]乃散金帛資産，周施親踈。或諫像曰："君三男兩女，孫息盈前，當增益産業，何爲坐自殫竭乎?"[3]像曰："昔鬭子文有言：'我乃逃禍，非避富也。'[4]吾門户殖財日久，[5]盈滿之咎，道家所忌。[6]今世將衰，子又不才。不仁而富，謂之不幸。[7]牆隙而高，其崩必疾也。"智者聞之咸服焉。

[1]【今注】案，牙，大德本、殿本作"芽"。

[2]【李賢注】《老子》曰"多藏必厚亡"也。【今注】多藏厚亡：指積聚很多財物而不能周濟别人，引起衆人的怨恨，最後會損失更大。

[3]【今注】案，殫，大德本、殿本作"單"。

[4]【李賢注】《國語》曰："楚成王每出子文之禄（殿本無'之禄'二字），必逃，王止而後復。人謂子文曰：'人生求富而子逃之，何也?'子文曰：'夫從政者，以庇人也。人多曠者，而我取富，是勤人以自封也（封，大德本作"材"），死無日矣。我逃死，不逃富。'"【今注】鬭子文：鬭伯比之子。春秋時楚國大臣。楚成王時任令尹二十八年，三任三黜，喜怒不形於色。孔子

以爲忠。

[5]【今注】案，殖，大德本作“植”。

[6]【李賢注】《老子》曰：“持而盈之，不如其已。金玉滿堂，莫之能守。”

[7]【李賢注】《左傳》曰：“善人富謂之幸（幸，中華本校勘記：‘《集解》引惠棟説，謂《左傳》“幸”作“賞”。今按：賞與殃韻，作“幸”非也。’應據改），淫人富謂之殃。”

自知亡日，召賓客九族飲食辭訣，忽然而終。時年八十四。家無餘資，諸子衰劣如其言云。

樊英字季齊，南陽魯陽人也。[1]少受業三輔，[2]習《京氏易》，兼明《五經》。又善風角、星筭、《河》《洛》七緯，推步災異。[3]隱於壺山之陽，[4]受業者四方而至。州郡前後禮請不應；公卿舉賢良方正、有道，[5]皆不行。

[1]【今注】南陽：郡名。治宛縣（今河南南陽市卧龍區）。魯陽：縣名。治所在今河南魯山縣。

[2]【今注】三輔：西漢京畿地區分設京兆尹、左馮翊、右扶風進行管轄，合稱“三輔”。東漢雖以雒陽爲都，但仍然沿用了三輔的行政區劃。

[3]【李賢注】七緯者，《易》緯《稽覽圖》《乾鑿度》《坤靈圖》《通卦驗》《是類謀》《辨終備》也；《書》緯《琁機鈐》《考靈耀》《刑德放》（放，大德本、殿本作“收”）《帝命驗》《運期授》也；《詩》緯《推度災》《記歷樞》《含神霧》也；《禮》緯《含文嘉》《稽命徵》（稽，大德本作“機”）《斗威儀》

也;《樂》緯《動聲儀》《稽耀嘉》《汁圖徵》也(汁,大德本、殿本作“叶”);《孝經》緯《援神契》《鉤命決》也;《春秋》緯《演孔圖》《元命包》《文耀鉤》《運斗樞》《感精符》《合誠圖》《考異郵》《保乾圖》《漢含孳》《佑助期》《握誠圖》《潛潭巴》《説題辭》也(大德本、殿本無“也”字)。【今注】案,大德本、殿本無“星”字。

[4]【李賢注】山在今鄧州新城縣北,即張衡《南都賦》云“天封大狐”是也。【今注】壺山:山名。在今河南魯山縣。

[5]【今注】賢良方正:漢代選拔人才的一種制度。主要用於選舉品格賢良方正、能够直言極諫的人士。

嘗有暴風從西方起,英謂學者曰:“成都市火甚盛。”因含水西向漱之,乃令記其日時。客後有從蜀都來,[1]云“是日大火,有黑雲卒從東起,須臾大雨,火遂得滅”。於是天下稱其術藝。[2]

[1]【今注】案,大德本、殿本無“都”字。

[2]【今注】案,術藝,大德本、殿本作“藝術”。

安帝初,徵爲博士。至建光元年,[1]復詔公車賜策書,徵英及同郡孔喬、[2]李昺、[3]北海郎宗、[4]陳留楊倫、[5]東平王輔六人,[6]唯郎、楊倫到洛陽,[7]英等四人並不至。

[1]【今注】建光:東漢安帝劉祜年號(121—122)。

[2]【李賢注】《謝承書》曰“喬字子松,宛人也,學《古文尚書》(古,大德本作‘七’)《春秋左氏傳》。常幽居修志,鋭

意典籍，至乃歷年身不出門，鄉里莫得瞻見。公車徵不行，卒於家”也。

[3]【李賢注】《謝承書》曰（曰，紹興本作“田”）“昺字子然，鄚人也，篤行好學，不羨榮禄。習《魯詩》《京氏易》。室家相待如賓。州郡前後禮請不應。舉茂才，除召陵令，不到官。公車徵不行，卒”也。

[4]【李賢注】《謝承書》曰：“宗字仲綏，安丘人也，善《京氏易》、風角、星筭，推步吉凶。常負笈荷擔賣卜給食，瘠服間行，人莫得知。安帝詔公車徵，策文曰：‘郎宗、李昺、孔喬等前比徵命，未肯降意。恐主者玩弄，禮意不備，使難進易退之人龍潛不屈其身。各致嘉禮，遣詣公車，將以補察國政，輔朕之不逮。’青州被詔書，遣宗詣公車，對策陳災異，而爲諸儒之表。拜議郎，除吴令。到官一月，時卒暴風，宗占以爲京師有大火，定火發時，果如宗言。諸公聞之，表上，博士徵。宗恥以占事就徵，文書未到，夜懸印綬置廳上遁去（置，大德本作‘至’），終於家。子顗，自有傳。”【今注】北海：郡國名。西漢景帝二年（前155）置，治營陵縣（今山東昌樂縣東南），東漢時改爲國，移治劇縣（今山東昌樂縣西）。

[5]【李賢注】見《儒林傳》。【今注】陳留：郡名。治陳留縣（今河南開封市東南）。　楊倫：字仲理，陳留東昏（今河南蘭考縣東北）人。東漢官吏。傳見本書卷七九上。

[6]【李賢注】《謝承書》曰：“輔字公助，平陸人也。學《公羊傳》《後神契》（後，紹興本、大德本、殿本作‘援’，是）。當隱居野盧（當，紹興本、大德本、殿本作‘常’，是），以道自娱。辟公府，舉有道，對策拜郎中。陳災異，甄吉凶有驗，拜議郎，以病遜。安帝公車徵，不行，卒於家。”【今注】東平：諸侯王國名。都無鹽縣（今山東東平縣）。

[7]【今注】案，紹興本、大德本、殿本“郎”後有“宗”

字，是。

永建二年，[1]順帝書備禮，[2]玄纁徵之，[3]復固辭疾篤。[4]乃詔切責郡縣，載上道。[5]英不得已，到京，稱病不肯起。乃强輿入，[6]猶不以禮屈。帝怒，謂英曰："朕能生君，能殺君；能君，[7]能賤君；能富君，能貧君。君何以慢朕命？"英曰："臣受命於天。生盡其命，天也；死不得其命，亦天也。陛下焉能生臣，焉能殺臣！臣見暴君如見仇讎，立其朝猶不肯，可得而貴乎？雖在布衣之列，環堵之中，[8]晏然自得，不易萬乘之尊，又可得而賤乎？陛下焉能貴臣，焉能賤臣！臣非禮之禄，[9]雖萬鍾不受；若申其志，[10]雖簞食不厭也。[11]陛下焉能富臣，焉能貧臣！"帝不能屈，而敬其名，使出就太醫養疾，月致羊酒。

[1]【今注】永建：東漢順帝劉保年號（126—132）。

[2]【今注】案，紹興本、大德本、殿本"帝"後有"策"字，是。

[3]【今注】玄纁：黑色及赤黄色的布帛，帝王延聘賢士所用。

[4]【今注】疾篤：病勢沉重。

[5]【今注】案，紹興本、大德本、殿本"載"前有"駕"字，是。

[6]【今注】案，紹興本、大德本、殿本"入"後有"殿"字，是。

[7]【今注】案，紹興本、大德本、殿本"能"後有"貴"字，是。

[8]【李賢注】環堵，面一堵也。《莊子》曰“原憲居環堵之中”也。【今注】環堵：形容狹小、簡陋的居室。

[9]【今注】案，殿本無“臣”字。

[10]【今注】案，若，殿本作“也”。

[11]【李賢注】簞，笥也。《論語》曰，顔回在陋巷之中，一簞食，一瓢飲。

至四年三月，天子乃爲英設壇席，令公車令導，[1]尚書奉引，[2]賜几杖，待以師傅之禮，延問得失。英不敢辭，拜五官中郎將。[3]數月，英稱疾篤，詔以爲光禄大夫，[4]賜告歸。令在所送穀千斛，常以八月致牛一頭，酒三斛；如有不幸，祠以中牢。[5]英辭位不受，有詔譬旨勿聽。[6]

[1]【今注】公車令：公車司馬令的簡稱。西漢時掌公車司馬門，受天下奏章，主宫中巡邏。東漢時掌南闕門，受吏民奏章四方貢獻等。

[2]【今注】尚書：官名。東漢尚書臺六曹，每曹設尚書一人，分别負責己曹事務。秩六百石。

[3]【今注】五官中郎將：官名。西漢武帝設中郎三將，其首爲五官中郎將，秩比二千石，職領所屬諸郎，爲皇帝高級侍從官。東漢因置。

[4]【今注】光禄大夫：官名。西漢武帝太初元年（前104），改中大夫置，屬光禄勳，秩比二千石。掌論議。東漢多用以案行州郡，拜假賵贈之使，及監護諸國嗣喪事。

[5]【今注】中牢：古代祭祀的犧牲，牛、羊、豕三牲俱用稱“太牢”，衹用羊、豕二牲稱“少牢”。“中牢”即“少牢”。

［6］【今注】譬旨：曉譬以天子旨意。

英初被詔命，僉以爲必不降志，[1]及後應對，又無奇謨深策，談者以爲失望。[2]初，河南張楷與英俱徵，既而謂英曰："天下有二道，出與處也。吾前以子之出，能輔是君也，濟斯人也。而子始以不訾之身，[3]怒萬乘之主；及其享受爵禄，又不聞匡救之術，進退無所據矣。"

［1］【今注】僉：全部。

［2］【李賢注】《謝承書》曰"南郡王逸素與英善，因與其書，多引古譬喻，勸使就聘。英順逸議，談者失望"也。

［3］【今注】不訾之身：不可計量的身軀。

英既善術，朝廷每有災異，詔輒下問變復之效，所言多驗。[1]

［1］【李賢注】變災異復於常也。

初，英著《易章句》，世名樊氏學，以圖緯教授。潁川陳寔少從英學。[1]嘗有疾，妻遣婢拜問，[2]英下牀答拜。[3]寔怪而問之。英曰："妻，齊也，共奉祭祀，禮無不答。"[4]其恭謹若是。年七十餘，卒於家。

［1］【今注】潁川：郡名。治陽翟縣（今河南禹州市）。　陳寔：字仲弓，潁川許（今河南許昌市）人。東漢官吏。傳見本書卷

六二。

[2]【今注】案，殿本“婢”前有“奴”字。

[3]【今注】案，大德本、殿本“答”前有“將”字。

[4]【李賢注】《禮記》曰（大德本無“記”字）：“凡非弔喪非見國君（大德本“見”後有“記”字），無不答拜。”

孫陵，靈帝時以諂事宦人爲司徒。[1]

[1]【今注】靈帝：東漢靈帝劉宏，公元168年至189年在位。紀見本書卷八。　案，司徒，中華本校勘記：“《集解》引錢大昭説，謂按《靈帝紀》，陵爲太尉，非司徒。”曹金華《後漢書稽疑》：“‘司徒’必是‘太尉’之訛。《黨錮·李膺傳》載‘陵後以阿附宦官，致位太尉’。《後漢紀》卷二五‘少府樊陵爲太尉’。”（第1134頁）

陳郡郤巡學傳英業，[1]官至侍中。[2]

[1]【今注】陳郡：曾爲淮陽國、淮陽郡、陳國。治陳縣（今河南淮陽縣）。曹金華《後漢書稽疑》：“‘陳郡’當作‘陳國’。《郡國志》：‘陳國，高帝置爲淮陽，章和二年改。’《黨錮·魏朗傳》載‘亡命到陳國，從博士郄仲信學《春秋圖緯》’，郄仲信即郤巡。”（第1135頁）

[2]【今注】侍中：官名。西漢時爲加官。東漢時爲正式職官，秩比二千石，無員；居首者稱祭酒，或置或否。掌顧問應對，皇帝出行則參乘騎從，多由功臣貴戚擔任，地位尊貴親近。

論曰：漢世之所謂名士者，其風流可知矣。雖弛張趣舍，[1]時有未純，[2]於刻情修容，[3]依倚道藝，以就其聲價，非所能通物方，弘時務也。[4]及徵樊英、楊厚，[5]朝廷若待神明，至竟無它異。英名最高，毀最甚。李固、朱穆等以爲處士純盜虚名，[6]無益於用，故其所以然也。然而後進希之以成名，[7]世主禮之以得衆，原其無用亦所以爲用，則其有用或歸於無用矣。何以言之？[8]夫焕乎文章，時或乖用；[9]本乎禮樂，適末或疎。[10]及其陶搢紳，藻心性，[11]使由之而不知者，[12]豈非道邈用表，乖之數跡乎？[13]而或者忽不踐之地，[14]賒無用之功，[15]至乃誚譟遠術，賤斥國華，[16]以爲力詐可以救淪敝，文律足以致寧平，[17]智盡於猜察，道足於法令，[18]雖濟萬世，其將與夷狄同也。[19]孟軻有言曰：[20]"以夏變夷，不聞變夷於夏。"[21]況有未濟者乎！

[1]【今注】弛張趣舍：張弛取舍。趣，通"取"。

[2]【今注】時有未純：當時天下未必純熙。

[3]【今注】刻情：雕琢性情。指城府深。　修容：修正儀容。

[4]【李賢注】《易》曰："方以類聚，物以群分。"【今注】物方：事物變化的道理。

[5]【今注】楊厚：字仲桓，廣漢新都（今四川成都市新都區西）人。東漢官吏。楊統之子。傳見本書卷三〇上。

[6]【今注】朱穆：字公叔，南陽宛（今河南南陽市卧龍區）人。東漢順帝末，爲大將軍梁冀掌兵事。桓帝時爲冀州刺史。後拜尚書，反對宦官。傳見本書卷四三。　處士：有才德而不做官的人。

［7］【今注】案，希，大德本作“稀”。

［8］【今注】案，何，大德本作“河”。

［9］【今注】乖用：乖棄不用。

［10］【李賢注】文章雖美，時敝則不用也。禮樂誠貴，代末則廢。

［11］【今注】陶搢紳藻心性：培育士人，陶冶心性。

［12］【今注】使由之而不知者：讓他們幹某事却不知道爲什麽。

［13］【李賢注】言文章禮樂，其道邈遠，出於常用之表，不可以數跡求也。【今注】道邈用表：道理深遠而用其表面。　乖之數跡：棄用數術之理。

［14］【今注】不踐之地：人迹不至之地。

［15］【李賢注】《莊子》曰：“惠子謂莊子曰：‘子言無用（大德本、殿本無“子”字）。’莊子曰：‘知無用而始可與言用矣（知，大德本作“如”。大德本、殿本無“始”字）。夫地非不廣且大也（且大也，大德本作“且”，殿本作“也且”），人之所用容足耳（大德本、殿本“用”前有“欲”字）。然則側足而墊之（大德本、殿本無“然則”二字），致黄泉，人尚有用乎？’惠子曰：‘無用。’莊子曰：‘然則無用之爲用也亦明矣。’”墊猶掘也。【今注】無用之功：無用即爲大用之功。

［16］【李賢注】遠術謂禮樂，國華謂懷道隱逸之士也。【今注】誚譟遠術：譴責譏諷禮樂之術。　賤斥國華：鄙視斥逐壞道隱逸之士。

［17］【今注】文律：詩文聲律。

［18］【今注】智盡於猜察道足於法令：智力全用於猜測，道術全用在法令。

［19］【李賢注】《前書·大人賦》曰：“雖濟萬代，不足以喜。”

［20］【今注】孟軻：孟子，名軻，字子輿，鄒（今山東鄒城市）人。爲子思門人。是孔子之後、荀子之前的儒家學派的代表人物。傳見《史記》卷七四。

［21］【今注】以夏變夷不聞變夷於夏：語出《孟子·滕文公上》："吾聞用夏變夷者，未聞變於夷者也。"意爲衹聽説過用中原的文明去改變蠻夷的，没聽説過被蠻夷改變的。

後漢書　卷八二下

列傳第七十二下

方術下

唐檀　公沙穆　許曼　趙彦　樊志張　單颺　韓説
董扶　郭玉　華佗　徐登　費長房　薊子訓　劉根
左慈　計子勳　上成公　解奴辜　甘始　王真　王和平

唐檀字子産，豫章南昌人也。[1]少遊太學，[2]習《京氏易》《韓詩》《顔氏春秋》，尤好灾異星占。後還鄉里，教授常百餘人。

［1］【今注】豫章：郡名。治南昌縣（今江西南昌市東）。南昌：縣名。治所在今江西南昌市東湖區。

［2］【今注】太學：漢代最高學府，西漢武帝元朔五年（前124）始置。至東漢，太學制度大爲發展，生員衆多。

元初七年，[1]郡界有芝草生，太守劉祇欲上言之，以問檀。檀對曰："方今外戚豪盛，陽道微弱，斯豈嘉瑞乎？"祇乃止。永寧元年，[2]南昌有婦人生四子，祇復問檀變異之應。檀以爲京師當有兵氣，其禍發於蕭牆。[3]至延光四年，[4]中黄門孫程揚兵殿省，[5]誅皇后兄車騎將軍閻顯等，[6]立濟陰王爲天子，[7]果如所占。

［1］【今注】元初：東漢安帝劉祜年號（114—120）。

［2］【今注】永寧：東漢安帝劉祜年號（120—121）。曹金華《後漢書稽疑》："前云'元初七年'，接續'永寧元年'，而永寧元年即元初七年。《安帝紀》載是年'夏四月丙寅，立皇子保爲皇太子，改元永寧'。"（中華書局2014年版，第1137頁）

［3］【李賢注】《論語》孔子曰："吾恐季孫之憂，不在顓臾而在蕭牆之内。"蕭，肅也。謂屏牆也。言人臣至屏，無不肅敬。

［4］【今注】延光：東漢安帝劉祜年號（122—125）。

［5］【李賢注】揚，舉也。【今注】中黄門：官名。隸屬少府，用宦官擔任。職掌給事禁中，位次小黄門。秩比百石，後增比三百石。　孫程：字稚卿，涿郡新城（今河北保定市徐水區西）人。東漢宦官。安帝時爲中黄門，給事長樂宫。傳見本書卷七八。　殿省：宫廷與臺省。

［6］【今注】車騎將軍：漢初爲臨時將軍之號，因領車騎士得名，事訖即罷。武帝後常設，地位次於大將軍、驃騎將軍。常典京城、皇宫禁衛軍隊，出征時常總領諸將軍。文官輔政者亦或加此銜，領尚書政務，成爲中朝重要官員。東漢時位比三公，常以貴戚充任，秩萬石。出掌征伐，入參朝政。　閻顯：東漢外戚。河南滎陽人，安思閻皇后兄。元初四年（117），以親貴嗣封北宜春侯。延光元年（122），任大鴻臚，更封長社侯。三年謀廢太子爲濟陰王。四年，爲車騎將軍。安帝卒，孫程等人發動宫廷政變，擁立濟陰王

即帝位，顯及其弟均下獄死。

［7］【今注】濟陰王：東漢順帝爲太子時曾被廢爲濟陰王。陰，大德本作“陽”。

永建五年，[1]舉孝廉，[2]除郎中。[3]是時白虹貫日，[4]檀因上便宜三事，陳其咎徵。[5]書奏，弃官去。著書二十八篇，名爲《唐子》。卒於家。

［1］【今注】永建：東漢順帝劉保年號（126—132）。

［2］【今注】孝廉：漢朝選拔舉薦人才的科目之一。孝指孝悌，廉指廉潔。漢制規定，每年郡國從所屬吏民中推舉孝、廉各一人。東漢和帝時始以人口爲標準，每二十萬人歲舉孝廉一人。

［3］【今注】郎中：官名。無定員，掌持戟值班，宿衛殿門，出充車騎，秩比三百石。

［4］【今注】白虹貫日：白色的長虹穿日而過。

［5］【今注】咎徵：災禍應驗。

公沙穆字文乂，北海膠東人也。[1]家貧賤。自爲兒童不好戲弄，長習《韓詩》《公羊春秋》，尤鋭思《河》《洛》推步之術。居建成山中，[2]依林阻爲室，[3]獨宿無侶。時暴風震雷，有聲於外呼穆者三，穆不與語。有頃，呼者自牖而入，[4]音狀甚怪，穆誦經自若，終亦無它妖異，時人奇之。後遂隱居東萊山，[5]學者自遠而至。

［1］【今注】北海：郡國名。西漢景帝二年（前155）置，治營陵縣（今山東昌樂縣東南），東漢時改爲國，移治劇縣（今山東

昌樂縣西)。　膠東：縣名。治所在今山東平度市。

[2]【今注】建成山：山名。在今河北泊頭市境内。

[3]【今注】林阻：山林險阻之地。

[4]【今注】牖：窗户。

[5]【今注】東萊山：山名。在今山東萊陽市一帶。

有富人王仲，致産千金。謂穆曰："方今之世，以貨自通，吾奉百萬與子爲資，何如?"對曰："來意厚矣。夫富貴在天，得之有命，以貨求位，吾不忍也。"[1]

[1]【李賢注】《謝承書》曰"穆嘗養猪，猪有病(大德本、殿本無'猪'字)，使人賣之於市。語之言(言，中華本據《校補》改作'云')'如售，當告買者言病，賤取其直；不可言無病，欺人取貴價'也。賣猪者到市即售，亦不言病，其直過價。穆怪之，問其故。齎半直追以還買猪人。告語言(言，中華本據《校補》改作'云')'猪實病，欲賤賣，不圖賣者人相欺(中華本校勘記：'《刊誤》謂案文多一"人"字。今按：上文言"買猪人"，則此當云"賣猪人"，疑"者"本作"猪"，版刻訛脱犭旁耳')，乃取貴直。'買者言賣買私約，亦復辭錢不取。穆終不受錢而去"也。【今注】案，大德本無"以貨求位，吾不忍也"八字。

後舉孝廉，以高第爲主事，[1]遷繒相。[2]時繒侯劉敞，東海恭王之後也，[3]所爲多不法，廢嫡立庶，傲佷放恣。[4]穆到官，謁曰："臣始除之日，京師咸謂臣曰'繒有惡侯'，以弔小相。明侯何因得此醜聲之甚也?

幸承先人之支體，[5]傳茅土之重，[6]不戰戰兢兢，而違越法度，故朝廷使臣爲輔。願改往修來，自求多福。”乃上没敞所侵官民田地，廢其庶子，還立嫡嗣。其蒼頭兒客犯法，[7]皆收考之。因苦辭諫敞。敞涕泣爲謝，多從其所規。

［1］【今注】高第：考試成績名列前茅。曹金華《後漢書稽疑》：“‘主事’前疑有脱文，《大唐六典》卷一引《謝承書》作‘舉孝廉，除郎中，光禄勳主事’。”（第1138頁）

［2］【李賢注】繒，縣，屬琅邪郡，故城在今沂州承縣東北也。【今注】繒：縣名。治所在今山東蘭陵縣西北。

［3］【今注】東海恭王：劉彊。東漢光武帝長子，郭皇后所生。曾被立爲太子。郭后被廢，劉彊不自安，請出就藩國。受封爲東海王，卒謚恭。傳見本書卷四二。

［4］【今注】傲佷放恣：倨傲凶狠，肆意妄爲。佷，紹興本、殿本作“很”。

［5］【今注】支體：肢體。支，通“肢”。

［6］【今注】茅土：古代帝王社祭之壇以五色土建成，分封諸侯時，按封地所在方向取壇上一色土，以茅包之，稱爲茅土，給受封者在封國内立社。

［7］【今注】蒼頭兒客：幼兒奴僕。

遷弘農令。[1]縣界有螟蟲食稼，百姓惶懼。穆乃設壇謝曰：“百姓有過，罪穆之由，請以身禱。”[2]於是暴雨，[3]既霽而螟蟲自銷，[4]百姓稱曰神明。永壽元年，[5]霖雨大水，三輔以東莫不湮没。[6]穆明曉占候，乃豫告令百姓徙居高地，故弘農人獨得免害。

[1]【今注】弘農：縣名。治所在今河南靈寶市北。

[2]【今注】請以身禱：請求將我的身體獻祭祈禱。

[3]【今注】案，大德本、殿本“暴雨”後有“不終日”三字。

[4]【今注】霽：雨後天晴。

[5]【今注】永壽：東漢桓帝劉志年號（155—158）。

[6]【今注】三輔：地區名。漢代京畿地區的合稱。西漢景帝二年（前155）分内史爲左、右内史，與主爵中尉（後改主爵都尉）。同治京城長安城中，所轄皆爲京畿地區，相當今陝西關中地區，故合稱“三輔”。武帝時，左、右内史，主爵都尉分别改名爲左馮翊、京兆尹、右扶風。

遷遼東屬國都尉，[1]善得吏人歡心。年六十六卒官。六子皆知名。[2]

[1]【今注】遼東：郡名。治襄平縣（今遼寧遼陽市白塔區）。屬國都尉：西漢武帝置屬國於西北邊郡，安置内附少數民族，設都尉主之，掌民政軍事，兼掌戍衛邊塞。秩比二千石。宣帝以後，屬國或增置，或廢罷，兼安置羌族。東漢西北、東北、西南等邊境地區皆置，多從諸郡中分以安置降附、内屬匈奴、胡、羌等少數民族。屬官又或設長史、主簿等員。

[2]【李賢注】《謝承書》曰“穆子孚，字允慈。亦爲善士，舉孝廉，尚書侍郎，召陵令，上谷太守”也。【今注】案，中華本校勘記：“《集解》引沈欽韓説，謂‘六’當作‘五’，《群輔録》云穆之五子，並有令名，京師號曰‘公沙五龍，天下無雙’。”曹金華《後漢書稽疑》：“《御覽》卷四九五引袁山松《後漢書》作‘公沙穆有六子，時人號曰“公沙六龍，天下無雙”’。”（第1138頁）

許曼者，汝南平輿人也。[1]祖父峻，字季山，善卜占之術，多有顯驗，時人方之前世京房。[2]自云少嘗篤病，三年不愈，乃謁太山請命，[3]行遇道士張巨君，授以方術。所著《易林》，至今行於世。

［1］【今注】汝南：郡名。治平輿縣（今河南平輿縣北）。平輿：縣名。治所在今河南平輿縣北。

［2］【今注】京房：字君明，東郡頓丘（今河南浚縣北）人。西漢經學家。少事梁人焦延壽，研治《易經》，後遂著《易傳》。元帝初元四年（前45），以孝廉爲郎。永光、建昭間，數上疏言事，所言屢中，爲帝所賞識，數次召見。是時中書令石顯專權，深疾房，遂設法中傷之。房被徵入獄，死於獄中。傳見《漢書》卷七五。

［3］【李賢注】太山主人生死，故詣請命也。

曼少傳峻學。桓帝時，[1]隴西太守馮緄始拜郡，[2]開綬笥，[3]有兩赤蛇分南北走。緄令曼筮之。卦成，曼曰："三歲之後，君當爲邊將，[4]官有東名，當東北行三千里。復五年，更爲大將軍，南征。"延熹元年，[5]緄出爲遼東太守，[6]討鮮卑，[7]至五年，復拜車騎將軍，[8]擊武陵蠻賊，[9]皆如占。其餘多此類云。

［1］【今注】桓帝：東漢桓帝劉志，公元146年至167年在位。紀見本書卷七。

［2］【今注】隴西：郡名。治狄道縣（今甘肅臨洮縣南）。馮緄：字鴻卿，巴郡宕渠（今四川渠縣東北）人。東漢官吏。馮煥之子。傳見本書卷三八。

［3］【今注】綬笥：盛裝印綬的竹盒。

［4］【今注】案，殿本無“將”字。

［5］【今注】延熹：東漢桓帝劉志年號（158—167）。

［6］【今注】遼東：郡名。治襄平縣（今遼寧遼陽市白塔區）。

［7］【今注】鮮卑：古族名。東胡的一支，因別依鮮卑山，故稱。漢初，爲冒頓所敗，入遼東塞外，與烏桓相接。東漢初，與匈奴攻遼東。和帝永元中，北匈奴西遷後，徙據其地。因兼併其衆，逐漸强盛，多次攻漢邊郡。桓帝時，首領檀石槐建庭立制，分爲東、中、西三部，各置大人率領。其後聯合體瓦解，步度根、軻比能等首領各擁其衆，附屬曹魏。

［8］【今注】車騎將軍：漢初爲臨時將軍之號，因領車騎士得名，事訖即罷。武帝後常設，地位次於大將軍、驃騎將軍。常典京城、皇宫禁衞軍隊，出征時常總領諸將軍。文官輔政者亦或加此銜，領尚書政務，成爲中朝重要官員。東漢時位比三公，常以貴戚充任，秩萬石。出掌征伐，入參朝政。

［9］【今注】武陵蠻賊：秦漢時分布在今湖南東北部、湖北西南部的少數民族。漢初在其地置武陵郡。

趙彦者，琅邪人也。[1]少有術學。延熹三年，琅邪賊勞丙與太山賊叔孫無忌殺都尉，[2]攻没琅邪屬縣，殘害吏民。朝廷以南陽宗資爲討寇中郎將，[3]杖鉞將兵，督州郡合討無忌。彦爲陳《孤虚》之法，[4]以賊屯在莒，[5]莒有五陽之地，[6]宜發五陽郡兵，[7]從孤擊虚以討之。資具以狀上，詔書遣五陽兵到。彦推遁甲，[8]教以時進兵，一戰破賊，燔燒屯塢，徐兖二州一時平夷。[9]

[1]【今注】琅邪：郡國名。初治東武縣（今山東諸城市），東漢光武帝建武十三年（37）之後徙治莒縣（今山東莒縣），章帝建初五年（80）改治開陽縣（今山東臨沂市北）。

[2]【今注】都尉：官名。原作“郡尉”，西漢景帝時改爲都尉。郡中掌統兵作戰的武官。

[3]【今注】南陽：郡名。治宛縣（今河南南陽市卧龍區）。宗資：南陽（今河南南陽市）人。東漢官吏。桓帝初爲汝南太守，委政於功曹范滂，社會上因有“南陽宗資主畫諾”之謡諺。延熹三年（160），拜討寇中郎將，討破太山農民起義軍。　討寇中郎將：官名。東漢所置。中郎將爲次於將軍之武官，有依制常設的，也有臨時設的。討寇中郎將即爲臨時所置。

[4]【今注】孤虚：一種用來推測日辰、占卜吉凶的占卜術。

[5]【今注】莒：縣名。治所在今山東莒縣。

[6]【李賢注】謂城陽、南武陽、開陽、陽都、安陽，並近莒。

[7]【李賢注】郡名有“陽”，謂山陽、廣陽、漢陽、南陽、丹陽郡之類也。

[8]【今注】遁甲：又稱“奇門遁甲”。利用六十甲子占卜吉凶的方術。

[9]【今注】徐兖二州：徐州和兖州。均屬漢十三刺史部。

樊志張者，漢中南鄭人也。[1]博學多通，隱身不仕。嘗遊隴西，[2]時破羌將軍段熲出征西羌，[3]請見志張。其夕，熲軍爲羌所圍數重，因留軍中，三日不得去。夜謂熲曰：“東南角無復羌，宜乘虚引出，住百里，還師攻之，可以全勝。”熲從之，果以破賊。於是以狀表聞。又説其人既有梓慎、焦、董之識，[4]宜翼聖朝，咨詢奇異。於是有詔特徵，會病終。

[1]【今注】漢中：郡名。治南鄭縣（今陝西漢中市漢臺區）。

[2]【今注】隴西：郡名。治狄道縣（今甘肅臨洮縣南）。

[3]【今注】破羌將軍：官名。東漢雜號將軍之一。以“破羌”名號授將軍段熲，因他對羌族用兵屢屢獲勝。案，曹金華《後漢書稽疑》：“‘破羌將軍’當作‘護羌校尉’。《段熲傳》載延熹六年冬，復以熲爲護羌校尉，八年夏，用隱士樊志張策，大破羌敵，建寧元年拜熲破羌將軍。《桓帝紀》載延熹八年‘護羌校尉段熲擊罕姐羌，破之’。《靈帝紀》載建寧元年‘使護羌校尉段熲討先零羌……秋七月，破羌將軍段熲復破先零羌於涇陽’。故云熲請志張助破羌時爲護羌校尉，非破羌將軍也。”（第1140頁）　段熲：字紀明，武威姑臧（今甘肅武威市）人。東漢大臣。傳見本書卷六五。　西羌：古族名。主要分布在今甘肅南部、青海東部、四川北部一帶。傳見本書卷八七。

[4]【李賢注】焦延壽，董仲舒。【今注】梓慎：春秋時魯國大夫。傳善占吉凶，測禍福。一説爲鄭人。　焦：焦延壽。名贛，字延壽，梁國（今河南商丘市南）人。西漢學者。專研《易經》，授東郡人京房，遂成京氏學。　董：董仲舒，廣川（今河北棗强縣東）人。西漢官吏，思想家。少治《春秋》，景帝時爲博士，舉賢良。主張“君權神授”，創三綱五常體系，提高儒學地位。武帝時，任江都相，降中大夫。以言災異下獄，尋獲釋。後爲膠西相，託病辭官，專心修學著述，老卒於家。傳見《史記》卷一二一、《漢書》卷五六。

單颺字武宣，山陽湖陸人也。[1]以孤特清苦自立，[2]善明天官、筭術。[3]舉孝廉，稍遷太史令，[4]侍中。[5]出爲漢中太守，公事免。後拜尚書，[6]卒於官。

[1]【今注】山陽：郡名。治昌邑縣（今山東金鄉縣西北）。

湖陸：縣名。王莽改湖陵曰湖陸。東漢初又名湖陵。章帝改爲湖陸侯國，後又改爲湖陸縣。治所在今山東魚臺縣東南。

[2]【今注】孤特：孤單特立。

[3]【今注】天官：天象，天文。

[4]【今注】太史令：官名。秦置，兩漢均置，隸太常，掌天時、星曆及時節禁忌，國有瑞應、災異，掌記之，且有修史之任。東漢秩六百石。

[5]【今注】侍中：官名。西漢時爲加官。東漢時爲正式職官，秩比二千石，無員；居首者稱祭酒，或置或否。掌顧問應對，皇帝出行則參乘騎從，多由功臣貴戚擔任，地位尊貴親近。

[6]【今注】尚書：官名。東漢尚書臺六曹，每曹設尚書一人，分别負責己曹事務。秩六百石。

初，熹平末，[1]黄龍見譙，[2]光禄大夫橋玄問颺：[3]"此何祥也?"颺曰："其國當有王者興。不及五十年，龍當復見，此其應也。"魏郡人殷登密記之。[4]至建安二十五年春，[5]黄龍復見譙，其冬，魏受禪。

[1]【今注】熹平：東漢靈帝劉宏年號（172—178）。

[2]【今注】譙：縣名。治所在今安徽亳州市譙城區。

[3]【今注】光禄大夫：官名。西漢武帝太初元年（前104），改中大夫置，屬光禄勳，秩比二千石。掌論議。東漢多用以案行州郡，拜假賵贈之使，及監護諸國嗣喪事。　橋玄：字公祖，梁國睢陽（今河南商丘市南）人。東漢大臣。傳見本書卷五一。

[4]【今注】魏郡：治鄴縣（今河北臨漳縣西南）。

[5]【今注】建安：東漢獻帝劉協年號（196—220）。

韓説字叔儒，會稽山陰人也。[1]博通《五經》，尤善圖緯之學。[2]舉孝廉。與議郎蔡邕友善。[3]數陳灾眚，[4]及奏賦、頌、連珠。[5]稍遷侍中。光和元年十月，[6]説言於靈帝，[7]云其晦日必食，[8]乞百官嚴裝。帝從之，果如所言。中平二年二月，[9]又上封事，剋期宫中有灾。[10]至日南宫大火。遷説江夏太守，[11]公事免。年七十，卒於家。

[1]【今注】會稽：郡名。治吴縣（今江蘇蘇州市）。東漢順帝永建四年（129），徙治山陰縣（今浙江紹興市）。　山陰：縣名。治所在今浙江紹興市越城區。

[2]【今注】圖緯：圖讖緯書。

[3]【今注】議郎：官名。西漢時爲光禄勳屬官。掌顧問應對，參與議政。秩比六百石。東漢時更爲顯要，除議政外，也給事宫中。　蔡邕：字伯喈，陳留圉（今河南杞縣）人。著《獨斷》《勸學》等。後人輯有《蔡中郎集》。傳見本書卷六〇下。

[4]【今注】灾眚：災殃禍患。

[5]【今注】連珠：文體名。謂辭句連續，互相發明，歷歷如貫珠。

[6]【今注】光和：東漢靈帝劉宏年號（178—184）。

[7]【今注】靈帝：東漢靈帝劉宏，公元168年至189年在位。紀見本書卷八。

[8]【今注】晦日必食：月末必有日食。

[9]【今注】中平：東漢靈帝劉宏年號（184—189）。

[10]【今注】剋期：預言某日。

[11]【今注】江夏：郡名。治西陵縣（今湖北武漢市新洲區西）。

董扶字茂安，廣漢綿竹人也。[1]少遊太學，與鄉人任安齊名，[2]俱事同郡楊厚，[3]學圖讖。還家講授，弟子自遠而至。前後宰府十辟，公車三徵，[4]再舉賢良方正、博士、有道，[5]皆稱疾不就。

［1］【今注】廣漢：郡名。治涪縣（今四川綿陽市東北）。綿竹：縣名。治所在今四川德陽市北。

［2］【今注】任安：字定祖，廣漢綿竹（今四川德陽市北）人。東漢學者。傳見本書卷七九上。

［3］【今注】楊厚：字仲桓，廣漢新都（今四川成都市新都區西）人。東漢官吏。楊統之子。傳見本書卷三〇上。

［4］【今注】公車：官名。西漢皇宮中有公車司馬門，設公車司馬令、丞以掌之，夜徼宫中，凡臣民上書和徵召出入皆由其接待管理。公車司馬令秩六百石，隸衛尉。簡稱公車、公車令。東漢時掌宫南闕門，主凡吏民上章、四方貢獻及徵詣公車者。屬官有丞、尉等。丞掌察非法，尉主門衛兵禁，以戒非常。

［5］【今注】賢良方正：漢代選拔人才的一種制度。主要用於選舉品格賢良方正、能够直言極諫的人士。　博士：官名。秦置，漢因之。九卿之一奉常（太常）屬官。掌通古今，教弟子，備顧問。秩比六百石。設僕射一人領之。漢武帝罷黜百家以前，博士治各家之學。其後博士主要傳授儒家經典，員額依時有所增減。　有道：漢代選舉科目之一。意爲選拔有道德、有才能的人。

靈帝時，大將軍何進薦扶，[1]徵拜侍中，甚見器重。扶私謂太常劉焉曰：[2]“京師將亂，益州分野有天子氣。”焉信之，遂求出爲益州牧，[3]亦爲蜀郡屬國都尉，[4]相與入蜀。去後一歲，帝崩，天下大亂，乃去官還家。年八十二卒。

[1]【今注】大將軍：官名。東漢時位比三公，多授予貴戚，常兼録尚書事，與太傅、太尉等共同主持政務，秩萬石。　何進：字遂高，南陽宛（今河南南陽市卧龍區）人。東漢大臣。傳見本書卷六九。

[2]【今注】太常：官名。西漢景帝中元六年（前144）名奉常。掌祭祀社稷、宗廟和朝會、喪葬禮儀，管理、巡視陵廟所在縣邑，兼管博士和博士弟子的考核、薦舉。王莽時改名秩宗。東漢時掌禮儀祭祀及博士選拔考核。秩中二千石。　劉焉：字君郎，江夏竟陵（今湖北潛江市西北）人。東漢官吏。傳見本書卷七五。

[3]【今注】案，殿本無“出”字。　益州：西漢武帝時所置十三刺史部之一。

[4]【今注】案，紹興本、殿本“亦”前有“扶”字。　蜀郡：治成都縣（今四川成都市）。

後劉備稱天子於蜀，[1]皆如扶言。蜀丞相諸葛亮問廣漢秦密，董扶及任安所長。密曰“董扶褒秋豪之善，貶纖介之惡。任安記人之善，忘人之過”云。[2]

[1]【今注】劉備：字玄德，涿郡涿縣（今河北涿州市）人。三國時蜀國皇帝。在位凡三年，病卒於白帝城，謚爲昭烈皇帝。傳見《三國志》卷三二。

[2]【李賢注】《蜀志》曰：“密字子勑，廣漢綿竹人也。少有才學，州郡辟命，稱疾不往。或謂密曰：‘足下欲自比巢、許、四皓，何故揚文藻，見瓌穎乎？’密答曰：‘僕文不能盡言，言不能盡意，何文藻之有揚乎？虎生而文炳，鳳生而五色，豈以采自飾畫哉，性自然也。’先主既定益州（主，大德本作‘生’），廣

漢太守夏纂請密爲師友祭酒，領五官掾，稱曰仲父。密稱疾，卧在第舍，尋拜左中郎將，長水校尉。吴使張温大敬服密之文辯，遷大司農而卒。"【今注】諸葛亮：字孔明，琅邪陽都（今山東沂南縣南）人。三國時蜀國政治家、軍事家。少時隱居南陽。東漢獻帝建安十二年（207）成爲劉備謀士。幫助劉備聯吴抗曹，占領荆、益二州。後爲軍師將軍，署左將軍府事。劉備稱帝，以亮爲丞相、録尚書事，後又領司隸校尉。劉禪繼位後，封亮武鄉侯，開府治事。又領益州牧。政事無巨細，咸决於亮。多次北伐曹魏未獲成功。蜀漢後主建興十二年（234），病卒於五丈原，謚爲忠武侯。傳見《三國志》卷三五。　案，密，中華本校勘記："《集解》引錢大昕説，謂《蜀志》'密'作'宓'。宓字子敕，當取謹宓之宓，世俗借用堂密字。"豪，大德本、殿本作"毫"，是。介，大德本、殿本作"芥"。

郭玉者，廣漢雒人也。[1]初，有老父不知何出，常漁釣於涪水，因號涪翁。乞食人間，見有疾者，時下針石，輒應時而效，乃著《針經》《診脈法》傳於世。[2]弟子程高尋求積年，翁乃授之。高亦隱跡不仕。玉少師事高，學方診六微之技，[3]陰陽隱側之術。[4]和帝時，[5]爲太醫丞，[6]多有效應。帝奇之，仍試令嬖臣美手腕者與女子雜處帷中，[7]使玉各診一手，問所疾苦。玉曰："左陽右陰，[8]脈有男女，狀若異人。臣疑其故。"帝歎息稱善。

[1]【今注】雒：縣名。治所在今四川廣漢市。

[2]【李賢注】診，候也，音直刃反（刃，紹興本、大德本作"忍"）。

[3]【今注】方診六微之技：醫方、診法和六微之技。六微，古代研究人體病變原理的術語。《素問》有《六微旨大論篇》。

[4]【今注】陰陽隱側之術：陰陽變化之術。隱側，大德本作"隱惻"，殿本作"不測"。

[5]【今注】和帝：東漢和帝劉肇，公元88年至105年在位。紀見本書卷四。

[6]【今注】太醫丞：官名。是太醫令的副手。本書《百官志三》言太醫令下有"藥丞、方丞各一人"，本注曰："藥丞主藥。方丞主藥方。"

[7]【今注】案，仍，曹金華《後漢書稽疑》："依文義，'仍'當作'乃'，《東觀漢記·郭玉傳》即作'乃'。"（第1141頁）　嬖臣：受寵幸的近臣。

[8]【今注】案，左陽右陰，大德本、殿本作"左陰右陽"。

玉仁愛不矜，[1]雖貧賤廝養，必盡其心力，而醫療貴人，時或不愈。帝乃令貴人羸服變處，[2]一針即差。[3]召玉詰問其狀。對曰："醫之爲言意也。[4]腠理至微，[5]隨氣用巧，針石之間，毫芒即乖。[6]神存於心手之際，可得解而不可得言也。夫貴者處尊高以臨臣，臣懷怖懾以承之。其爲療也，有四難焉：自用意而不任臣，一難也；將身不謹，[7]二難也；骨節不彊，[8]不能使藥，三難也；好逸惡勞，四難也。針有分寸，時有破漏，[9]重以恐懼之心，加以裁慎之志，臣意且猶不盡，何有於病哉！此其所爲不愈也。"帝善其對。年老卒官。

[1]【今注】矜：驕傲。

［2］【今注】羸服變處：穿破舊的衣服、改换處所。

［3］【今注】差：痊愈。

［4］【今注】醫之爲言意也：醫就是意會的意思。

［5］【李賢注】腠理，皮膚之間也。《韓子》曰，扁鵲見晉桓侯，曰"君有病，在腠理"也。

［6］【今注】案，豪，大德本、殿本作"毫"。　乖：差錯。

［7］【今注】將身不謹：將養身體不謹慎。

［8］【今注】案，大德本無"不彊"二字。

［9］【李賢注】分寸，淺深之度。破漏，日有衝破者也。【今注】時有破漏：時日有衝破不吉。

華佗字元化，[1]沛國譙人也，[2]一名旉。[3]遊學徐土，[4]兼通數經。曉養性之術，年且百歲而猶有壯容，時人以爲仙。沛相陳珪舉孝廉，[5]太尉黄琬辟，[6]皆不就。

［1］【李賢注】佗音徒何反。

［2］【今注】沛國：諸侯國名。治相縣（今安徽濉溪縣西北）。　案，譙，大德本作"醮"。

［3］【李賢注】音孚。

［4］【今注】徐土：徐州地區。

［5］【今注】陳珪：字漢瑜，下邳淮浦（今江蘇漣水縣西）人。東漢官吏。太尉陳球侄子。初舉孝廉，任劇令。又舉茂才，升沛相。有名聲。

［6］【今注】太尉：官名。主掌全國軍政。東漢時，太尉與司馬、司空並列三公。　黄琬：字子琰，江夏安陸（今湖北雲夢縣）人。黄瓊之孫。傳見本書卷六一。

精於方藥，處齊不過數種，[1]心識分銖，不假稱量。針灸不過數處。[2]若疾發結於内，針藥所不能及者，乃令先以酒服麻沸散，既醉無所覺，因刳破腹背，[3]抽割積聚。若在腸胃，則斷截湔洗，[4]除去疾穢，既而縫合，傅以神膏，四五日創愈，一月之間皆平復。[5]

[1]【李賢注】齊音才計反。

[2]【今注】案，大德本、殿本"處"後有"裁七八九"四字。

[3]【今注】案，刳，大德本作"剖"。

[4]【今注】湔洗：洗滌。

[5]【李賢注】《佗别傳》曰"人有見山陽太守廣陵劉景宗，説數見華佗，見其瘵病平脈之候，其驗若神。琅邪劉勳爲河内太守，有女年幾二十，左脚膝裏上有瘡，癢而不痛。創發數十日愈，愈已復發，如此十八年（十，紹興本、大德本、殿本作'七'）。迎佗使視，佗曰：'易療之。當得稻糠色犬一頭，好馬二匹。'以繩繫犬頸，使走馬牽犬。馬極輒易，計馬走犬三十餘里，犬不能行，復令步人拖曳，計向五十餘里。乃以藥飲女，女即安卧不知人。因取犬斷腹近後脚之前，所斷之處，向創口令去三二寸，停之須臾，有若蛇者從創中出，便以鐵錐横貫蛇頭，蛇在皮中摇動良久，須臾不動，牽出，長三尺所，純是蛇，但有眼處而無童子（童，殿本作'瞳'），又逆鱗耳。以膏散著創中，七日愈。又有人苦頭眩，頭不得舉，目不得視，積年。佗使悉解衣倒懸，令頭去地一二寸，濡布拭身體（拭，大德本作'栻'），令周市（市，紹興本作'帀'，大德本作'匝'，殿本作'匝'，殿本是，本注下同），候視諸脈（脈，大德本作'胍'），盡出五色。佗令弟子

數人以鈹刀決脈五色血盡，視赤血出乃下，以膏摩，被覆，汗出周帀，飲以亭歷犬血散，立愈。又有婦人長病經年，世謂寒熱注病者也。冬十一月中，佗令坐石槽中，旦用寒水汲灌，云當滿百。始七八灌，戰欲死，灌者懼，欲止，佗令滿數。至將八十灌，熱氣乃蒸出，囂囂高二三尺。滿百灌，佗乃然火温牀，厚覆良久，汗洽出著粉，汗燥便愈。又有人病腹中半切痛，十餘日中，須眉墮落。佗曰：'是脾半腐，可刳腹養瘵也（瘵，大德本作"藥"）。'佗便飲藥令卧，破腹視，脾半腐壞。刮去惡肉，以膏傅創，飲之藥，百日平復"也。

佗嘗行道，見有病咽塞者，[1]因語之曰："向來道隅有賣餅人，蓱齏甚酸，[2]可取三升飲之，病自當去。"即如佗言，立吐一蛇，乃懸於車而候佗。時佗小兒戲於門中，逆見，自相謂曰："客車邊有物，必是逢我翁也。"及客進，顧視壁北，懸蛇以十數，乃知其奇。[3]

[1]【李賢注】咽，喉也。

[2]【李賢注】《詩·義疏》曰："蘋，澹水上浮萍者。麤大謂之蘋（中華本據汲本改作'蘋，澹水上浮萍。麤大者謂之蘋'），小者爲萍。季春始生，可糝蒸爲茹，又可苦酒淹就酒也。"《魏志》及《本草》並作"蒜虀"也。【今注】蓱虀：即韭萍虀。由韭菜根、麥苗搗碎混合而成。虀，中華本校勘記："'齏'原作'虀'，依注文改。"曹金華《後漢書稽疑》："注文謂'《魏志》及《本草》並作"蒜齏"'，然《魏志·華佗傳》作'蒜虀'，不作'蒜齏'。《搜神記》卷三亦作'蒜虀'。"（第1142頁）

[3]【李賢注】《魏志》曰"故甘陵相夫人有身六月，腹痛不

安。佗視脈，曰：'胎已死。'使人手摸知所在，在左則男，在右則女。云'在左'。於是爲湯下之，果下男形，即愈。縣吏尹代苦四支煩（代，曹金華《後漢書稽疑》：'《魏志·華佗傳》作"縣吏尹世"，章懷引注避唐諱改。'支，大德本、殿本作'肢'），口中乾，不欲聞人聲，小便不利。佗曰：'試作熱食，得汗即愈，不汗後三日死。'即作熱食，而不汗出（大德本、殿本無'而'字）。佗曰：'藏氣已絶於内，當啼泣而絶。'果如佗言。府吏倪尋、李延共止，俱頭痛身熱，所苦正同。佗曰：'尋當下之，延當發汗。'或難其異。佗曰：'尋外實，延内實，故療之宜殊。'即各與藥，明旦並起"者也。

又有一郡守篤病久，佗以爲盛怒則差。乃多受其貨而不加功。無何弃去，又留書罵之。太守果大怒，令人追殺佗，不及，因瞋恚，[1]吐黑血數升而愈。

[1]【今注】瞋恚：怨恨發怒。

又有疾者，詣佗求療，佗曰："君病根深，應當剖破腹。[1]然君壽亦不過十年，病不能相殺也。"病者不堪其苦，必欲除之，佗遂下療，應時愈，十年竟死。

[1]【今注】案，中華本校勘記："汲本'應'作'因'。"

廣陵太守陳登忽患匈中煩懣，[1]面赤，不食。佗脈之，曰："府君胃中有蟲，欲成内疽，腥物所爲也。"即作湯二升，再服，須臾，吐出三升許蟲，頭赤而動，半身猶是生魚膾，所苦便愈。佗曰："此病後三期當發，遇良醫可救。”登至期疾動，時佗不在，遂不。[2]

[1]【今注】廣陵：郡名。治廣陵縣（今江蘇揚州市西北蜀岡）。　陳登：字元龍，下邳淮浦（今江蘇漣水縣西）人。東漢官吏。陳珪之子。學通古今，處身循禮，能文能武，有雄姿異略，官至廣陵太守，加伏波將軍。年三十九卒。有名聲。傳見《三國志》卷七。

[2]【今注】案，不，紹興本、大德本、殿本作“死”，是。

曹操聞而召佗，[1]常在左右。操積苦頭風眩，佗針，隨手而差。

[1]【今注】曹操：字孟德，漢末軍閥，在東漢末年大亂中統一了中國北方。曹魏建立後，被追尊爲魏武帝，廟號太祖。紀見《三國志》卷一。

有李將軍者，妻病，呼佗視脈。佗曰：“傷身而胎不去。”將軍言間實傷身，[1]胎已去矣。佗曰：“案脈，胎未去也。”將軍以爲不然。妻稍差百餘日復動，更呼佗。佗曰：“脈理如前，是兩胎，先生者去，血多，故後兒不得出也。胎既已死，血脈不復歸，必燥著母脊。”乃爲下針，并令進湯。婦因欲産而不通。佗曰：“死胎枯燥，埶不自生。”[2]使人探之，果得死胎，人形可識，但其色已黑。佗之絶技，皆此類也。[3]

[1]【今注】間：最近。

[2]【今注】案，埶，殿本作“勢”。

[3]【李賢注】《佗别傳》曰“有人病脚躄不能行，佗切脉，便使解衣，點背數十處，相去一寸或五寸，從邪不相當，言灸此各七壯，灸創愈即行也。後灸愈，灸處夹脊一寸上下，行端直均調如引繩”也。

爲人性惡難得意，且恥以醫見業，又去家思歸，乃就操求還取方，因託妻疾，數期不反。操累書呼之，又勑郡縣發遣，佗恃能厭事，猶不肯至。操大怒，使人廉之，[1]知妻詐疾，乃收付許獄訊，[2]考驗首服。[3]荀彧請曰：[4]“佗方術實工，[5]人命所懸，宜加全宥。”[6]操不從，竟殺之。佗臨死，出一卷書與獄吏，曰：“此可以活人。”吏畏法不敢受，佗不强與，[7]索火燒之。

[1]【李賢注】廉，察也。

[2]【今注】案，紹興本、大德本、殿本無“許”字，是。

[3]【今注】考驗首服：拷打驗問，低頭服罪。

[4]【今注】荀彧：字文若，潁川潁陰（今河南許昌市）人。曹操謀士。傳見本書卷七〇。

[5]【今注】工：擅長。

[6]【今注】全宥：寬赦。

[7]【今注】案，殿本“不”前有“亦”字；無“與”字。

初，軍吏李成苦欬，[1]晝夜不寐。佗以爲腸癰，與散兩錢服之，即吐二升膿血，於此漸愈。乃戒之曰：“後十八歲，疾當發動，若不得此藥，不可差也。”復分散與之。後五六歲，有里人如成先病，請藥甚急，成愍而與之，[2]乃故往譙更從佗求，適值見收，意不忍言。後十八年，成病發，無藥而死。

［1］【今注】欬：咳嗽。

［2］【今注】愍：憐憫。

廣陵吴普、彭城樊阿皆從佗學。[1]普依準佗療，[2]多所全濟。

［1］【今注】彭城：郡名。治彭城縣（今江蘇徐州市）。

［2］【今注】依準：遵照、依據。　案，療，中華本校勘記："《刊誤》謂'療'下當有一'病'字。"曹金華《後漢書稽疑》："此謂吴普從華佗學，'依準佗療，多所全濟'，無'病'亦通。《魏志·華佗傳》作'普依準佗治，多所全濟'，'療'即'治'也，避唐諱改。"（第1143頁）

佗語普曰："人體欲得勞動，但不當使極耳。動摇則穀氣得銷，血脈流通，病不得生，譬猶户樞，[1]終不朽也。是以古之仙者爲導引之事，熊經鴟顧，[2]引挽腰體，[3]動諸關節，以求難老。吾有一術，名五禽之戲：一曰虎，二曰鹿，三曰熊，四曰猨，五曰鳥。[4]亦以除疾，兼利蹄足，以當導引。體有不快，起作一禽之戲，怡而汗出，因以著粉，身體輕便而欲食。"普施行之，年九十餘，耳目聰明，齒牙完堅。

［1］【今注】案，猶，殿本作"如"。

[2]【李賢注】熊經，若熊之攀枝自懸也。鴟顧，身不動而迴顧也。《莊子》曰："吐故納新，熊經鳥甲（甲，紹興本、大德本、殿本作'申'，是），此導引之士，養形之人也。"

[3]【今注】案，腰，殿本作"要"。

[4]【李賢注】《佗别傳》曰："吴普從佗學，微得其力（力，大德本、殿本作'方'，是）。魏明帝呼之，使爲禽戲，普以年老，手足不能相及，粗以其法語諸醫。普今年將九十，耳不聾，目不冥，牙齒完堅，飲食無損。"

阿善針術。凡醫咸言背及匈藏之間不可妄針，[1]針之不可過四分，而阿針背入一二寸，巨闕匈藏乃五六寸，[2]而病皆瘳。[3]阿從佗求方可服食益於人者，佗授以漆葉青黏散：[4]漆葉屑一斗，[5]青黏十四兩，以是爲率。言久服，去三蟲，[6]利五藏，輕體，使人頭不白。阿從其言，壽百餘歲。漆葉處所而有。[7]青黏生於豐、沛、彭城及朝歌間。[8]

[1]【今注】匈藏：胸臟。

[2]【今注】巨闕：穴位名。在心臟附近。

[3]【今注】瘳：治愈。

[4]【李賢注】《佗别傳》曰："青黏者，一名地節，一名黄芝，主理五藏，益精氣，本出於迷入山者，見仙人服之，以告佗。佗以爲佳，語阿，阿又秘之。近者人見阿之壽，而氣力强盛，怪之，遂責所服食，因醉亂，誤導之。法一施，人多服者，皆有大驗。"本《字書》無"黏"字，相傳音女廉反，然今人無識此者，甚可恨惜。

[5]【今注】案，中華本校勘記："《集解》引錢大昕説，謂

‘斗’當依《魏志》作‘升’，漢隸斗字與升字相似，故易混耳。”

［6］【今注】三蟲：泛指人體内的寄生蟲。

［7］【今注】處所而有：隨處都有。

［8］【今注】豐：縣名。治所在今江蘇豐縣。　朝歌：縣名。治所在今河南淇縣。

漢世異術之士甚衆，雖云不經，而亦有不可誣，故簡其美者列于傳末：

泠壽光、唐虞、魯女生三人者，皆與華佗同時。壽光年可百五六十歲，行容成公御婦人法，[1]常屈頸鷮息，[2]須髮盡白，而色理如三四十時，死於江陵。唐虞道赤眉、張步家居里落，[3]若與相及，死於鄉里不其縣。魯女生數説顯宗時事，[4]甚明了，議者疑其時人也。董卓亂後，莫知所在。[5]

［1］【李賢注】《列仙傳》曰：“容成公者，能善補導之事，取精於玄牝。其要谷神不死，守生養氣者也。髮白復黑，齒落復生。”御婦人之術，謂楃固不瀉（楃，大德本、殿本作“握”），還精補腦也。

［2］【李賢注】鷮音居妖反。《毛詩》曰：“有集唯鷮。”毛萇注曰：“鷮，雉也。”《山海經》曰：“女几之山多白鷮。”郭璞曰：“似雉長尾，走且鳴也。”【今注】屈頸鷮息：屈頸如鷮鳥一樣呼吸。

［3］赤眉：新莽末以樊崇等爲首的起義軍，因以赤色塗眉，故稱“赤眉”。又稱“赤麋”。　張步：字文公，琅邪不其（今山東青島市即墨區）人。傳見本書卷一二。

［4］【今注】顯宗：東漢明帝劉莊，公元57年至75年在位。

顯宗是其廟號。紀見本書卷二。

[5]【李賢注】《漢武内傳》曰"魯女生，長樂人。初餌胡麻及朮，絶穀八十餘年，日少壯，色如桃花，日能行三百里，走及麞鹿。傳世見之，云三百餘年。後采藥嵩高山，見一女人，曰：'我三天大上侍官也（大，大德本、殿本作"太"，是）。'以《五岳真形》與之（中華本據《集解》引惠棟説在'形'後補一'圖'字），并告其施行。女生道成，一旦與知友故人别，云入華山。去後五十年，先相識者逢女生華山廟前，乘白鹿，從玉女三十人，并令謝其鄉里親故人"也。【今注】董卓：字仲穎，隴西臨洮（今甘肅岷縣）人。傳見本書卷七二。

徐登者，閩中人也。[1]本女子，化爲丈夫。善爲巫術。又趙炳，字公阿，東陽人，能爲越方。[2]時遭兵亂，疾疫大起，二人遇於烏傷溪水之上，[3]遂結言約，共以其術療病。各相謂曰："今既同志，且可各試所能。"登乃禁溪水。水爲不流，炳復次禁枯樹，[4]樹即生荑，[5]二人相視而笑，共行其道焉。

[1]【李賢注】閩中地，今泉州也。【今注】閩中：秦郡名。治東冶縣（今福建福州市）。秦末廢。東漢時屬會稽郡。

[2]【李賢注】東陽，今婺州也。《抱朴子》曰："道士趙炳，以氣禁人，人不能起。禁虎，虎伏地，低頭閉目（低，紹興本、大德本、殿本作'低'，是），便可執縛。以大釘釘柱，入尺許，以氣吹之，釘即躍出射去，如弩箭之發。"《異苑》云："趙侯以盆盛水，吹氣作禁，魚龍立見。"越方，善禁咒也。【今注】案，曹金華《後漢書稽疑》："《集解》引沈欽韓説，謂漢無東陽，孫皓始分會稽爲東陽郡，此雜抄他書，而忘其與漢不相涉也。"（第

1145 頁）

［3］【李賢注】酈元注《水經》曰："吴寧溪出吴寧縣，經烏傷，謂之烏傷溪。"在今婺州義烏縣東也。【今注】烏傷：縣名。治所在今浙江義烏市。

［4］【今注】案，大德本無"枯"字。

［5］【李賢注】《易》曰："枯楊生荑。"王弼注云："荑者，楊之秀也。"【今注】荑：葉芽。

登年長，炳師事之。貴尚清儉，禮神唯以東流水爲酌，削桑皮爲脯。但行禁架，[1]所療皆除。

［1］【李賢注】禁架即禁術也。

後登物故，[1]炳東入章安，[2]百姓未之知也。炳乃故升茅屋，梧鼎而爨，主人見之驚懅，[3]炳笑不應，既而爨孰，[4]屋無損異。又嘗臨水求度，船人不和之，[5]炳乃張蓋坐其中，長嘯呼風，亂流而濟。於是百姓神服，從者如歸。章安令惡其惑衆，收殺之。人爲立祠室於永康，[6]至今蚊蚋不能入也。[7]

［1］【今注】物故：去世。

［2］【李賢注】縣名，屬會稽郡。本名回浦，光武改爲章安。故城在今台州臨海縣東南。【今注】章安：縣名。治所在今浙江臨海市東南。

［3］【李賢注】梧，支也。懅，忙也。

［4］【今注】案，孰，殿本作"熟"。

［5］【李賢注】和猶許也。俗本作"知"者誤也。

［6］【今注】案，室，大德本、殿本作“堂”。 永康：縣名。三國吴赤烏八年（245）分烏傷縣置。治所在今浙江永康市。曹金華《後漢書稽疑》：“‘永康’，《搜神記》卷二同，《水經注》卷四十作‘永寧’。《郡國志》載‘永寧永和三年以章安縣東甌鄉立’，《宋書·州郡志》載永康吴‘赤烏八年分烏傷上浦立’，東漢時無‘永康’。”（第1146頁）

［7］【李賢注】炳故祠在今婺州永康縣東，俗呼爲趙侯祠，至今蚊蚋不入祠所。江南猶傳趙侯禁法以療疾云。

費長房者，汝南人也。曾爲市掾。[1]市中有老翁賣藥，懸一壺於肆頭，及市罷，輒跳入壺中。市人莫之見，唯長房於樓上覩之，異焉，因往再拜奉酒脯。翁知長房之意其神也，謂之曰：“子明日可更來。”長房旦日復詣翁，翁乃與俱入壺中。唯見玉堂嚴麗，旨酒甘肴盈衍其中，共飲畢而出。翁約不聽與人言之。後乃就樓上候長房曰：“我神仙之人，以過見責，今事畢當去，子寧能相隨乎？樓下有少酒，與卿爲别。”長房使人取之，不能勝，又令十人扛之，猶不舉。[2]翁聞，笑而下樓，以一指提之而上。視器如一升許，而二人飲之終日不盡。

［1］【今注】市掾：兩漢郡置市掾。或稱監市掾，負責管理市場。縣則承秦制置市嗇夫，東漢時多稱市掾，或稱都市掾，主管都市治安、平抑物價、催租督課等。

［2］【李賢注】《説文》曰：“兩人對舉爲扛。”音江。【今注】案，十，大德本作“一”。

長房遂欲求道，而顧家人爲憂。[1]翁乃斷一青竹，度與長房身齊，使懸之舍後。家人見之，即長房形也，以爲縊死，大小驚號，遂殯葬之。長房立其傍，而莫之見也。於是遂隨從入深山，踐荆棘於群虎之中。留使獨處，長房不恐。又卧於空室，以朽索懸萬斤石於心上，衆蛇競來齧索且斷，長房亦不移。翁還，撫之曰："子可教也。"復使食糞，糞中有三蟲，臭穢特甚，長房意惡之。翁曰："子幾得道，恨於此不成，如何！"

[1]【李賢注】顧，念也。

長房辭歸，翁與一竹杖，曰："騎此任所之，則自至矣。既至，可以杖投葛陂中也。"[1]又爲作一符，[2]曰："以此主地上鬼神。"長房乘杖，須臾來歸，自謂去家適經旬日，而已十餘年矣。即以杖投陂，顧視則龍也。家人謂其久死，不信之。長房曰："往日所葬，但竹杖耳。"乃發冢剖棺，杖猶存焉。遂能醫療衆病，鞭笞百鬼，及驅使社公。[3]或在它坐，獨自恚怒，人問其故，曰："吾責鬼魅之犯法者耳。"

[1]【李賢注】陂在今豫州新蔡縣西北。
[2]【今注】案，爲作，大德本作"作爲"。
[3]【今注】社公：土地神。

汝南歲歲常有魅，僞作太守章服，詣府門椎鼓者，郡中患之。時魅適來，而逢長房謁府君，[1]惶懼不得退，便前解衣冠，叩頭乞活。長房呵之云："便於中庭正汝故形！"即成老鼈，[2]大如車輪，頸長一丈。長房復令就太守服罪，[3]付其一札，以勑葛陂君。魅叩頭流涕，持札植於陂邊，以頸繞之而死。

［1］【今注】案，殿本"謁"前有"爲"字。

［2］【今注】案，大德本、殿本"鼈"後有"也"字。

［3］【今注】案，大德本無"罪"字。

後東海君來見葛陂君，因淫其夫人，於是長房劾繫之三年，而東海大旱。長房至海上，見其人請雨，乃謂之曰："東海君有罪，吾前繫於葛陂，今方出之使作雨也。"於是雨立注。

長房曾與人共行，見一書生黄巾被裘，無鞍騎馬，下而叩頭。長房曰："還它馬，赦汝死罪。"[1]人問其故，長房曰："此狸也，盜社公馬耳。"又嘗坐客，而使至宛市鮓，[2]須臾還，乃飯。或一日之間，人見其在千里之外者數處焉。

［1］【今注】案，大德本無"死"字。

［2］【今注】案，使，中華本校勘記："《刊誤》謂'使'當作'往'。今按：'使'字疑衍。"　宛：縣名。治所在今河南南陽市卧龍區。　鮓：用鹽和紅麴醃的魚。

後失其符，[1]爲衆鬼所殺。

[1]【今注】案，矢，紹興本、大德本、殿本作“失”。

薊子訓者，不知所由來也。[1]建安中，客在濟陰宛句。[2]有神異之道。嘗抱鄰家嬰兒，故失手墯地而死，其父母驚號怨痛，不可忍聞，而子訓唯謝以過誤，終無它説，遂埋藏之。後月餘，子訓乃抱兒歸焉。父母大怒，[3]曰：“死生異路，雖思我兒，乞不用復見也。”兒識父母，軒渠笑悦，[4]欲往就之，母不覺攬取，乃實兒也。雖大喜慶，心猶有疑，乃竊發視死兒，但見衣被，方乃信焉。於是子訓流名京師，士大夫皆承風向慕之。

[1]【今注】案，大德本“所”前有“何”字。

[2]【李賢注】今曹州縣。句音劬。【今注】濟陰：郡名。治定陶縣（今山東菏澤市定陶區西北）。 宛句：縣名。一作“宛朐”，亦作“冤句”。治所在今山東曹縣西北。

[3]【今注】案，怒，大德本、紹興本、殿本作“恐”。

[4]【今注】軒渠：歡樂的樣子。

後乃駕驢車，與諸生俱詣許下。[1]道過滎陽，[2]止主人舍，而所駕之驢忽然卒僵，蛆蟲流出，[3]主遽白之。子訓曰：“乃爾乎?”方安坐飯，食畢，徐出以杖扣之，驢應聲奮起，行步如初，即復進道。其追逐觀者常有千數。[4]既到京師，公卿以下候之者，坐上恒數百人，皆爲設酒脯，終日不匱。

［1］【今注】許：縣名。治所在今河南許昌市建安區東。

［2］【今注】滎陽：縣名。治所在今河南鄭州市西北。

［3］【今注】案，蛆，大德本作“疽”。

［4］【今注】案，遂，大德本、殿本作“逐”，是。

後因遁去，遂不知所止。初去之日，唯見白雲騰起，從旦至暮，如是數十處。時有百歲翁，自説童兒時見子訓賣藥於會稽市，顔色不異於今。後人復於長安東霸城見之，與一老公共摩挲銅人，[1]相謂曰：“適見鑄此，已近五百歲矣。”[2]顧視見人而去，猶駕昔所乘驢車也。見者呼之曰：“薊先生小住。”並行應之，[3]視若遲徐，而走馬不及，於是而絶。

［1］【李賢注】酈元《水經注》曰，魏文帝黄初元年，徙長安金狄，重不可致，因留霸城南。【今注】案，公，殿本作“翁”。

［2］【李賢注】《史記》秦始皇二十六年，於咸陽鑄金人十二，重各千斤（重各，殿本作“各重”），至此四百二十餘年。【今注】案，大德本、殿本“已”前有“而”字。

［3］【李賢注】並猶且也，音蒲朗反。

劉根者，潁川人也。[1]隱居嵩山中。[2]諸好事者自遠而至，就根學道，太守史祈以根爲妖妄，乃收執詣郡，數之曰：“汝有何術，而誣惑百姓？若果有神，[3]可顯一驗事。不爾，立死矣。”根曰：“實無它異，頗能令人見鬼耳。”[4]祈曰：[5]“促召之，使太守目覩，爾乃爲明。”根於是左顧而嘯，有頃，祈之亡父祖近親數十人，皆反縛在前，[6]向根叩頭曰："小兒無狀，分當萬坐。"顧而叱祈曰："汝爲子孫，不能有益先人，而反累辱亡靈！可叩頭爲吾陳謝。"祈驚懼悲哀，頓首流血，請自甘罪坐。根默而不應，[7]忽然俱去，不知在所。

[1]【今注】潁川：郡名。治陽翟縣（今河南禹州市）。

[2]【今注】嵩山：山名。在今河南登封市北。

[3]【今注】案，大德本"果"後有"其"字。

[4]【今注】案，耳，大德本作"矣"。

[5]【今注】案，祈，紹興本作"析"。本段下同。

[6]【今注】案，反，大德本作"返"。

[7]【今注】案，默，紹興本、大德本、殿本作"嘿"。

左慈字元放，廬江人也。[1]少有神道。嘗在司空曹操坐，[2]操從容顧衆賓曰："今日高會，珍羞略備，所少吴松江鱸魚耳。"[3]放於下坐應曰：[4]"此可得也。"因求銅盤貯水，以竹竿餌釣於盤中，須臾引一鱸魚出。操大拊掌笑，會者皆驚。操曰："一魚不周坐席，可更得乎？"放乃更餌鉤沈之，須臾復引出，皆長三尺餘，[5]生鮮可愛。操使目前鱠之，[6]周浹會者。[7]操又謂曰："既已得魚，恨無蜀中生薑耳。"放曰："亦可得也。"操恐其近即所取，因曰："吾前遣人到蜀買錦，可過勑使者，增市二端。"語頃，即得薑還，并獲操使報命。後操使蜀反，驗問增錦之狀及時日早晚，若符契焉。

[1]【今注】廬江：郡名。治舒縣（今安徽廬江縣西南）。

[2]【今注】司空：官名。即大司空。西漢初稱御史大夫。成帝綏和元年（前8）更名大司空。哀帝建平二年（前5）復稱御史大夫，元壽二年（前1）又改稱大司空。東漢初仍稱大司空，光武帝建武二十七年（51）改稱司空，掌水土工程、祭祀等。秩萬石。

[3]【李賢注】松江在今蘇州東南，首受太湖（太，殿本作"大"）。《神仙傳》云："松江出好鱸魚，味異它處。"

[4]【今注】案，殿本"放"前有"元"字。

[5]【今注】案，三，大德本作"二"。

[6]【今注】鱠：即"膾"。把魚切爲薄片。

[7]【今注】周浹會者：使普遍品嘗。

後操出近郊，士大夫從者百許人，慈乃爲齎酒一升，脯一斤，手自斟酌，百官莫不醉飽。操怪之，使尋其故，行視諸鑪，悉亡其酒脯矣。[1]操懷不喜，[2]因坐上收欲殺之，[3]慈乃卻入壁中，霍然不知所在。或見於市者，又捕之，而市人皆變形與慈同，莫知誰是。後人逢慈於陽城山頭，因復逐之，遂入走羊群。操知不可得，乃令就羊中告之曰："不復相殺，本試君術耳。"忽有一老羝屈前兩膝，[4]人立而言曰："遽如許。"[5]即競往赴之，而群羊數百皆變爲羝，並屈前膝人立，云"遽如許"，遂莫知所取焉。[6]

[1]【李賢注】鑪，酒肆也。

[2]【李賢注】喜音許吏反。

[3]【今注】案，上收欲，大德本、殿本作"欲收"。

[4]【今注】羝：公羊。

[5]【李賢注】言何遽如許爲事。

[6]【李賢注】魏玄帝（玄，紹興本、大德本、殿本作“文”，是）《典論》論郤儉等事曰“潁川郤儉能辟穀，餌伏苓，甘陵甘始名善行氣，老有少容（有，大德本、殿本作‘而’），廬江左慈知補導之術，並爲軍吏。初，儉至之所，伏苓價暴貴數倍。議郎安平李覃學其辟穀（覃，大德本、殿本作‘章’），食伏苓，飲寒水，水寒中泄利（泄，大德本、殿本作‘泄’），殆至殞命。後始來，衆人無不鴟視狼顧，呼吸吐納。軍祭酒弘農董芬爲之過差，氣閉不通，良久乃蘇。左慈到，又競受其補導之術。至寺人嚴峻往從問受，奄豎真無事於斯術也。人之逐聲，乃至於是”也。

計子勳者，不知何郡縣人。皆謂數百歲，行來於人間。一旦忽言日中當死，主人與之葛衣，[1]子勳服而正寢，至日中果死。

[1]【今注】葛衣：用葛製作的衣服。

上成公者，宓縣人也。[1]其初行久而不還，後歸，語其家云：“我已得仙。”因辭家而去。家人見其舉步稍高，良久乃没云。陳寔、韓韶同見其事。[2]

[1]【今注】案，宓，中華本據《刊誤》改作“密”，是。密縣，治所在今河南新密市東南。

[2]【今注】陳寔：字仲弓，潁川許（今河南許昌市東）人。東漢官吏、名士。傳見本書卷六二。　韓韶：字仲黄，潁川舞陽（今河南舞陽縣西北）人。東漢官吏。傳見本書卷六二。

解奴辜、張貂者，亦不知是何郡國人也。皆能隱淪，出入不由門户。奴辜能變易物形，以誑幼人。[1]

[1]【今注】案，幼，大德本、殿本作“幻”。

又河南有麴聖卿，善爲丹書符劾，[1]厭殺鬼神而使命之。

[1]【今注】符劾：克制鬼神的符咒。

又有編盲意，亦與鬼物交通。[1]

[1]【李賢注】編，姓也。盲意，名。

初，章帝時有壽光侯者，[1]能劾百鬼衆魅，令自縛見形。其鄉人有婦爲魅所病，侯爲劾之，得大蛇數丈，死於門外。又有神樹，人止者輒死，鳥過者必墜，侯復劾之，樹盛夏枯落，見大蛇長七八丈，懸死其間。帝聞而徵之。乃試問之：“吾殿下夜半後，常有數人絳衣被髮，持火相隨，豈能劾之乎？”侯曰：“此小怪，易銷耳。”帝僞使三人爲之，侯劾三人，登時仆地無氣。帝大驚曰：“非魅也，朕相試耳。”解之而蘇。

[1]【李賢注】壽，姓也。《風俗通》曰：“壽於姚，吴大夫。”【今注】章帝：東漢章帝劉炟，公元75年至88年在位。紀見本書卷三。

甘始、東郭延年、[1]封君達三人者，皆方士也。率能行容成御婦人術，或飲小便，或自倒懸，愛嗇精氣，不極視大言。[2]甘始、元放、延年皆爲操所録，問其術而行之。[3]君達號“青牛師”。[4]凡此數人，皆百餘歲及二百歲也。

［1］【李賢注】《漢武内傳》曰：“延年字公游。”

［2］【今注】極視：盡目力而望。

［3］【李賢注】曹植《辯道論》曰（辯，大德本作“辨”，殿本作“辨”）：“甘始者，老而有少容，自諸術士咸共歸之。然始辭繁寡實，頗切怪言。余嘗辟左右獨與之言，問其所行。温顔以誘之，美辭以導之。始語余：‘吾本師姓韓字雅。嘗與師於南海作金，前後數四，投數萬斤金於海。’又言：‘諸梁時，西域胡來獻香罽腰帶割玉刀，時悔不取也。’又言：‘車師之西國，兒生劈背出脾，欲其食少而怒行也。’又言：‘取鯉魚五寸一雙，令其一著藥投沸膏中（殿本無“其”字），有藥奮尾鼓鰓，遊行沈浮，有若處淵，其一者已孰而可噉（噉，大德本作“取”）。’余時問言：‘寧可試不？’言：‘是藥去此踰萬里，當出塞，始不自行不能得也。’言不盡於此，頗難悉載，故粗舉其巨怪者。始若遭秦始皇、漢武帝，則復徐市、欒太之徒也（太，紹興本、大德本、殿本作‘大’）。”

［4］【李賢注】《漢武帝内傳》曰：“封君達，隴西人。初服黄連五十餘年，入鳥舉山，服水銀百餘年，還鄉里，如二十者。常乘青牛，故號‘青牛道士’。聞有病死者，識與不識，便以要間竹管中藥與服，或下針，應手皆愈。不以姓名語人。聞魯女生得《五岳圖》，連年請求，女生未見授（中華本校勘記：‘《刊誤》謂案文當云“連年請於女生，求見授”。《補校》謂“女生”二字連下爲文，但“未”字訛耳，或即“末”字也。今按：錢熙祚校本

《漢武内傳》附録邵載之《續談助》鈔《内傳》"未"作"後"'）。并告節度。二百餘歲乃入玄丘山去。"

王真、郝孟節者，皆上黨人也。[1]王真年且百歲，視之面有光澤，似未五十者。自云："周流登五岳名山，悉能行胎息胎食之方，嗽舌下泉咽之，不絶房室。"[2]孟節能含棗核，不食可至五年十年。又能結氣不息，身不動摇，狀若死人，可至百日半年。亦有室家。爲人質謹不妄言，似士君子。曹操使領諸方士焉。

［1］【今注】上黨：郡名。治長子縣（今山西長子縣西南）。

［2］【李賢注】《漢武内傳》曰："王真字叔經，上黨人。習開氣而吞之（開，紹興本、大德本、殿本作'閉'，是），名曰'胎息'；習嗽舌下泉而咽之，名曰'胎食'。真行之，斷穀二百餘日，肉色光美，力並數人。"《抱朴子》曰："胎息者，能不以鼻口噓噏（噏，殿本作'翕'），如在胎之中。"嗽音朔。

北海王和平，[1]性好道術，自以當仙。濟南孫邕少事之，[2]從至京師。會和平病歿，邕因葬之東陶。有書百餘卷，藥數囊，悉以送之。後弟子夏榮言其尸解，邕乃恨不取其寶書仙藥焉。[3]

［1］【今注】北海：郡國名。西漢景帝二年（前155）置，治營陵縣（今山東昌樂縣東南），東漢時改爲國，移治劇縣（今山東昌樂縣西）。

［2］【今注】濟南：諸侯王國名。都東平陵縣（今山東濟南市章丘區西）。

[3]【李賢注】尸解者，言將登仙，假託爲尸以解化也。

贊曰：幽貺罕徵，[1]明數難校。[2]不探精遠，曷感靈效？如或遷訛，[3]實乖玄奥。[4]

[1]【今注】幽貺：神靈暗中的賜予。　罕徵：很少應驗。

[2]【今注】明數：高明的術數。　難校：難以考校。

[3]【今注】遷訛：輾轉流傳而失真。

[4]【今注】乖：背離。

後漢書　卷八三

列傳第七十三

逸民

野王二老　向長　逢萌　周黨　王霸　嚴光　井丹
梁鴻　高鳳　臺佟　韓康　矯慎　戴良　法真
漢陰老父　陳留老父　龐公

《易》稱"遯之時義大矣哉"。[1]又曰："不事王侯，高尚其事。"[2]是以堯稱則天，不屈潁陽之高；[3]《武》盡美矣，終全孤竹之絜。[4]自兹以降，風流彌繁，長往之軌未殊，而感致之數匪一。[5]或隱居以求其志，或回避以全其道，[6]或静己以鎮其躁，[7]或去危以圖其安，[8]或垢俗以動其概，[9]或疵物以激其清。[10]然觀其甘心畎畝之中，憔悴江海之上，[11]豈必親魚鳥樂林草哉，亦云性分所至而已。[12]故蒙耻之賓，屢黜不去其國；[13]蹈海之節，千乘莫移其情。[14]適使矯易去就，則不能相爲矣。[15]彼雖硜硜有類沽名者，[16]然而蟬蜕囂埃之中，自致寰區之外，異夫飾智巧以逐浮利者乎！荀卿有言曰，“志意脩則驕富貴，道義重則輕王公”也。[17]

[1]【今注】遯：同“遁”。隱迹、消失。《周易集解》卷七引陸績曰：“謂陽氣退，陰氣將害，隨時遯避，其義大矣哉。”宋衷曰：“太公遯殷、四皓遯秦之時也。”

[2]【今注】案，程頴《周易程氏傳》：“上九居《蠱》之終，無繫應於下，處事之外，無所事之地也。以剛明之才，無應援而處無事之地，是賢人君子，不偶於時而高潔自守，不累於世務者也，故云不事王侯，高尚其事。古之人有行之者，伊尹、太公望之始，曾子、子思之徒是也。不屈道以徇時，既不得施設於天下，則自善其身，尊高敦尚其事，守其志節而已。士之自高尚，亦非一道：有懷抱道德，不偶於時，而高潔自守者；有知止足之道，退而自保者；有量能度分，安於不求知者；有清介自守，不屑天下之事，獨潔其身者。所處雖有得失小大之殊，皆自高尚其事者也。《象》所謂志可則者，進退合道者也。”

[3]【李賢注】頴陽謂巢、許也。【今注】頴陽：縣名。治所在今河南許昌市西南。古代高士巢父、許由曾隱居於此。

[4]【李賢注】孤竹謂夷、齊也。【今注】案，《論語·八佾》：“子謂《韶》：‘盡美矣，又盡善矣也。’謂《武》：‘盡美矣，未盡善也。’”《韶》爲舜時的樂舞名，《武》爲周武王時的樂舞名。孔子認爲舜以禪讓得國，而周武王以征伐得國，故謂《韶》盡善盡美，而《武》盡美而未盡善。

[5]【今注】案，《文選》張銑注：“自兹以降，謂許由伯夷以下也。風流，謂隱居之流也。彌繁，言漸多也。軌，迹也。未殊，言隱逸同也。感致匪一，謂以下事。”

［6］【李賢注】《論語》孔子曰：“隱居以求其志，行義以達其道。”求志謂長沮、桀溺，全道若薛方詭對王莽也。【今注】案，回，殿本作“曲”。

［7］【李賢注】謂逢萌之類也。

［8］【李賢注】四皓之類也。

［9］【李賢注】謂申徒狄、鮑焦之流也（鮑，大德本作“鼂”）。

［10］【李賢注】梁鴻、嚴光之流。

［11］【李賢注】《莊子》曰：“舜以天下讓北人無擇。無擇曰：‘異哉，后之爲人也！居於畎畝之中而遊堯之門，不若是而已。’”又曰：“就藪澤，處閑曠，此江海之士，避代之人，閑暇者之所好也。”

［12］【李賢注】分音符問反。

［13］【李賢注】《列女傳》曰：“析下惠死（析，紹興本、大德本、殿本作‘柳’），其妻誄之曰：‘蒙恥救人，德彌大兮。雖遇三黜，終不敝兮。’”

［14］【李賢注】《史記》曰，魯連謂新垣衍曰：“秦即爲帝，則魯連蹈東海死耳。”魯連下聊城，田單爵之，魯連逃隱於海上也。

［15］【李賢注】人各有所尚，不能改其志。孔子聞長沮、桀溺之言，乃告子路曰：“天下有道，丘不與易也。”

［16］【李賢注】《論語》曰：“孔子擊磬於衛，有荷蕢而過孔氏之門者。曰：‘有心哉！擊磬乎？’既而曰：‘鄙哉！硜硜乎，莫己知也。’”又：“子貢曰：‘有美玉於斯，蕴櫝而藏諸？求善價而沽諸？’孔子曰：‘沽之哉！沽之哉！我待價者也。’”沽謂衒賣也。

［17］【李賢注】《荀卿子》之文也。【今注】案，《荀子·脩身》：“志意脩則驕富貴，道義重則輕王公，内省而外物輕矣。”

漢室中微，王莽篡位，士之蘊藉義憤甚矣。[1]是時裂冠毀冕，相攜持而去之者，蓋不可勝數。[2]楊雄曰："鴻飛冥冥，弋者何篡焉。"言其違患之遠也。[3]光武側席幽人，求之若不及，[4]旌帛蒲車之所徵賁，相望於巖中矣。[5]若薛方、逢萌聘而不肯至，[6]嚴光、周黨、王霸至而不能屈。群方咸遂，志士懷仁，斯固所謂"舉逸民天下歸心"者乎！[7]肅宗亦禮鄭均而徵高鳳，以成其節。[8]自後帝德稍衰，邪孽當朝，處子耿介，[9]羞與卿相等列，至乃抗憤而不顧，多失其中行焉。蓋録其絶塵不反，[10]同夫作者，列之此篇。[11]

[1]【今注】蘊藉：含蓄而不外露。

[2]【李賢注】《左傳》曰："王使詹桓伯辭於晋曰：'伯父若裂冠毀冕，拔本塞原（原，殿本作"源"）。'"《毛詩序》曰："百姓莫不相攜持而去之（大德本、殿本句末有'也'字）。"

[3]【李賢注】"篡"字諸本或爲"慕"（爲，大德本、殿本作"作"），《法言》作"篡"。宋衷曰："篡，取也。鴻高飛冥冥薄天，雖有弋人，何施巧而取也。俞賢者隱處（俞，紹興本、大德本、殿本作'喻'），不離暴亂之害也。"然今人謂以計數取物爲篡，篡亦取也。

[4]【李賢注】《國語》曰："越王夫人去笄側席而坐。"韋昭注云："側猶特也。禮，憂者側席而坐。"《前書》公孫弘贊曰："上方欲用文武，求之如弗及。"【今注】案，《禮記·曲禮上》："有憂者側席而坐。"

[5]【李賢注】《毛詩序》曰："干旄，美好善也。"其詩曰："孑孑二旌（二，紹興本、大德本、殿本作'干'），在浚之城。"《易賁卦六五》曰："賁于丘園，束帛戔戔。"蒲車，以蒲裹輪，取

其安也（大德本、殿本無“也”字）。《前書》武帝以蒲車徵魯申公也。【今注】賁（bì）：《文選》張銑注：“徵，求；賁，飾也。”

［6］【李賢注】《前書》薛方字子容。【今注】案，事見《漢書》卷七二《薛芳傳》。

［7］【李賢注】《論語》文也。【今注】案，《論語·堯曰》：“興滅國，繼絶世，舉逸民，天下之民歸心焉。”

［8］【今注】肅宗：東漢章帝劉炟，公元75年至88年在位。謚號“章”，廟號“肅宗”。紀見本書卷三。 鄭均：字仲虞，東平任城（今山東濟寧市東南）人。東漢名士，時人號爲“白衣尚書”。傳見本書卷二七。

［9］【今注】處子：有德才而隱居不願做官的人。

［10］【李賢注】《莊子》曰：“顔回問於仲尼曰：‘夫子步亦步，夫子趨亦趨，夫子馳亦馳，夫子奔轍絶塵（轍，大德本作“軼”），則回瞠若乎後矣。’”司馬彪注云：“言不可及也（言，大德本作‘亦’）。”《韓詩外傳》曰：“山林之士，往而不能反。”

［11］【李賢注】《論語》曰：“賢者避代（避，大德本、殿本作‘辟’，下同），其次避地，其次避色，其次避言。子曰：‘作者七人矣。’”

野王二老者，[1]不知何許人也。初，光武貳於更始，[2]會關中擾亂，遣前將軍鄧禹西征，[3]送之於道。[4]既反，因於野王獵，路見二老者即禽。[5]光武問曰：“禽何向？”並舉手西指，言“此中多虎，臣每即禽，虎亦即臣，大王勿往也”。光武曰：“苟有其備，虎亦何患。”父曰：“何大王之謬邪！昔湯即桀於鳴條，而大城於亳；[6]武王亦即紂於牧野，[7]而大城於郟鄏。[8]彼二王者，其備非不深也。是以即人者，人亦即之，雖有其備，庸可忽乎！”[9]光武悟其旨，顧左右曰：“此隱者也。”將用之，辭而去，莫知所在。

［1］【今注】野王：縣名。治所在今河南沁陽市。

［2］【今注】貳：離異，分裂。

［3］【今注】前將軍：將軍名號。《漢書·百官公卿表上》：“前、後、左、右將軍，皆周末官，秦因之，位上卿，金印紫綬。漢不常置，或有前後，或有左右，皆掌兵及四夷。有長史，秩千石。”本書《百官志一》：“前、後、左、右雜號將軍衆多，皆主征伐，事訖皆罷。”　鄧禹：字仲華，南陽新野（今河南新野縣）人。雲臺二十八將第一位。官至大司馬、太傅。

［4］【今注】案，送，紹興本作“法”。

［5］【李賢注】即，就也。《易》曰“即鹿無虞”也。【今注】即：接近、靠近。這裏指追捕。

［6］【李賢注】《帝王紀》曰：“案《孟子》，桀卒於鳴條，乃在東夷之地。或言陳留平丘今有鳴條亭也。唯孔安國注《尚書》云（孔，紹興本作‘是’），鳴條在安邑西。考三説之驗，孔爲近之。”【今注】亳：商朝之都城，位於今河南商丘。

［7］【今注】牧野：商朝之都城郊外附近，今河南淇縣以南衛河以北地區。

［8］【李賢注】杜預注《左傳》曰：“今河南也。河南縣西有郟鄏陌。”【今注】郟鄏：郟，山名；鄏，邑名。周之王城所在，位於今河南洛陽市西。

［9］【今注】庸可：即“庸何”，同義詞連用。何，什麽。

向長字子平，[1]河內朝歌人也。[2]隱居不仕，性尚中和，[3]好通《老》《易》。貧無資食，[4]好事者更饋焉，[5]受之取足而反其餘。王莽大司空王邑辟之，[6]連年乃至，欲薦之於莽，固辭乃止。潛隱於家。[7]讀《易》至損、益卦，喟然歎曰："吾已知富不如貧，貴不如賤，但未知死何如生耳。"[8]建武中，男女娶嫁既畢，勑斷家事勿相關，當如我死也。於是遂肆意，[9]與同好北海禽慶[10]俱遊五嶽名山，[11]竟不知所終。

［1］【李賢注】《高士傳》"向"字作"尚"。【今注】案，本書卷八一《獨行傳》載"向栩字甫興，河内朝歌人，向長之後也"。

［2］【今注】朝歌：縣名。治所在今河南淇縣。

［3］【今注】中和：謂寬猛得中。

［4］【今注】資食：資財和糧食。

［5］【今注】好事者：好心助人者。　饋：贈送。

［6］【今注】大司空：官名。漢初稱御史大夫。西漢成帝綏和元年（前8）更名大司空。哀帝建平二年（前5）復稱御史大夫，元壽二年（前1）又改稱大司空。東漢初仍稱大司空，光武帝建武二十七年（51）改稱司空，掌水土工程、祭祀等。秩萬石。　王邑：王莽堂弟，王商次子。

［7］【今注】潛隱：潜藏，隱藏。

［8］【李賢注】《易·損卦》曰："二簋可用享。損益盈虚，與時偕行。"《益卦》曰"損上益下，人説無疆"也。【今注】損：《周易》六十四卦的第四十一卦。　益卦：《周易》六十四卦的第四十二卦。

［9］【今注】肆意：縱情任意，不受拘束。

［10］【李賢注】《前書》慶字子夏。【今注】北海：郡國名。西漢景帝二年（前155）置，治營陵縣（今山東昌樂縣東南），東漢時改爲國，移治劇縣（今山東昌樂縣西）。

［11］【今注】五嶽：東嶽泰山、西嶽華山、北嶽恒山、中嶽

嵩山、南嶽衡山。

逢萌字子康，[1]北海都昌人也。[2]家貧，給事縣爲亭長。[3]時尉行過亭，萌候迎拜謁，既而擲楯歎曰：[4]“大丈夫安能爲人役哉！”遂去之長安學，通《春秋經》。[5]時王莽殺其子宇，[6]萌謂友人曰：“三綱絶矣！[7]不去，禍將及人。”即解冠挂東都城門，[8]歸，將家屬浮海，客於遼東。

［1］【今注】案，康，大德本、殿本作“慶”。

［2］【今注】都昌：縣名。治所在今山東昌邑市西。

［3］【今注】給事：供職。　案，蕭吉《五行大義》引翼奉曰：“游徼、亭長外部吏，皆屬功曹。”本書卷一八《臧宫傳》：“少爲縣亭長、游徼。”

［4］【李賢注】亭長主捕盜賊，故執楯也。

［5］【今注】春秋經：儒家五經之一。孔子對魯國《春秋》整理删定而成。

［6］【李賢注】《前書》莽隔絶平帝外家衛氏，宇恐帝大後見怨，以爲莽不可諫而好鬼神，即夜持血灑莽第門。吏發覺之，莽執宇送獄，飲藥而死。

［7］【李賢注】謂君臣、夫婦、父子。

［8］【李賢注】《漢宫殿名》：“東都門今名青門也。”《前書音義》曰：“長安東郭城北頭第一門。”【今注】案，《三輔黄圖》卷一載：“長安城東出北頭第一門曰宣平門，民間所謂東都門。《漢書》曰：‘元帝建昭元年，有白蛾群飛蔽日，從東都門至枳道。’又疏廣太傅、受少傅，上疏乞骸骨歸，公卿大夫爲設祖道，供張東都門外，即此門也。其郭門亦曰東郭，即逢萌掛冠處也。”

萌素明陰陽，知莽將敗，有頃，[1]乃首戴瓦盎，[2]哭於市曰："新乎新乎！"[3]因遂潛藏。

[1]【今注】有頃：不久。

[2]【李賢注】盎，盆也。【今注】瓦盎：瓦盆。

[3]【李賢注】王弗爲新都侯（弗，紹興本、大德本、殿本作"莽"），及篡，號新室，故哭之。【今注】案，《東觀漢記》卷一八《逢萌傳》云："萌素明陰陽，知莽將敗，携家屬於遼東，乃首戴盆盎，哭於市，言曰：'新乎新乎！'"

及光武即位，乃之琅邪勞山，[1]養志脩道，人皆化其德。

[1]【李賢注】在今萊州即墨縣東南，有大勞、小勞山。【今注】琅邪勞山：位於今山東青島市東部。

北海太守素聞其高，遣吏奉謁致禮，[1]萌不答。[2]太守懷恨而使捕之。[3]吏叩頭曰："子康大賢，[4]天下共聞，所在之處，人敬如父，往必不獲，秪自毀辱。"太守怒，收之繫獄，[5]更發它吏。行至勞山，人果相率以兵弩捍禦，[6]吏被傷流血，奔而還。後詔書徵萌，託以老耄，[7]迷路東西，語使者云："朝廷所以徵我者，以其有益於政，尚不知方面所在，[8]安能濟時乎？"[9]即便駕歸。連徵不起，以壽終。

[1]【今注】奉謁：拜見。

[2]【今注】荅：對也。

[3]【今注】案，懷恨，殿本作“懷憤”。

[4]【今注】案，康，大德本、殿本作“慶”。

[5]【今注】繫獄：囚禁於牢獄。

[6]【今注】相率：相繼，一個接一個。　捍禦：捍衛，抵禦。

[7]【今注】老耄：七八十歲的老人。這裏借指年老。

[8]【今注】方面：方向，方位。

[9]【今注】濟時：猶濟世，救世。

初，萌與同郡徐房、平原李子雲、王君公相友善，[1]並曉陰陽，[2]壞德穢行。[3]房與子雲養徒各千人，[4]君公遭亂獨不去，儈牛自隱。[5]時人謂之論曰：“避世牆東王君公。”[6]

[1]【今注】平原：郡國名。西漢初置，治平原縣（今山東平原縣西南）。東漢安帝永寧元年（120）改平原郡爲平原國，治平原縣。獻帝建安十一年（206）復爲郡。

[2]【今注】陰陽：謂星相、占卜等方術。

[3]【今注】壞：大德本、殿本作“懷”，是。　穢行：放蕩的行爲。

[4]【今注】養徒：教養弟子。

[5]【李賢注】儈謂平會兩家賣買之價。【今注】儈：介紹買賣，並從中獲利。

[6]【李賢注】嵇康《高士傳》曰“君公明《易》，爲郎。數言事不用，乃自汙與官婢通，免歸。詐狂儈牛，口無二價”也。

周黨字伯況，太原廣武人也。[1]家産千金。少孤，爲宗人所養,[2]而遇之不以理,[3]及長，又不還其財。黨詣鄉縣訟，主乃歸之。既而散與宗族，悉免遣奴婢，遂至長安遊學。

［1］【今注】廣武：縣名。治所在今山西代縣西南十五里古城村。

［2］【今注】宗人：同族之人。

［3］【今注】理：同“禮”。禮遇。

初，鄉佐嘗衆中辱黨,[1]黨久懷之。[2]後讀《春秋》，聞復讎之義,[3]便輟講而還,[4]與鄉佐相聞,[5]期剋鬬日。[6]既交刃，而黨爲鄉佐所傷，困頓。[7]鄉佐服其義，輿歸養之,[8]數日方蘇，既悟而去。自此勑身脩志，州里稱其高。

［1］【今注】鄉佐：鄉嗇夫之副，協助鄉嗇夫收取賦税，處理鄉里事務，在鄉里具有一定的影響力。本書卷三八《張宗傳》：“（張宗）王莽時爲縣陽泉鄉佐，會莽敗，義兵起，宗乃率陽泉民三四百人，起兵略地。”

［2］【李賢注】《續漢志》鄉佐主收賦税者。

［3］【李賢注】《春秋經》書“紀侯大去其國”。《公羊傳》曰：“大去者何？滅也。孰滅之？齊滅之。曷爲不言齊滅之？爲襄公諱也。齊襄公九世祖哀公亨於周，紀侯譖之也，故襄公讎於紀。九世猶可復讎乎？雖百世可也。”

［4］【今注】輟：中途停止，中斷。

［5］【今注】相聞：互相通信，互相通報。

［6］【今注】期剋：猶克期，限定日期。

[7]【今注】困頓：謂重傷乏力。

[8]【今注】輿歸：車載而歸。

及王莽竊位，託疾杜門。[1]自後賊暴從擴，[2]殘滅郡縣，唯至廣武，過城不入。

[1]【今注】杜門：閉門。

[2]【今注】從擴：即縱横，謂横行天下。案，擴，大德本、殿本作“横”。

建武中，徵爲議郎，[1]以病去職，遂將妻子居黽池。[2]復被徵，不得已，乃著短布單衣，[3]殻皮綃頭，待見尚書。[4]及光武引見，黨伏而不謁，[5]自陳願守所志，帝乃許焉。

[1]【今注】議郎：光禄勳所屬，掌顧問應對，無常事，唯詔令所使，不與更直宿衛之事。秩比六百石。東漢時，議郎常加以給事中，參預朝政，官秩六百石。

[2]【今注】將：帶領，携帶。　黽（miǎn）池：縣名。治所在今河南澠池縣西。

[3]【今注】單衣：士大夫之便服。

[4]【李賢注】以穀樹皮爲綃頭也。綃頭，解見《向栩傳》。黨服此尚書（中華本據《刊誤》在“尚”前補“詣”字，是），以待見也。【今注】案，殻，殿本作“穀”。穀皮，穀樹的皮，纖維堅韌，可作造紙原料，或以其纖維織布。　綃頭：古代束髮的頭巾。　尚書：官名。西漢初爲掌文書小吏。武帝後置四員分曹治事，領諸郎，事權漸重。又置中書，以宦者擔任。成帝建始四年

(前29)，增爲五員，掌文書章奏詔命。東漢尚書臺分六曹，各置尚書，秩六百石，位在令、僕射下，丞、郎上。與令、僕射合稱“八座”。掌接納章奏、擬定詔令，位輕權重。

[5]【今注】不謁：不拜請。

博士范升奏毁黨曰：[1]“臣聞堯不須許由、巢父，[2]而建號天下；周不待伯夷、叔齊，[3]而王道以成。伏見太原周黨、東海王良、山陽王成等，[4]蒙受厚恩，使者三聘，乃肯就車。及陛見帝廷，[5]黨不以禮屈，伏而不謁，偃蹇驕悍，[6]同時俱逝。黨等文不能演義，[7]武不能死君，釣采華名，[8]庶幾三公之位。[9]臣願與坐雲臺之下，[10]考試圖國之道。[11]不如臣言，伏虚妄之罪。[12]而敢私竊虚名，誇上求高，[13]皆大不敬。”[14]書奏，天子以示公卿。詔曰：“自古明王聖主必有不賓之士。[15]伯夷、叔齊不食周粟，太原周黨不受朕禄，亦各有志焉。其賜帛四十匹。”黨遂隱居黽池，著書上下篇而終。邑人賢而祠之。

[1]【今注】博士：官名。秦置，漢因之，隸屬九卿之一奉常(太常)。設僕射一人領之。掌古今史事、禮制顧問及典守書籍。秩比六百石。西漢武帝時置五經博士，充學官，掌經學傳授、考核人材、奉命出使等事。博士祭酒一人，六百石。博士十四人，比六百石。掌教弟子。國有疑事，掌承問對。

[2]【今注】許由：字武仲，陽城槐里人。堯舜時代的賢人，其墓在今河南登封市箕山上。　巢父：堯時期的隱者，相傳堯欲將君位讓給巢父，巢父不受，躲避到樹上築巢居住。

[3]【今注】伯夷：名允，字公信，商末孤竹國君長子。時武

王已平殷亂，天下宗周，而伯夷、叔齊耻之，義不食周粟，餓死於首陽山。傳見《史記》卷六一。　叔齊：名致，字公達，商末孤竹國君第三子。孤竹君欲立叔齊爲繼承人，叔齊讓位於伯夷，伯夷以父命爲尊，遂逃之，而叔齊亦不肯立，亦逃之。

[4]【今注】案，東海王良習《小夏侯尚書》。

[5]【今注】陛見：謂臣下謁見皇帝。

[6]【今注】偃蹇：高傲貌。

[7]【今注】演義：敷陳義理。

[8]【今注】釣采：謀取，拾取。　華名：美名。

[9]【今注】庶幾：但願，希望。

[10]【今注】雲臺：東漢南宫高臺名，也是東漢群臣議事之所。

[11]【今注】圖國：爲國謀利。

[12]【今注】虚妄：荒誕無稽。

[13]【今注】誇：大言。

[14]【今注】大不敬：罪名之一。張斐《律表》云："虧禮廢節，謂之不敬。"

[15]【今注】不賓：不臣服，不歸順。

初，黨與同郡譚賢伯升、鴈門殷謨君長，[1]俱守節不仕王莽世。建武中，徵並不到。

[1]【今注】鴈門：郡名。西漢時治善無縣（今山西右玉縣西北），東漢時徙治陰館縣（今山西朔州市東南）。

王霸字儒仲，太原廣武人也。少有清節。[1]及王莽篡位，弃冠帶，[2]絶交宦。建武中，徵到尚書，拜稱名，[3]不稱臣。有司問其故。霸曰："天子有所不臣，諸侯有所不友。”[4]司徒侯霸讓位於霸。[5]閻陽毀之曰：[6]“太原俗黨，[7]儒仲頗有其風。”遂止。[8]以病歸。隱居守志，茅屋蓬户。連徵不至，以壽終。

[1]【今注】清節：高潔的節操。

[2]【今注】冠帶：帽子和腰帶。比喻官爵。

[3]【今注】稱名：稱呼名字。

[4]【李賢注】《禮記》曰：“儒有上不臣天子，下不事諸侯。”【今注】案，《禮記·儒行》：“儒有上不臣天子，下不事諸侯；慎静而尚寬，强毅以與人，博學以知服；近文章，砥厲廉隅；雖分國，如錙銖，不臣不仕。”

[5]【今注】侯霸：字君房，河南密（今河南新密市東南）人。官至大司徒。傳見本書卷二六。

[6]【今注】閻陽：河南尹梁縣（今河南汝州市）縣令。

[7]【今注】俗黨：風俗多黨結。

[8]【李賢注】皇甫謐《高士傳》曰“故梁令閻陽”也。《前書》曰：“太原多晉公族子孫，以詐力相傾，矜夸功名，報仇過直。漢興，號爲難化，常擇嚴猛將，或任殺伐爲威。父兄被誅，子弟怨憾（憾，紹興本、大德本、殿本作‘憤’），至告訐刺史、二千石。”

嚴光字子陵，[1]一名遵，會稽餘姚人也。[2]少有高名，與光武同遊學。及光武即位，光乃變名姓，隱身不見。帝思其賢，乃令以物色訪之。[3]後齊國上言：[4]“有一男子，披羊裘釣澤中。”[5]帝疑其光，乃備安車玄纁，[6]遣使聘之。三反而後至。舍於北軍，[7]給牀褥，太官朝夕進膳。[8]

[1]【今注】案，《元和姓纂》卷五載："後漢莊光。避明帝諱，並改爲嚴氏。"

[2]【今注】餘姚：縣名。治所在今浙江餘姚市姚江北岸。

[3]【李賢注】以其形貌求之。

[4]【今注】齊國：治臨菑縣（今山東淄博市臨淄區北）。東漢初爲齊郡。光武帝建武十一年（35），徙太原王劉章爲齊王，以齊郡爲王國。傳國至章帝章和元年（87），齊王劉晃有罪，被貶爲蕪湖侯，國除爲郡。和帝永元二年（90），紹封劉晃之子劉無忌爲齊王，齊郡復爲齊王國。傳國至其孫劉承，獻帝建安十一年（206）國除。

[5]【今注】羊裘：羊皮襖。

[6]【今注】安車：古代一種坐乘的小車。　玄纁：黑色及赤黃色的布帛，帝王延聘賢士所用。

[7]【今注】北軍：漢代京師禁衛軍之一。東漢北軍下轄屯騎、越騎、步兵、長水、射聲五營，設北軍中候監領之。

[8]【今注】太官：官名。本書《百官志三》："太官令一人，六百石。本注曰：掌御飲食。左丞、甘丞、湯官丞、果丞各一人。本注曰：左丞主飲食。甘丞主膳具。湯官丞主酒。果丞主果。"

司徒侯霸與光素舊，遣使奉書。[1]使人因謂光曰："公聞先生至，區區欲即詣造，[2]迫於典司，[3]是以不獲。[4]願因日暮，[5]自屈語言。"[6]光不答，乃投札與之，[7]口授曰："君房足下：位至鼎足，[8]甚善。懷仁輔義天下悅，阿諛順旨要領絕。"霸得書，封奏之。[9]帝笑曰："狂奴故態也。"[10]車駕即日幸其館。[11]光卧不起，帝即其卧所，[12]撫光腹曰："咄咄子陵，[13]不可相助爲理邪？"[14]光又眠不應，良久，乃張目熟視，[15]

曰："昔唐堯著德，[16]巢父洗耳。士故有志，何至相迫乎！"帝曰："子陵，我竟不能下汝邪？"[17]於是升輿歎息而去。[18]

[1]【李賢注】皇甫謐《高士傳》曰："霸使西曹屬侯子道奉書，光不起，於牀上箕踞抱膝發書讀訖，問子道曰：'君房素癡，今爲三公，寧小差否？'子道曰：'位已鼎足，不癡也。'光曰：'遣卿來何言？'子道傳霸言。光曰：'卿言不癡，是非癡語也？大子徵我三乃來（大，紹興本、大德本、殿本作"天"）。人主尚不見，當見人臣乎？'子道求報。光曰：'我手不能書。'乃口授之。使者嫌少，可更足。光曰：'買菜乎？求益也？'"【今注】素舊：舊交。

[2]【今注】區區：自謙之詞，代指我。

[3]【今注】迫於典司：忙於公務。

[4]【今注】不獲：不能。

[5]【今注】日暮：天色已晚。

[6]【今注】自屈：委屈自己。

[7]【今注】札：木片，用以書寫。

[8]【今注】鼎足：指三公之位。

[9]【今注】封奏：封牘上奏皇帝。

[10]【今注】狂奴：狂放不羈之人。　故態：老脾氣，平素的舉止神態。

[11]【今注】車駕：皇帝所乘的車。這裏代指皇帝。

[12]【今注】即：走進。

[13]【今注】咄咄：感慨聲，形容盛氣凌人。

[14]【今注】理：道理，事理。

[15]【今注】熟視：注目細看。

[16]【今注】唐堯：上古人物。姓伊祁氏，名放勳，號陶唐。

[17]【今注】下：説服。

[18]【今注】升輿：登車，上車。

復引光入，論道舊故，相對累日。帝從容問光曰："朕何如昔時？"對曰："陛下差增於往。"[1]因共偃卧，光以足加帝腹上。明日，太史奏客星犯御坐甚急。[2]帝笑曰："朕故人嚴子陵共卧耳。"

[1]【今注】差增於往：比過去略微好些。

[2]【今注】太史：官名。即太史令。先秦時期，太史主要負責起草文書、修編史書檔案、保管國家典籍等事務，亦兼管天文曆法，是非常重要的官職。秦漢以來，太史令的地位逐漸降低。至東漢，太史令變成了專司天文占候、編訂曆法的官員，已與史職無涉。秩六百石。　客星：古代對星空中新出現天體的稱謂，因非本位之星，而寓於星辰之間，如客，故稱之客星。　御坐：又稱"帝坐"，即今武仙座 α 星。甘德、石申《星經》曰："帝座一星在市中，神農所貴，色明潤。"

除爲諫議大夫，[1]不屈，乃耕於富春山，[2]後人名其釣處爲嚴陵瀨焉。[3]建武十七年，復特徵，[4]不至。年八十，終於家。帝傷惜之，[5]詔下郡縣賜錢百萬、穀千斛。

[1]【今注】諫議大夫：秦置諫大夫，屬郎中令，無常員，多至數十人，掌論議，漢初不置，至武帝始因秦置之，無常員，皆名儒宿德爲之。光武增"議"字爲諫議大夫，置三十人。西漢諫大夫，秩比八百石，東漢時秩六百石。

[2]【李賢注】今杭州富陽縣也。本漢富春縣，避晉簡文帝鄭太后諱，改曰富陽。【今注】富春山：今浙江富春江沿岸群山。

[3]【李賢注】顧野王《輿地志》曰“七里瀨在東陽江下，與嚴陵瀨相接，有嚴山。桐廬縣南有嚴子陵漁釣處，今山邊有石，上平，可坐十人，臨水，名爲嚴陵釣壇”也。【今注】瀨：淺水砂石灘。

[4]【今注】特徵：特别徵召，猶公車特徵。有别於孝廉、賢良方正、有道、公府辟等。

[5]【今注】傷惜：哀傷惋惜。

井丹字大春，扶風郿人也。[1]少受業太學，[2]通五經，[3]善談論，故京師爲之語曰：“五經紛綸井大春。”[4]性清高，未嘗脩刺候人。[5]

[1]【今注】郿：縣名。治所在今陝西眉縣東。

[2]【今注】太學：中國古代國家的最高學府。西漢武帝元朔五年（前 124）始置太學。至東漢，太學制度大爲發展，生員衆多。

[3]【今注】五經：指《易》《書》《詩》《禮》《春秋》五門經典。西漢武帝因公孫弘之請，立五經博士，在太學中研習、教授這五部經典。

[4]【李賢注】紛綸猶浩博也。

[5]【今注】脩刺：製備名刺。　候人：拜訪别人。

建武末，沛王輔等五王居北宫，[1]皆好賓客，更遣請丹，不能致。信陽侯陰就，[2]光烈皇后弟也，以外戚貴盛，乃詭説五王，[3]求錢千萬，約能致丹，而别使人要劫之。[4]丹不得已，既至，就故爲設麥飯葱葉之食，[5]丹推去之，曰："以君侯能供甘旨，[6]故來相過，[7]何其薄乎？"更置盛饌，[8]乃食。及就起，[9]左右進輦。[10]丹笑曰："吾聞桀駕人車，豈此邪？"[11]坐中皆失色。就不得已而令去輦。自是隱閉不關人事，以壽終。

[1]【今注】五王：東海恭王劉疆、沛獻王劉輔、濟南安王劉康、阜陵質王劉延、中山簡王劉焉，皆光武郭皇后子。　北宫：漢宫名。明帝永平三年（60），起北宫及諸官府。八年十月，北宫成。

[2]【今注】陰就：東漢外戚，光武陰皇后弟。事見本書卷三二《陰興傳》。

[3]【今注】詭：欺詐，假冒。

[4]【今注】要劫：脅迫劫持。

[5]【今注】麥飯：磨麥合皮煮成的飯。

[6]【今注】甘旨：美味的食物。

[7]【今注】相過：互相往來。

[8]【今注】案，置，殿本作"致"。　盛饌：豐盛的飯食。

[9]【今注】案，大德本無"起"字。

[10]【今注】案，駕牛馬曰車，人輓行曰輦。《竹書紀年》："（夏桀）十三年，遷於河南。初作輦。"鄭玄曰："輦，人輓行，所以載任器也，止以爲蕃營。"

[11]【李賢注】《帝王紀》曰："桀以人駕車。"【今注】案，《漢官儀》載："皇后、婕妤乘輦，餘皆以茵，四人輿以行。"《一切經音義》卷二"輦輿"注："車無輪曰輿。"故需以人力荷肩而行，井丹所言"豈此邪"蓋謂此。

梁鴻字伯鸞，扶風平陵人也。[1]父讓，王莽時爲城門校尉，[2]封脩遠伯，[3]使奉少昊後，[4]寓於北地而卒。[5]鴻時尚幼，以遭亂世，因卷席而葬。

[1]【今注】平陵：縣名。治所在今陝西咸陽市西北。

[2]【今注】城門校尉：西漢武帝征和二年（前91）置，秩二千石，掌京師城門屯兵，隸南軍。有司馬、十二城門候。《漢書》卷六六《劉屈氂傳》："（武帝征和二年）以太子在外，始置屯兵長安諸城門。"東漢復置，秩比二千石，掌雒陽城門十二所。

[3]【今注】脩遠：王莽時改允吾縣爲修遠縣，故城在今青海民和縣南古鄯附近北古城。　伯：古代五等爵之第三等。《禮記·王制》："王者之制禄爵，公、侯、伯、子、男，凡五等。"

[4]【今注】少昊：黄帝之子。傳説少昊繼黄帝之後，而有天下。《史記》卷一《五帝本紀》"嫘祖爲黄帝正妃，生二子，其後皆有天下：其一曰玄囂，是爲青陽"，《索隱》引宋衷云："玄囂青陽是爲少昊，繼黄帝立者。"

[5]【李賢注】《前書》卷改允吾爲脩遠（卷，紹興本、大德本、殿本作"莽"）。少昊，金天氏之號，次黄帝者。北地，今寧州也。【今注】北地：郡名。治富平縣（今寧夏吴忠市西南）。

後受業太學，家貧而尚節介，[1]博覽無不通，而不爲章句。學畢，乃牧豕於上林苑中。[2]曾誤遺火延及它舍，鴻乃尋訪燒者，問所去失，[3]悉以豕償之。其主猶以爲少。鴻曰："無它財，願以身居作。"[4]主人許之。因爲執勤，[5]不懈朝夕。鄰家耆老見鴻非恒人，[6]乃共責讓主人，而稱鴻長者。於是始敬異焉，悉還其豕。鴻不受而去，歸鄉里。

[1]【今注】節介：氣節、操守。

[2]【今注】上林苑：秦置，爲秦五苑之一，西漢武帝時擴而廣之。《漢舊儀》："上林苑方三百里，苑中養百獸，天子秋冬射獵取之。"

[3]【李賢注】去，亡也。

[4]【今注】居作：罰以勞役抵錢。

[5]【今注】執勤：從事勞作。

[6]【今注】耆老：老年人。　恒人：猶常人。

埶家慕其高節，[1]多欲女之，[2]鴻並絶不娶。同縣孟氏有女，狀肥醜而黑，力舉石臼，[3]擇對不嫁，[4]至年三十。父母問其故。女曰："欲得賢如梁伯鸞者。"鴻聞而娉之。女求作布衣、麻屨，[5]織作筐緝績之具。[6]及嫁，始以裝飾入門。七日而鴻不答。妻乃跪牀下請曰："竊聞夫子高義，簡斥數婦，[7]妾亦偃蹇數夫矣。今而見擇，敢不請罪。"鴻曰："吾欲裘褐之人，[8]可與俱隱深山者爾。今乃衣綺縞，[9]傅粉墨，豈鴻所願哉？"妻曰："以觀夫子之志耳。妾自有隱居之服。"乃更爲推髻，[10]著布衣，操作而前。鴻大喜曰："此真梁鴻妻也。能奉我矣！"字之曰德曜，孟光。[11]

[1]【今注】埶家：有權勢的人家。埶，殿本作"勢"。

[2]【李賢注】以女妻人曰女，音尼慮反。

[3]【今注】石臼：用於舂米穀等物的石質器具。

[4]【今注】擇對：猶擇婿。

[5]【今注】麻屨：麻鞋。

[6]【今注】緝績：猶紡織。

[7]【李賢注】斥，遠也。

[8]【今注】裘褐：粗衣。

[9]【今注】綺縞：精美而有紋采的絲織物。

[10]【今注】推髻：推，殿本作“椎”。椎髻，古代髮式之一，束髮成髻，其形如椎。

[11]【今注】案，殿本“孟光”前有“名”字。

居有頃，妻曰：“常聞夫子欲隱居避患，今何爲默默？[1]無乃欲低頭就之乎？”鴻曰：“諾。”乃共入霸陵山中，[2]以耕織爲業，詠詩書，彈琴以自娱。仰慕前世高士，而爲四皓以來二十四人作頌。[3]

[1]【今注】默默：不得意。

[2]【今注】霸陵山：位於今陝西西安市東北。

[3]【今注】四皓：又稱“商山四皓”，指秦末隱居商山（今陝西商洛市商州區東南）的東園公、角里先生、綺里季、夏黄公。

因東出關，過京師，作《五噫之歌》曰：[1]“陟彼北芒兮，[2]噫！顧覽帝京兮，噫！宫室崔嵬兮，[3]噫！人之劬勞兮，[4]噫！遼遼未央兮，[5]噫！”肅宗聞而非之，求鴻不得。乃易姓運期，[6]名燿，字侯光，與妻子居齊魯之間。

[1]【今注】案，清人陳祚明《采菽堂古詩選》卷四評曰：“五句中不可斷，間以‘噫’字隨聲發嘆，悲感更深。《日重光》《上留田》，與此調同。”

[2]【今注】北芒：北邙山，位於今河南洛陽市北。

[3]【今注】崔嵬：高大貌。《詩·周南·卷耳》："陟彼崔嵬，我馬虺隤。"

[4]【今注】劬勞：病苦也。《詩·國風·凱風》："棘心夭夭，母氏劬勞。"

[5]【今注】遼遼：深邃貌。

[6]【今注】運期：複姓。

有頃，又去適吴。[1]將行，作詩田：[2]"逝舊邦兮遐征，[3]將遥集兮東南。[4]心惙怛兮傷悴，志菲菲兮升降。[5]欲乘策兮縱邁，[6]疾吾俗兮作讒。[7]競舉枉兮措直，咸先佞兮唌唌。[8]固靡慙兮獨建，冀異州兮尚賢。[9]聊逍摇兮遨嬉，[10]纘仲尼兮周流。[11]儻云睹兮我悦，[12]遂舍車兮即浮。[13]過季札兮延陵，[14]求魯連兮海隅。[15]雖不察兮光貌，幸神靈兮與休。[16]惟季春兮華阜，[17]麥含含兮方秀。[18]哀茂時兮逾邁，愍芳香兮日臭。[19]悼吾心兮不獲，[20]長委結兮焉究！[21]口囂囂兮余訕，嗟恇恇兮誰留？"[22]

[1]【今注】適：去，往。

[2]【今注】案，田，大德本、殿本作"曰"，是。

[3]【今注】案，逝，大德本、殿本作"遊"。　遐征：遠行。

[4]【今注】遥集：謂從遠處聚集。《漢書》卷五七下《司馬相如傳》載司馬相如《大人賦》曰："登閬風而遥集兮，亢鳥騰而壹止。"

[5]【李賢注】《爾雅注》："惙怛，憂也。菲菲，高下不定也。"惙音丁劣反，降音下江反。《詩》曰："我心則降。"【今注】惙怛：憂傷。　傷悴：悲傷，憂傷。　案，志，大德本作"忘"。

［6］【今注】乘策：乘馬。

［7］【今注】疾：恨。　作讒：誹謗。

［8］【李賢注】《論語》曰："舉直措諸枉則人服，舉枉措諸直則人不服。"唌音延，讒言捷急之皃（皃，大德本、殿本作"貌"）。【今注】舉枉：任用枉曲的人。　措直：廢棄正直的人。

［9］【李賢注】建，立也。言己無慙於獨立，所以適吴者，冀異州之人貴尚賢德。【今注】冀：希望，期盼。　異州：指吴地。

［10］【今注】聊：姑且。　逍搖：安然自得。　遨嬉：游玩，戲樂。

［11］【今注】纘（zuǎn）：繼承。　仲尼：孔子，名丘，字仲尼。　周流：周游。

［12］【今注】儻：同"倘"。

［13］【李賢注】舍其車而就舟船。【今注】案，《論語·公冶長》孔子曰："道不行，乘桴浮於海。"

［14］【今注】季札：春秋時吴王壽夢第四子，屢讓君位，封於延陵（今江蘇常州市）。

［15］【今注】魯連：魯仲連。戰國齊國人，善謀略，常周游列國。傳見《史記》卷八三。　海隅：海邊。

［16］【李賢注】光貌，光儀也。言雖不察見季札及魯連，然冀幸其神靈與之同美也。【今注】與休：與之同美。休，美也。

［17］【今注】華皇：花開盛艷。

［18］【今注】含含：懷而不露貌。

［19］【李賢注】茂，盛也。臭，敗也。【今注】茂時：盛時。　邁：時光流逝。　愍：憐憫。

［20］【今注】不獲：不得志。

［21］【李賢注】委結，懷恨也。究，窮也。

［22］【李賢注】訕，謗也。鄭玄注《禮記》曰："恇恇，恐

也。"【今注】囂囂：喧嘩貌。　恇恇：恐懼貌。

遂至吴，依大家皋伯通，[1]居廡下，[2]爲人賃舂。[3]每歸，妻爲具食，[4]不敢於鴻前仰視，舉案齊眉。[5]伯通察而異之，曰："彼傭能使其妻敬之如此，非凡人也。"乃方舍之於家。鴻潛閉著書十餘篇。[6]疾且困，告主人曰："昔延陵季子葬子於嬴博之間，[7]不歸鄉里，慎勿令我子持喪歸去。"[8]及卒，伯通等爲求葬地於吴要離冢傍。咸曰："要離烈士，而伯鸞清高，可令相近。"[9]葬畢，妻子歸扶風。[10]

[1]【今注】大家：與"小民"相對。《漢書》卷八《文帝紀》顔師古注引文穎曰："有權勢豪右大家。"

[2]【李賢注】《説文》曰："廡，堂下周屋也。"《釋名》："大屋曰廡。"

[3]【今注】賃舂：爲人雇傭舂米。

[4]【今注】具食：準備食物。

[5]【今注】舉案齊眉：指夫妻相互敬愛。孫詒讓《周禮正義》引惠士奇云："案有大小。《漢舊儀》'旋案，丈二，以陳肉食'，大案也；《漢書》許后奉案上食，孟光舉案齊眉，小案也。案者，今之槃，古之禁。"

[6]【今注】潛閉：隱居不出。

[7]【今注】嬴博：春秋齊國的兩個城邑，嬴博之間大約指今山東萊蕪、泗水、蒙陰、費縣一帶。

[8]【今注】慎勿：千萬不要。

[9]【李賢注】要離，刺吴王僚子慶忌者，冢在今蘇州吴縣西。伯鸞墓在其北。【今注】要離：春秋時期吴國刺客，受吴王闔

閭之命，刺殺吴王僚之子慶忌。

[10]【今注】扶風：右扶風。漢代三輔之一，秦時屬内史。

初，鴻友人京兆高恢，少好《老子》，隱於華陰山中。[1]及鴻東遊思恢，作詩曰："鳥嚶嚶兮友之期，[2]念高子兮僕懷思，[3]想念恢兮爰集兹。"[4]二人遂不復相見。恢亦高抗，終身不仕。[5]

[1]【今注】華陰山：位於今秦晉豫三省結合地帶。

[2]【李賢注】《毛詩》曰："伐木丁丁，鳥鳴嚶嚶。出自幽谷，遷于喬木。嚶其鳴矣，求其友聲。"【今注】期：期盼。

[3]【今注】高子：指高恢。

[4]【今注】爰：於是。 集：聚合，會合。

[5]【李賢注】《高士傳》曰："恢字伯通。"【今注】高抗：剛正不屈。

高鳳字文通，南陽葉人也。[1]少爲書生，家以農畝爲業，[2]而專精誦讀，晝夜不息。妻嘗之田，[3]曝麥於庭，令鳳護鷄。[4]時天暴雨，而鳳持竿誦經，不覺潦水流麥。[5]妻還怪問，鳳方悟之。其後遂爲名儒，乃教授業於西唐山中。[6]

[1]【今注】葉：縣名。治所在今河南葉縣南。

[2]【今注】農畝：指農耕。

[3]【今注】之田：去田間。

[4]【今注】護鷄：看護鷄，勿令啄食。

[5]【今注】潦水：雨後積水。

［6］【李賢注】山在今唐州湖陽縣西北。酈元注《水經》云，即高鳳所隱之西唐山也。【今注】西唐山：在今河南葉縣西南六十里澧河畔。

鄰里有爭財者，持兵而鬬，鳳往解之，不已，乃脱巾叩頭，固請曰："仁義遜讓，奈何弃之！"於是爭者懷感，投兵謝罪。

鳳年老，執志不倦，名聲著聞。[1]太守連召請，恐不得免，自言本巫家，[2]不應爲吏，又詐與寡嫂訟田，[3]遂不仕。建初中，將作大匠任隗舉鳳直言，[4]到公車，[5]託病逃歸。推其財産，悉與孤兄子。隱身漁釣，終於家。

［1］【今注】著聞：著名，聞名。

［2］【今注】巫家：職業爲巫的人家。

［3］【今注】訟田：爲田産而爭訟。

［4］【今注】將作大匠：秦置將作少府，掌治宫室，有兩丞、左右中候。西漢景帝中元六年（前144）更名將作大匠。屬官有石庫、東園主章、左右前後中校七令丞，又主章長丞。武帝太初元年（前104）更名東園主章爲木工。成帝陽朔三年（前22）省中候及左右前後中校五丞。東漢光武帝建武中元二年（57）省，以謁者領其官。章帝建初元年（76），乃置真，位次河南尹。初以任隗爲之，掌修作宗廟、路寢、宫室、陵園木土之功，並樹桐梓之類列於道側。秩二千石。

［5］【今注】公車：官署名。屬衛尉。有公車令，掌宫殿司馬門衛，天下上事及徵召等事宜，經此受理。

論曰：先大夫宣侯[1]嘗以講道餘隙，寓乎逸士之篇。[2]至《高文通傳》，輟而有感，[3]以爲隱者也，因著其行事而論之曰："古者隱逸，其風尚矣。潁陽洗耳，恥聞禪讓；[4]孤竹長飢，羞食周粟。[5]或高棲以違行，[6]或疾物以矯情，[7]雖軌迹異區，其去就一也。若伊人者，[8]志陵青雲之上，[9]身晦泥汙之下，[10]心名且猶不顯，況怨累之爲哉！[11]與夫委體淵沙，鳴弦揆日者，不其遠乎！"[12]

[1]【李賢注】沈約《宋書》曰："范泰字伯倫。祖注（注，紹興本、大德本、殿本作'汪'）。父甯，宋高祖受命，拜金紫光禄大夫，加散騎常侍，領國子祭酒，多所陳諫。泰博覽篇籍，好爲文章，愛獎後生，孜孜無倦。薨謚宣侯。"即曅之父也。

[2]【今注】寓：過目。　逸士：節行高逸之士。

[3]【今注】輟：中途停止。

[4]【李賢注】許由隱於潁陽，聞堯欲禪，乃臨潁而洗耳。【今注】禪讓：古代以帝位讓與賢人。

[5]【李賢注】伯夷、叔齊，孤竹君之子，不食周粟。

[6]【今注】高棲：猶隱居。

[7]【今注】疾物：排斥外物。　矯情：違背常情，而與衆不同。

[8]【今注】伊人：這些人。

[9]【今注】陵：越過。

[10]【今注】晦：隱藏。

[11]【今注】怨累：怨恨勞累。

[12]【李賢注】委體泉沙謂屈原懷沙礫而自沈也。鳴弦揆日謂嵇康臨刑顧日景而彈琴也（大德本、殿本無"謂"字）。論者

以事迹相明，故引康爲喻。

臺佟字孝威，[1]魏郡鄴人也。[2]隱於武安山，[3]鑿穴爲居，採藥自給。[4]建初中，州辟不就。刺史行部，[5]乃使從事致謁。[6]佟載病往謝。刺史乃執贄見佟曰：[7]"孝威居身如是，甚苦，如何?"佟曰："佟幸得保終性命，存神養和。如明使君奉宣詔書，[8]夕惕庶事，[9]反不苦邪?"遂去，隱逸，終不見。

[1]【李賢注】佟音大冬反。

[2]【今注】鄴：縣名。治所在今河北臨漳縣西南鄴鎮。

[3]【李賢注】武安縣之山也。【今注】武安山：在今浙江龍游縣南。

[4]【今注】案，給，紹興本、大德本作"業"。

[5]【今注】案，本書《百官志五》："諸州常以八月巡行所部郡國。"《漢舊儀》："丞相、刺史常以秋分行部，御史爲駕四封乘傳。到所部，郡國各遣吏一人迎界上，得載別駕自言受命移郡國，與刺史從事盡界罷。行載從者一人，得從吏所察六條。刺史舉民有茂材，移名丞相，丞相考召，取明經一科，明律令一科，能治劇一科，各一人。"

[6]【今注】致謁：送上名刺。

[7]【李賢注】嵇康《高士傳》曰："刺史執棗栗之贄往。"【今注】贄：初次見面所執的禮物。《左傳》莊公二十四年："男贄，大者玉帛，小者禽鳥，以章物也。女贄，不過榛、栗、棗、脩，以告虔也。今男女同贄，是無別也。"

[8]【今注】明使君：對刺史的尊稱。

[9]【今注】夕惕：晚上仍提心吊膽，工作不懈。　庶事：

衆事。

韓康字伯休，一名恬休，京兆霸陵人。[1]家世著姓。常采藥名山，賣於長安市，口不二價，三十餘年。時有女子從康買藥，康守價不移。女子怒曰："公是韓伯休那？[2]乃不二價乎？"康歎曰："我本欲避名，今小女子皆知有我，[3]何用藥爲？"乃遯入霸陵山中。[4]博士公車連徵不至。[5]桓帝乃備玄纁之禮，以安車聘之。使者奉詔造康，康不得已，乃許諾。辭安車，自乘柴車，冒晨先使者發。[6]至亭，亭長以韓徵君當過，方發人牛脩道橋。[7]及見康柴車幅巾，[8]以爲田叟也，使奪其牛。康即釋駕與之。[9]有頃，使者至，奪牛翁乃徵君也。使者欲奏殺亭長。康曰："此自老子與之，[10]亭長何罪！"乃止。康因道逃遯，以壽終。

[1]【今注】霸陵：原秦芷陽縣，西漢文帝九年（前171）改置霸陵縣，治所在今陝西西安市東北。

[2]【李賢注】那，語餘聲也，音乃賀反。

[3]【今注】案，殿本"我"後有"焉"字。

[4]【今注】遯：同"遁"。大德本、殿本作"遁"，下同。

[5]【今注】案，謂先徵博士，後又詔公車，皆不至。

[6]【今注】冒晨：趕早。

[7]【今注】案，張家山漢簡《二年律令·田律》："恒以秋七月除千（阡）佰（陌）之大草；九月大除道及阪險；十月爲橋，脩波（陂）堤，利津梁。雖非除道之時而有陷敗不可行，輒爲之。鄉部主邑中道，田主田道。道有陷敗不可行者，罰其嗇夫、吏主者黃金各二兩。盜侵飤道、千（阡）佰（陌）及塹土，罰金二兩。"

〔彭浩、陳偉、［日］工藤元男主編：《二年律令與奏讞書——張家山二四七號漢墓出土法律文獻釋讀》，上海古籍出版社 2007 年版，第 189 頁〕可知，此爲九月十月。

［8］【今注】幅巾：古代男子以幅細絹裹頭的頭巾。

［9］【今注】釋駕：解下拉車的牲口。

［10］【今注】老子：猶老夫。

矯慎字仲彦，[1]扶風茂陵人也。[2]少好黄老，[3]隱遯山谷，因穴爲室，仰慕松、喬導引之術。[4]與馬融、蘇章鄉里並時，[5]融以才博顯名，章以廉直稱，然皆推先於慎。

［1］【李賢注】《風俗通》曰："晉大夫矯父之後也。"

［2］【今注】茂陵：縣名。治所在今陝西興平市東北南位鄉茂林村。

［3］【今注】案，好，大德本、殿本作"學"。

［4］【今注】松喬：指古代傳説中的仙人赤松子、王子喬。　導引之術：道家所用導引養生延壽之術。湖南長沙馬王堆漢墓出土有帛畫《導引圖》。

［5］【今注】馬融：字季長，扶風茂陵（今陝西興平市東北）人。東漢名將馬援從孫，經學大師。傳見本書卷六〇上。　蘇章：字孺文，扶風平陵（今陝西咸陽市西北）人。三輔號爲"大人"。傳見本書卷三一。

汝南吴蒼甚重之，因遺書以觀其志曰：[1]"仲彦足下：[2]勤處隱約，[3]雖乘雲行泥，棲宿不同，[4]每有西風，何嘗不歎！[5]蓋聞黄老之言，乘虚入冥，藏身遠遯，亦有理國養人，施於爲政。[6]至如登山絶迹，[7]神不著其證，人不覩其驗。吾欲先生從其可者，於意何如？昔伊尹不懷道以待堯舜之君。[8]方今明明，[9]四海開闢，巢許無爲箕山，[10]夷齊悔入首陽。[11]足下審能騎龍弄鳳，翔嬉雲間者，[12]亦非狐兔燕雀所敢謀也。"慎不答。年七十餘，竟不肯娶。後忽歸家，自言死日，及期果卒。後人有見慎於敦煌者，[13]故前世異之，或云神僊焉。

[1]【今注】遺書：投書，寄信。

[2]【今注】足下：對人的尊稱。

[3]【今注】勤處：勤勞辛苦之處。　隱約：隱身守約。

[4]【今注】棲宿：寄居，止息之處。

[5]【李賢注】汝南在扶風之東。【今注】西風：汝南在扶風之東，這裏指音信。

[6]【李賢注】《老子》曰："致虚極，守静篤。"又曰："窈兮冥兮，其中有精。"又曰："理大國若亨小鮮。"又曰"非所以愛人治國"也。

[7]【今注】至如：至於説。

[8]【李賢注】《孟子》曰，湯使人以幣聘伊尹。伊尹曰："我何以湯之幣爲哉？"既而幡然改曰："與我豈若處畎畝之中，由是以樂堯舜之道，吾豈若使是君爲堯舜之君？豈若使是人爲堯舜之人哉？"

[9]【今注】明明：謂清明。用於歌頌盛世。

[10]【今注】巢許：巢父、許由。

[11]【今注】夷齊：伯夷、叔齊。

[12]【李賢注】《列僊傳》曰："簫史，秦繆公時。善吹簫，

公女弄玉好之，以妻之，遂教弄玉作鳳鳴。居數十年，吹鳳皇聲，鳳來止其屋。爲作鳳臺，夫婦止在上。一旦皆隨鳳皇飛去。”又曰“陶安公，六安冶師。數行火，火一旦散上，紫色衝天。須臾赤雀止冶上，曰：‘安公，安公，冶與天通。七月七日，迎汝以赤龍。’至時，安公騎之而去”也。【今注】騎龍弄鳳：比喻成仙。

［13］【今注】敦煌：郡名。西漢武帝元鼎六年（前111）分酒泉郡西部置。兩漢時均治敦煌縣（今甘肅敦煌市西）。

慎同郡馬瑶，隱於汧山，[1]以兔罝爲事。[2]所居俗化，[3]百姓美之，號馬牧先生焉。

［1］【今注】汧山：位於今陝西隴縣西南。

［2］【李賢注】罝，兔網也。《毛詩·序》曰：“兔罝，后妃之化也。關雎之化行，則莫不好德，賢人衆多。”故慎以爲事焉。【今注】案，王先謙《詩三家義集疏》卷一引韓説曰：“殷紂之賢人退處山林，網禽獸而食之。文王舉閎夭、泰顛於罝網之中。”

［3］【今注】俗化：習俗教化。

戴良字叔鸞，汝南慎陽人也。[1]曾祖父遵，字子高，平帝時，爲侍御史。[2]王莽篡位，稱病歸鄉里。家富，好給施，尚俠氣，食客常三四百人。[3]時人爲之語曰：“關東大豪戴子高。”

［1］【今注】慎陽：縣名。治所在今河南正陽縣北江口集。

［2］【今注】侍御史：御史大夫屬官，由御史中丞統領，因給事殿中，故名侍御史，或簡稱“御史”。秩六百石。《漢舊儀》：“御史，員四十五人，皆六百石。其十五人衣絳，給事殿中，爲侍御

史，宿廬在石渠門外。二人尚璽，四人持書給事，二人侍前，中丞一人領。餘三十人留寺，理百官事也，皆冠法冠。”

[3]【今注】案，常，殿本作“嘗”。下同。

良少誕節，[1]母憙驢鳴，[2]良常學之以娱樂焉。及母卒，兄伯鸞居廬啜粥，[3]非禮不行，良獨食肉飲酒，哀至乃哭，而二人俱有毁容。或問良曰：“子之居喪，禮乎？良曰：“然。禮所以制情佚也，[4]情苟不佚，何禮之論！夫食旨不甘，故致毁容之實。若味不存口，食之可也。”論者不能奪之。[5]

[1]【今注】誕節：放縱不拘。

[2]【李賢注】憙音虚記反。

[3]【今注】案，《荀子·禮論》曰：“三年之喪何也？曰：稱情而立文，因以飾群别、親疏、貴賤之節而不可益損也，故曰無適不易之術也。創巨者其日久，痛甚者其愈遲，三年之喪，稱情而立文，所以爲至痛極也；齊衰、苴杖、居廬、食粥、席薪、枕塊，所以爲至痛飾也。”

[4]【今注】佚：放逸，恣縱。

[5]【今注】奪：通過强力使之動摇。

良才既高達，而論議尚奇，多駭流俗。[1]同郡謝季孝問曰：“子自視天下孰可爲比？”良曰：“我若仲尼長東魯，大禹出西羌，[2]獨步天下，誰與爲偶！”[3]

[1]【今注】流俗：社會上普遍流行的風俗。

[2]【李賢注】《帝王紀》曰：“夏禹生於石紐，長於西羌，

西夷之人也。"

［3］【今注】爲偶：猶並肩。

舉孝廉，不就。再辟司空府，彌年不到，[1]州郡迫之，乃遯辭詣府，[2]悉將妻子，既行在道，因逃入江夏山中。[3]優遊不仕，以壽終。

［1］【今注】彌年：整年，全年。

［2］【李賢注】遯，遜也。【今注】遯辭：搪塞的言辭。

［3］【今注】江夏山：即今湖北武漢市東南龍泉山。

初，良五女並賢，每有求姻，輒便許嫁，踈裳布被，竹笥木屐以遣之。[1]五女能遵其訓，皆有隱者之風焉。

［1］【今注】竹笥：用以盛放衣物書籍等的竹製盛器。　木屐：木底鞋。

法真字高卿，[1]扶風郿人，[2]南郡太守雄之子也。[3]好學而無常家，[4]博通内外圖典，爲關西大儒。[5]弟子自遠方至者，陳留范冉等數百人。

［1］【李賢注】高一作喬。

［2］【今注】案，與井丹同縣。

［3］【今注】南郡：治江陵縣（今湖北荆州市荆州城西北）。東漢章帝建初四年（79）改爲江陵國。至元和二年（85）復爲郡。

［4］【今注】無常家：不拘泥於一家之學。

［5］【今注】關西：函谷關以西地區。

性恬静寡欲，不交人間事。[1]太守請見之，真乃幅巾詣謁。太守曰："昔魯哀公雖爲不肖，[2]而仲尼稱臣。太守虛薄，欲以功曹相屈，[3]光贊本朝，[4]何如？"真曰："以明府見待有禮，故敢自同賓末。[5]若欲吏之，真將在北山之北，南山之南矣。"[6]太守愯然，不敢復言。[7]

［1］【今注】交：參與。

［2］【今注】魯哀公：姬姓，名將，魯定公之子，春秋魯國國君。

［3］【今注】功曹：官名。漢代郡守、縣令下有功曹史，簡稱功曹。掌人事，並得與聞一郡、縣的政務。

［4］【今注】案，漢人謂郡治爲朝。

［5］【今注】賓末：末等客人。自謙之詞。

［6］【今注】案，謂極言隱遁。《周書》卷四二《蕭大圜傳》："北山之北，棄絶人間，南山之南，超踰世網。"

［7］【李賢注】愯音紀具反。【今注】愯然：驚恐貌。

辟公府，舉賢良，皆不就。同郡田弱薦真曰：[1]"處士法真，[2]體兼四業，[3]學窮典奥，[4]幽居恬泊，[5]樂以忘憂，將蹈老氏之高蹤，[6]不爲玄纁屈也。臣願聖朝就加衮職，[7]必能唱《清廟》之歌，致來儀之鳳矣。"[8]會順帝西巡，弱又薦之。帝虛心欲致，前後四徵。真曰："吾既不能遯形遠世，豈飲洗耳之水哉？"[9]遂深自隱絶，終不降屈。友人郭正稱之曰："法真名可得聞，身難得而見，逃名而名我隨，避名而名我追，可謂百世之師者矣！”乃共刊石頌之，號曰玄德先生。年八十九，中平五年，[10]以壽終。

[1]【今注】案，弱，大德本、殿本作“羽”，下同。

[2]【今注】處士：有才德隱居不仕之人。

[3]【李賢注】謂詩、書、禮、樂也。

[4]【今注】典奥：經典深奥。

[5]【今注】恬泊：淡薄。

[6]【今注】老氏：指老子。　高蹤：高尚的行迹。

[7]【李賢注】《毛詩》曰：“衮職有闕。”謂三公也。【今注】衮職：王職也。《家語·冠頌》曰：“令月吉日，王始加元服，去王幼志，服衮職。”漢代以衮職爲三公之稱。

[8]【李賢注】《詩·清廟》曰：“於穆清廟，肅雍顯相，濟濟多士，秉文之德。”《尚書》曰：“簫韶九成，鳳皇來儀。”

[9]【今注】案，謂巢父飲犢上流。

[10]【今注】中平：東漢靈帝劉宏年號（184—189）。

漢陰老父者，[1]不知何許人也。桓帝延熹中，幸竟陵，[2]過雲夢，[3]臨沔水，[4]百姓莫不觀者，有老父獨耕不輟。尚書郎南陽張温異之，使問曰：“人皆來觀，老父獨不輟，何也？”[5]老父笑而不對。温下道百步，自與言。老父曰：“我野人耳，不達斯語。請問天下亂而立天子邪？理而立天子邪？立天子以父天下邪？役天下以奉天子邪？昔聖王宰世，茅茨采椽，而萬人以寧。[6]今子之君，勞人自縱，逸遊無忌。吾爲子羞之，子何忍欲人觀之乎！”温大慙。問其姓名，不告而去。

［1］【今注】漢陰：位於漢水之南岸，今陝西南部漢水流域一帶。陰，大德本作“濱”。

［2］【今注】竟陵：縣名。治所在今湖北潛江市西北。

［3］【今注】雲夢：位於今湖北。《漢書》卷五七上《司馬相如傳上》載司馬相如《子虛賦》：“雲夢者，方九百里，其中有山焉。”

［4］【今注】沔水：即今漢水。《説文》：“沔水出武都沮縣東狼谷。”

［5］【今注】案，也，殿本作“邪”。

［6］【李賢注】《韓子》曰：“堯舜采椽不刮，茅茨不剪。”【今注】茅茨：茅草蓋的屋頂。形容簡樸。　采椽：柞木製的椽木。

陳留老父者，不知何許人也。桓帝世，黨錮事起，[1]守外黄令陳留張升去官歸鄉里，[2]道逢友人，共班草而言。[3]升曰：“吾聞趙殺鳴犢，仲尼臨河而反；覆巢竭淵，龍鳳逝而不至。[4]今宦豎日亂，陷害忠良，賢人君子其去朝乎？夫德之不建，人之無援，[5]將性命之不免，奈何？”因相抱而泣。老父趨而過之，植其杖，大息言曰：[6]“吁！[7]二大夫何泣之悲也？[8]夫龍不隱鱗，鳳不藏羽，網羅高縣，[9]去將安所？雖泣何及乎！”[10]二人欲與之語，不顧而去，莫知所終。

［1］【今注】黨錮：東漢桓、靈二帝時期官僚士大夫因反對宦官專權而遭禁錮的政治事件。見本書卷六七《黨錮傳》。

［2］【今注】守：試守、代理。　外黄：縣名。治所在今河南民權縣西北。

［3］【李賢注】班，布也。

［4］【李賢注】解在《獨行傳》（在，殿本作“見”）。

［5］【李賢注】《左傳》曰，臧文仲聞六與蓼滅，曰：“臯陶廷堅不祀忽諸。德之不建，人之無援，哀哉！”

［6］【今注】案，大，殿本作“太”。

［7］【今注】吁：嘆息。

［8］【今注】案，大夫，大德本作“丈夫”。

［9］【今注】縣：通“懸”。

［10］【李賢注】《毛詩》曰：“啜其泣矣，何嗟及矣。”言雖泣而無所及也。

龐公者，南郡襄陽人也。[1]居峴山之南，[2]未嘗入城府。夫妻相敬如賓。荆州刺史劉表數延請，[3]不能屈，乃就候之。謂曰：[4]“夫保全一身，孰若保全天下乎？”龐公笑曰：“鴻鵠巢於高林之上，暮而得所栖；黿鼉穴於深淵之下，[5]夕而得所宿。夫趣舍行止，亦人之巢穴也。且各得其栖宿而已，天下非所保也。”因釋耕於壟上，而妻子耘於前。表指而問曰：“先生苦居畎畝而不肯官禄，後世何以遺子孫乎？”[6]龐公曰：“世人皆遺之以危，今獨遺之以安，雖所遺不同，未爲無所遺也。”表歎息而去。後遂攜其妻子登鹿門山，因采藥不反。[7]

［1］【今注】襄陽：縣名。治所在今湖北襄陽市。

［2］【李賢注】峴山在今襄陽縣東（殿本無“東”字）。《襄陽記》曰：“諸葛孔明每至德公家，獨拜牀下，德公初不令止。司馬德操嘗詣德公，值其渡沔上先人墓，德操徑入其堂（堂，殿本作‘室’），呼德公妻子，使速作黍，徐元直向云當來就我與德

公談。其妻子皆羅拜於堂下，奔走共設。須臾德公還，直入相就，不知何者是客也。德操年小德公十歲，兄事之，呼作龐公，故俗人遂謂龐公是德公名，非也。"

［3］【今注】劉表：字景升，山陽高平（今山東鄒城市西南）人。東漢末名士。傳見本書卷七四。底本"劉表"後復有"劉表"二字，今據紹興本、大德本、殿本删。

［4］【今注】案，大德本、殿本無"謂"字。

［5］【今注】黿鼉：大鱉、揚子鱷。

［6］【李賢注】《襄陽記》曰："德公子字山人，亦有令名，娶諸葛孔明姊，爲魏黄門吏部郎。子渙，晉太康中爲牂柯太守（柯，殿本作'牁'）。"

［7］【李賢注】《襄陽記》曰："鹿門山舊名蘇嶺山，建武中，襄陽侯習郁立神祠於山，刻二石鹿，夾神道口，俗因謂之鹿門廟，遂以廟名山也。"【今注】鹿門山：位於今湖北襄陽市襄州區東南。

贊曰：江海冥滅，[1]山林長往。[2]遠性風疎，[3]逸情雲上。[4]道就虛全，[5]事違塵枉。[6]

［1］【今注】冥滅：銷聲匿迹。

［2］【今注】長往：一去不返，指避世隱居。

［3］【今注】遠性：避世的個性。　風疎：清風吹緩。

［4］【今注】逸情：隱匿的性情。　雲上：直升雲端。

［5］【今注】虛全：虛無且懂得自我保全。

［6］【李賢注】違，遠也。【今注】塵枉：世俗的枉典。

後漢書　卷八四

列傳第七十四

列女

《詩》《書》之言女德尚矣。[1]若夫賢妃助國君之政，哲婦隆家人之道，[2]高士弘清淳之風，貞女亮明白之節，[3]則其徽美未殊也，[4]而世典咸漏焉。故自中興以後，[5]綜其成事，述爲《列女篇》。[6]如馬、鄧、梁后别見前紀，[7]梁嫕、李姬各附家傳，[8]若斯之類，並不兼書。餘但搜次才行尤高秀者，[9]不必專在一操而已。

[1]【李賢注】《詩》謂“關雎，后妃之德也”。《書》稱“釐降二女於嬀汭，嬪于虞”。尚，遠也。【今注】女德：猶婦德。

[2]【今注】哲婦：賢明、有智之婦人。《説文》：“哲，知也。”

[3]【今注】貞女：剛正、有節操之女子。

[4]【今注】徽：善。《爾雅·釋詁》：“徽，善也。”

[5]【今注】中興：指光武中興。

[6]【今注】列女篇：猶《諸女篇》。劉向作《列女傳》取“母儀”“賢明”“仁智”“貞順”“節義”“辯通”“孽嬖”七類事迹入傳，以陳美刺。後繼者多以高秀者入傳，故有《烈女》説。

[7]【今注】馬鄧梁：明德馬皇后（伏波將軍援之小女）、和熹鄧皇后（太傅禹之孫）、順烈梁皇后（大將軍商之女，恭懷皇后弟之孫）。三人紀見本書卷一〇。

[8]【李賢注】嫕，梁竦女。李姬，李固女也。

[9]【今注】掇次：搜集、羅列。

勃海鮑宣妻者，[1]桓氏之女也，字少君。宣嘗就少君父學，父奇其清苦，[2]故以女妻之，裝送資賄甚盛。[3]宣不悦，謂妻曰：“少君生富驕，習美飾，而吾實貧賤，不敢當禮。”妻曰：“大人以先生脩德守約，[4]故使賤妾侍執巾櫛。[5]既奉承君子，唯命是從。”宣笑曰：“能如是，是吾志也。”妻乃悉歸侍御服飾，[6]更著短布裳，與宣共挽鹿車歸鄉里。[7]拜姑禮畢，[8]提甕出汲。[9]脩行婦道，鄉邦稱之。[10]

[1]【今注】勃海：郡名。治浮陽縣（今河北滄縣東南舊州鎮）。 鮑宣：字子都，渤海高城（今河北鹽山縣東南）人。西漢

名臣。傳見《漢書》卷七二。

[2]【今注】奇：賞識，看重。

[3]【今注】案，㩬，紹興本作“褭”，大德本、殿本作“裝”。資賄：財貨。

[4]【今注】大人：對父母及尊長之稱呼。

[5]【今注】巾櫛：手巾和梳篦。泛指盥洗用具。

[6]【今注】悉歸：全部歸還。　侍御：泛指婢妾。

[7]【今注】鹿車：又稱“轆車”，一種獨輪小車。《風俗通義》云：“鹿車窄小，裁容一鹿也。或云樂車，乘牛馬者，剉斬飲飼達曙，今乘此雖爲勞極，然入傳舍，偃卧無憂，故曰樂車。無牛馬而能行者，獨一人所致耳。”

[8]【今注】案，清人李文炤撰《家禮拾遺》載“婦見舅姑”曰：“婦夙興，盛服俟見。舅姑坐於堂上，東西相向，各置卓子於前。家人男女，少於舅姑者立於兩序，如冠禮之叙。婦進，立於阼階下，北面拜舅，奠贄幣於卓上，舅撫之，侍者以入。婦降，又拜畢，詣西階下，北面拜姑，升，奠贄幣，姑舉以授侍者，婦降又拜。若非宗子之子而與宗子同居，則先行此禮於舅姑之私室，與宗子不同居則如上儀。”

[9]【今注】甕：汲水罐。　汲：打水。

[10]【今注】鄉邦：同鄉之人。

宣，哀帝時官至司隸校尉。[1]子永，中興初爲魯郡太守。[2]永子昱從容問少君曰：“太夫人寧復識挽鹿車時不？”[3]對曰：“先姑有言：[4]‘存不忘亡，安不忘危。’[5]吾焉敢忘乎！”永、昱已見前傳。

[1]【今注】司隸校尉：西漢武帝征和四年（前89）初置。持節，從中都官徒千二百人，捕巫蠱，督大姦猾。後罷其兵。察三

輔、三河、弘農。元帝初元四年（前45）去節。成帝元延四年（前9）省。綏和二年（前7）復置，但稱司隸，冠進賢冠，屬大司空，比司直。東漢時復爲司隸校尉，所部河南尹、河内、右扶風、左馮翊、京兆尹、河東、弘農凡七郡，治河南洛陽。無所不糾，唯不察三公。廷議處九卿上，朝賀處公卿下。詳見本書《百官志四》。

［2］【今注】魯郡：郡國名。兩漢時爲郡，時爲國，治魯縣（今山東曲阜市）。

［3］【今注】太夫人：漢制，列侯之母稱太夫人。《漢書》卷四《文帝紀》顔師古注引如淳曰："列侯之妻乘夫人。列侯死，子復爲列侯，乃得稱太夫人。子不爲列侯，不得稱也。"　寧：豈，還。　案，孟光舉案齊眉，桓少君共挽鹿車，後世以"鴻案鹿車"，喻夫妻相敬如賓，同甘共苦。

［4］【李賢注】《爾雅》曰："舅姑在則曰君舅、君姑，没則曰先舅、先姑。"

［5］【李賢注】《易·繫辭》之言也。【今注】案，《周易·繫辭傳》云："危者，安其位者也。亡者，保其存者也。亂者，有其治者也。是故君子安而不忘危，存而不忘亡，治而不忘亂，是以身安而國家可保也。"

太原王霸妻者，[1]不知何氏之女也。霸少立高節，光武時，連徵不仕。霸已見《逸人傳》。妻亦美志行。初，霸與同郡令狐子伯爲友，後子伯爲楚相，[2]而其子爲郡功曹。[3]子伯乃令子奉書於霸，車馬服從，雍容如也。[4]霸子時方耕於野，聞賓至，投耒而歸，[5]見令狐子，沮怍不能仰視。[6]霸目之，有愧容，客去而久卧不起。妻怪問其故，始不肯告，妻請罪，[7]而後言曰："吾與子伯素不相若，[8]向見其子容服甚光，舉措有適，而我兒曹蓬髮歷齒，未知禮則，[9]見客而有慚色。父子恩深，不覺自失耳。"[10]妻曰："君少修清節，不顧榮禄。今子伯之貴孰與君之高？奈何忘宿志而慚兒女子乎！"[11]霸屈起而笑曰：[12]"有是哉！"遂共終身隱遯。[13]

［1］【今注】太原：郡名。兩漢時皆治晉陽（今山西太原市西南）。

［2］【今注】楚相：楚國相。相，官名。王國内最高行政長官。初名相國，漢惠帝元年（前194），更名爲丞相，景帝中元五年（前145）更名爲相。

［3］【今注】郡功曹：官名。指郡府所置功曹掾、功曹史的簡稱。掌統諸曹。秩百石。

［4］【今注】雍容：舉止大方，從容不迫。

［5］【李賢注】鄭玄注《禮記》云："耒，耜之上曲者也。《説文》曰：'耒，手耕曲木（耕，大德本、殿本作"耜"）。'"

［6］【李賢注】沮，喪也。怍，慚也。

［7］【今注】請罪：請示罪過，以求處分。

［8］【今注】相若：相同，類似。《孟子·滕文公上》："布帛長短同，則賈相若。"

［9］【李賢注】曹，輩也。【今注】歷齒：牙齒稀疏不齊。禮則：禮法。

［10］【今注】自失：内心若有所失。

［11］【今注】宿志：平素的志願。

［12］【李賢注】屈音渠勿反。

［13］【今注】案，遯，殿本作"遁"。

廣漢姜詩妻者，[1]同郡龐盛之女也。[2]詩事母至孝，妻奉順尤篤。[3]母好飲江水，水去舍六七里，妻常泝流而汲。[4]後值風，不時得還，[5]母渴，詩責而遣之。妻乃寄止鄰舍，晝夜紡績，市珍羞，[6]使鄰母以意自遺其姑。[7]如是者久之，姑怪問鄰母，鄰母具對。[8]姑感慚呼還，恩養愈謹。其子後因遠汲溺死，妻恐姑哀傷，不敢言，而託以行學不在。[9]姑嗜魚鱠，[10]又不能獨食，夫婦常力作供鱠，呼鄰母共之。舍側忽有涌泉，味如江水，每旦輒出雙鯉魚，常以供二母之膳。赤眉散賊經詩里，弛兵而過，曰："驚大孝必觸鬼神。"時歲荒，[11]賊乃遺詩米肉，受而埋之，比落蒙其安全。[12]

［1］【今注】廣漢：郡名。西漢時治梓潼縣（今四川梓潼縣）。東漢安帝永初二年（108）移治涪縣（今四川綿陽市東），又徙治雒縣（今四川廣漢市）。　案，《華陽國志》載："姜詩，字士遊，雒人也。事母至孝。母欲江水及鯉魚膾。又不能獨食，須鄰母共之。詩常供備。子汲江，溺死，秘言遣學，不使母知。於是有泉水出於舍側，有江水之香，朝朝出鯉魚二頭，供二母之膳。其泉灌田六頃，施及比鄰。公孫述平後，東精。爲賊掠害，不敢入詩里。時大荒飢，精緻米肉與詩，詩埋之。永平三年，察孝廉，明帝詔曰：'大孝入朝，孝廉一切皆平之。'除江陽符長。所居鄉皆爲之立祠。"

［2］【今注】案，《華陽國志》載："龐行，姜詩妻也。事姑，晝夜紡績以給供養。子汲江溺水死，秘，言遣詣學。常作冬、夏衣投水中，託言寄與子。詩呼妻使爲姑舂，應命遲，見遣。不敢遠去，遊於外，供給因鄰母致。姑勑還。"

［3］【今注】奉順：順從。奉，表示尊敬。

［4］【今注】泝流：逆着水流方向。

［5］【今注】不時：不及時。

［6］【今注】珍羞：又作“珍饈”，美味佳肴。

［7］【今注】遺：贈送。

［8］【今注】具：通“俱”。

［9］【今注】行學：游學。

［10］【今注】嗜：愛好，喜愛。　魚鱠：生魚片。

［11］【今注】歲荒：猶年荒。

［12］【李賢注】比，近也。落，藩也。

永平三年，[1]察孝廉，[2]顯宗詔曰：“大孝入朝，凡諸舉者一聽平之。”由是皆拜郎中。[3]詩尋除江陽令，[4]卒于官。所居治，鄉人爲立祀。

［1］【今注】永平：東漢明帝劉莊年號（58—75）。

［2］【今注】孝廉：漢代選舉科目之一。孝指孝悌，廉指廉潔。漢制規定，每年郡國從所屬吏民中推舉孝、廉各一人。東漢和帝時始以人口爲標準，每二十萬人歲舉孝廉一人。

［3］【今注】郎中：官名。爲郎中令或光禄勳下屬的官員，無定員，掌持戟值班，宿衛殿門，出充車騎，秩比三百石。東漢罷郎中三將，遂分隸五官、左、右中郎將三署，名義上備宿衛，實爲後備官吏人材。

［4］【今注】尋：不久。　江陽：縣名。治所在今四川瀘州市江陽區。

沛郡周郁妻者，[1]同郡趙孝之女也，[2]字阿。少習儀訓，[3]閑於婦道，而郁驕淫輕躁，多行無禮。郁父偉謂阿曰："新婦賢者女，當以道匡夫。郁之不改，新婦過也。"阿拜而受命，退謂左右曰："我無樊衞二姬之行，[4]故君以責我。我言而不用，君必謂我不奉教令，[5]則罪在我矣。若言而見用，是爲子違父而從婦，則罪在彼矣。生如此，亦何聊哉！"乃自殺。莫不傷之。

[1]【今注】沛郡：故秦泗水郡。西漢高祖改爲沛郡。新莽改名爲吾符郡。東漢光武帝建武二十年（44）改爲沛國。屬豫州刺史部。治相縣（今安徽淮北市相山區）。

[2]【今注】趙孝：字長平，沛國蘄（今安徽宿州市）人。傳見本書卷三九。曹金華《後漢書稽疑》謂"沛郡周郁妻者"當作"沛國周郁妻者"（中華書局2014年版，第2784頁）。

[3]【今注】儀訓：儀禮之典訓。《廣韻》："男曰教，女曰訓。"

[4]【李賢注】《列女傳》曰，楚莊王好田獵，樊姬故不食鮮禽以諫王。齊公好音樂（齊公，紹興本作"齊桓"，大德本、殿本作"桓公"），衞姬不聽五音以諫公。並解具《文苑傳》也。

[5]【今注】教令：命令。

扶風曹世叔妻者，[1]同郡班彪之女也，[2]名昭，字惠班，[3]一名姬。博學高才。世叔早卒，有節行法度。兄固著《漢書》，其八表及《天文志》未及竟而卒，和帝詔昭就東觀臧書閣踵而成之。[4]帝數召入宫，令皇后諸貴人師事焉，號曰大家。[5]每有貢獻異物，輒詔大家作賦頌。[6]及鄧太后臨朝，[7]與聞政事。以出入之勤，特封子成關内侯，[8]官至齊相。時《漢書》始出，多未能通者，同郡馬融伏於閣下，[9]從昭受讀，後又詔融兄續繼昭成之。[10]

［1］【今注】扶風：政區名。即右扶風，漢三輔之一。西漢武帝太初元年（前 104）改主爵都尉置。相當於郡太守。治長安縣（今陝西西安市西北）。東漢時移治槐里縣（今陝西興平市東南）。

［2］【今注】班彪：字叔皮，扶風安陵（今陝西咸陽市東北）人。班固之父。傳見本書卷四〇。

［3］【今注】案，王鳴盛《十七史商榷》："曹世叔妻班昭，字惠班。陰瑜妻荀采，字女荀。蓋古人有從夫姓者，如昭稱曹大家之類，故於字繫姓。"

［4］【李賢注】踵，繼也。【今注】東觀：東漢宫廷藏書、校書所在。

［5］【今注】家：通"姑"。古代對女子的尊稱。

［6］【今注】賦頌：賦和頌。兩種文體。

［7］【今注】鄧太后：和熹鄧皇后，諱綏，太傅鄧禹之孫。本書卷一〇《皇后紀》載："太后自入宫掖，從曹大家受經書，兼天文、筭數。"　臨朝：攝政稱制。

［8］【今注】關内侯：秦漢二十等爵的第十九級。《風俗通義》："秦時六國未平，將帥皆家關中，故稱關内侯。"漢初論功封關内侯者，凡百一十三人。關内侯衹準食邑，不許立國。張家山漢簡《二年律令·户律》顯示，關内侯可以授田九十五頃，受宅九十五。

［9］【今注】馬融：字季長，扶風茂陵（今陝西興平市東北）人。東漢名將馬援從孫，經學大師。傳見本書卷六〇上。

［10］【李賢注】融兄名續，見《馬援傳》。

永初中，太后兄大將軍鄧騭以母憂，[1]上書乞身，[2]太后不欲許，以問昭。昭因上疏曰："伏惟皇大后陛下，[3]躬盛德之美，隆唐虞之政，[4]闢四門而開四聰，[5]采狂夫之瞽言，納芻蕘之謀慮。[6]妾昭得以愚朽，身當盛明，敢不披露肝膽，以效萬一。妾聞謙讓之風，德莫大焉，故典墳述美，神祇降福。[7]昔夷齊去國，天下服其廉高；[8]太伯違邠，孔子稱爲三讓。[9]所以光昭令德，揚名于後者也。《論語》曰：'能以禮讓爲國，於從政乎何有。'[10]由是言之，推讓之誠，其致遠矣。今四舅深執忠孝，引身自退，[11]而以方垂未静，[12]拒而不許；如後有豪毛加於今日，[13]誠恐推讓之名不可再得。緣見逮及，故敢昧死竭其愚情。自知言不足采，以示蟲螘之赤心。"[14]太后從而許之。於是騭等各還里弟焉。[15]

[1]【今注】鄧騭：字昭伯，南陽新野（今河南新野縣）人。東漢外戚。傳見本書卷一六。

[2]【今注】乞身：古代官員辭退官職。

[3]【今注】案，大，紹興本、大德本、殿本作"太"。

[4]【今注】唐虞：唐堯與虞舜。

[5]【今注】案，《尚書·虞書·舜典》："月正元日，舜格於文祖。詢於四嶽，闢四門，明四目，達四聰。"

[6]【李賢注】《前書》曰："狂夫之言，明主擇焉。"《詩》曰："先人有言，詢于芻蕘。"【今注】瞽言：謙辭，不達事理的話。　芻蕘：割草打柴之人。趙岐《孟子章句》："芻蕘者，取芻薪之賤人也。"

[7]【李賢注】《易》曰："謙尊而光。"又曰："鬼神害盈而福謙。"《左傳》曰："謙讓者，德之基也。"【今注】典墳：三墳

五典的省稱。

[8]【李賢注】《孟子》曰："聞伯夷之風者，貪夫廉，懦夫有立志。"【今注】夷齊：伯夷、叔齊。

[9]【李賢注】周大王有疾（大，大德本，殿本作"太"），太伯欲讓季歷，託採藥於吴（採，殿本作"采"）。時已居周，此言邠者，蓋本其始而言之也。【今注】太伯違邠：太伯爲周太王長子。太伯和次子虞仲知太王欲立季厲以傳位昌（文王），二人便離開邠地（今陝西彬州市），假託采藥躲避到吴地。

[10]【李賢注】《論語》孔子之言也。何有言若無有。【今注】案，語出《論語·里仁》。

[11]【李賢注】四舅謂騭、悝、弘、閶也。

[12]【今注】方垂：邊陲。

[13]【李賢注】謂有纖微之過，則推讓之美失也。【今注】案，豪，大德本、殿本作"毫"。

[14]【今注】蟲螘：蟲螘微命，故自謙損。

[15]【今注】里弟：閭里之宅第。

作《女誡》七篇，[1]有助内訓。[2]其辭曰：

[1]【今注】案，蔡邕作《女訓》。魏晉以後有關婦女的著作頗多，詳見《隋書·經籍志》《舊唐書·經籍志》等。

[2]【今注】案，《文心雕龍·詔策》曰："班姬女戒，足稱母師也。"

鄙人愚暗，受性不敏，蒙先君之餘寵，賴母師之典訓。[1]年十有四，執箕帚於曹氏，[2]于今四十餘載矣。戰戰兢兢，[3]常懼黜辱，[4]以增父母之羞，以益中外之累。[5]夙夜劬心，[6]勤不告勞，而今而後，乃知免耳。吾性疏頑，[7]教導無素，[8]恒恐子穀負辱清朝。[9]聖恩横加，猥賜金紫，[10]實非鄙人庶幾所望也。男能自謀矣，吾不復以爲憂也。但傷諸女方當適人，而不漸訓誨，不聞婦禮，懼失容它門，取恥宗族。吾今疾在沈滯，[11]性命無常，念汝曹如此，每用惆悵。間作女誡七章，願諸女各寫一通，庶有補益，裨助汝身。去矣，其勗勉之！[12]

[1]【李賢注】母，傅母也。師，女師也。左傳曰："宋伯（伯，大德本作'狼'）姬卒，待姆也（待，殿本作'傅'）。"《毛詩》曰："言告師氏，言告言歸。"【今注】母：傅母，又言"阿保"，《戰國策·秦策》稱"保傅"。《太平御覽》卷六九〇引《三禮圖》曰："古者傅母，選無夫與子而老賤曉習婦道者，使之應對也。"又鄭注《儀禮·昬禮》云："姆，婦人年五十，無子出而不復嫁能以婦道教人者，若今時乳母矣。"　師：女師。《毛詩傳》云："古者女師教以婦德、婦言、婦容、婦功。祖廟未毁，教於公宫三月。祖廟既毁，教於宗室。"

[2]【李賢注】《前書》吕公謂高祖曰："臣有息女，願爲箕箒妾。"言執箕箒主賤役，以事舅姑。

[3]【今注】案，《詩·小雅》："戰戰兢兢，如臨深淵，如履薄冰。"

[4]【今注】黜辱：貶斥侮辱。

[5]【李賢注】中，内也。

[6]【今注】劬心：猶勞心。《説文》："劬，勞也。從力句聲。"

[7]【今注】疏頑：自謙語。懶散而又愚鈍。

[8]【李賢注】素，先也。【今注】案，導，紹興本作“道”。

[9]【李賢注】《三輔決録》曰（大德本、殿本“曰”前有“注”字）：“齊相子穀，頗隨時俗。”注云：“曹成，壽之子也。司徒掾察孝廉，爲長垣長。母爲太后師，徵拜中散大夫。”子穀即成之字也。

[10]【李賢注】《漢官儀》曰“二千石金印紫綬”也（殿本無“也”字）。【今注】猥：副詞，猶辱、承。自謙詞。大德本作“偎”。

[11]【今注】沈滯：這裏指病疾沉重，經久不愈。

[12]【李賢注】去矣猶言從今已往。【今注】勗勉：猶勉勵。

卑弱第一：古者生女三日，卧之牀下，弄之瓦塼，[1]而齋告焉。[2]卧之牀下，明其卑弱，主下人也。弄之瓦塼，明其習勞，主執勤也。齋告先君，明當主繼祭祀也。[3]三者蓋女人之常道，禮法之典教矣。謙讓恭敬，先人後己，有善莫名，[4]有惡莫辭，[5]忍辱含垢，常若畏懼，是謂卑弱下人也。晚寢早作，勿憚夙夜，[6]執務私事，不辭劇易，[7]所作必成，手迹整理，是謂執勤也。正色端操，以事夫主，清静自守，無好戲笑，絜齊酒食，以供祖宗，[8]是謂繼祭祀也。三者苟備，而患名稱之不聞，黜辱之在身，未之見也。三者苟失之，何名稱之可聞，黜辱之可遠哉！

[1]【今注】瓦塼：紡錘也。《説苑・雜言》載西閭過曰：“無以子之所能相傷爲也。子獨不聞和氏之璧乎？價重千金，然以之間

紡，曾不如瓦塼。”

［2］【李賢注】《詩·小雅》曰：“乃生女子，載寢之地，載弄之瓦。”毛萇注云：“瓦，紡塼也。”《箋》云：“卧之於地，卑之也。紡塼，習其所有事也（大德本無‘習’字；大德本、殿本‘事’後有‘於紡績’三字）。”

［3］【李賢注】《毛詩傳》曰：“采蘋，大夫妻能循法度也。能循法度，則可以承先祖供祭祀矣。”“于以采蘋，南澗之濱。于以采藻，于彼行潦。于以盛之，惟筐及筥，于以湘之，惟錡及釜。于以奠之（奠，紹興本作‘大’），宗室牖户（户，大德本、殿本作‘下’）。誰其屍之？有齊季女。”

［4］【李賢注】不自名己之善也。【今注】案，謂不自矜誇。

［5］【今注】案，謂不自飾非。

［6］【李賢注】作，起也。

［7］【李賢注】劇猶難也。

［8］【李賢注】絜，清也，謂食也。《左傳》曰“絜粢豐盛”也。

夫婦第二：夫婦之道，參配陰陽，通達神明，信天地之弘義，人倫之大節也。[1]是以《禮》貴男女之際，《詩》著關雎之義。[2]由斯言之，不可不重也。夫不賢，則無以御婦；婦不賢，則無以事夫。夫不御婦，則威儀廢缺；婦不事夫，則義理墮闕。[3]方斯二事，[4]其用一也。察今之君子，徒知妻婦之不可不御，威儀之不可不整，故訓其男，檢以書傳，殊不知夫主之不可不事，禮義之不可不存也。[5]但教男而不教女，不亦蔽於彼此之數乎！禮，八歲始教之書，十五而至於學矣。[6]獨不可依此以爲則哉！

［1］【今注】案，《大戴禮記·保傅》云：“《春秋》之元，《詩》之關雎，《禮》之冠昏，《易》之乾巛，皆慎始敬終云爾。素誠繁成。謹爲子孫娶妻嫁女，必擇孝悌世世有行仁義者。如是則其子孫慈孝，不敢淫暴，黨無不善，三族輔之。”

［2］【李賢注】《禮記》曰：“昏禮者，將合二姓之好，上以事宗廟，而下以繼後世也，故君子重之。”《詩》關雎，樂得賢（賢，大德本、殿本作“淑”）女，以配君子也。

［3］【李賢注】墮音許規反。墮，廢也。

［4］【今注】案，事，大德本、殿本作“者”。

［5］【今注】案，禮義，殿本作“義禮”。

［6］【李賢注】《禮記》曰：“八歲入小學。”【今注】案，《漢書·食貨志》：“是月，餘子亦在于序室。八歲入小學，學六甲五方書計之事，始知室家長幼之節。十五入大學，學先聖禮樂，而知朝廷君臣之禮。其有秀異者，移鄉學于庠序；庠序之異者，移國學于少學。諸侯歲貢少學之異者於天子，學于大學，命曰造士。行同能偶，則別之以射，然後爵命焉。”

敬慎第三：陰陽殊性，男女異行。陽以剛爲德，陰以柔爲用，［1］男以彊爲貴，女以弱爲美。故鄙諺有云：“生男如狼，猶恐其尪；［2］生女如鼠，猶恐其虎。”然則修身莫若敬，避彊莫若順。故曰敬順之道，婦人之大禮也。［3］夫敬非它，持久之謂也。夫順非它，寬裕之謂也。持久者，知止足也。寬裕者，尚恭下也。夫婦之好，終身不離。房室周旋，［4］遂生媟黷。［5］媟黷既生，語言過矣。語言既過，縱恣必作。[6]縱恣既作，則侮夫之心生矣。此由於不知止足者也。夫事有曲直，言有是非。直者不能不争，曲者不能不訟。訟争既施，則有忿怒之事矣。此由於不尚恭下者也。侮夫不節，譴呵從之；忿怒不止，楚撻從之。[7]夫爲夫婦者，義以和親，恩以好合，楚撻既行，何義之存？譴呵既宣，何恩之有？恩義俱廢，夫婦離矣。

[1]【今注】案，所謂陽剛進取，陰柔順從。

[2]【今注】尪（wāng）：怯懦。

[3]【今注】案，殿本無“人”字。

[4]【今注】周旋：謂相持不下，伺機而動。

[5]【今注】媟黷：褻狎，輕慢。

[6]【今注】縱恣：肆意放縱。

[7]【今注】楚撻：杖打。

婦行第四：女有四行，一曰婦德，二曰婦言，三曰婦容，四曰婦功。[1]夫云婦德，不必才明絶異也；婦言，不必辯口利辭也；婦容，不必顔色美麗也；婦功，不必工巧過人也。[2]清閑貞静，守節整齊，行己有恥，動静有法，是謂婦德。擇辭而説，不道惡語，時然後言，不厭於人，是謂婦言。盥浣塵穢，[3]服飾鮮絜，沐浴以時，身不垢辱，是謂婦容。專心紡績，不好戲笑，絜齊酒食，以奉賓客，是謂婦功。此四者，女人之大德，而不可乏之者也。然爲之甚易，唯在存心耳。古人有言：

“仁遠乎哉？我欲仁，而仁斯至矣。”[4]此之謂也。

[1]【李賢注】《禮記》文也。【今注】案，《周禮》鄭玄注：“婦德謂貞順，婦言謂辭令，婦容謂婉娩，婦功謂絲枲。”

[2]【今注】案，工，大德本作“功”。

[3]【今注】塵穢：猶污穢。

[4]【李賢注】《論語》孔子之言也。【今注】案，《論語·述而》孔子曰：“仁遠乎哉？我欲仁，斯仁至矣。”何晏《集解》引包咸注：“仁道不遠，行之即是。”

專心第五：禮，夫有再娶之義，[1]婦無二適之文，故曰夫者天也。[2]天固不可逃，夫固不可離也。行違神祇，天則罰之；禮義有愆，[3]夫則薄之。故《女憲》曰：[4]“得意一人，是謂永畢；失意一人，是謂永訖。”由斯言之，夫不可不求其心。然所求者，亦非謂佞媚苟親也，固莫若專心正色。禮義居絜，耳無塗聽，[5]目無邪視，出無冶容，[6]入無廢飾，無聚會群輩，無看視門户，此則謂專心正色矣。若夫動静輕脱，視聽陜輸，[7]入則亂髮壞形，出則窈窕作態，[8]説所不當道，觀所不當視，此謂不能專心正色矣。

[1]【李賢注】《儀禮》曰：“父在爲母，何以期？至尊在，不敢伸也。父必三年而後娶，達子志也。”

[2]【李賢注】《儀禮》曰：“夫者，妻之天也。婦人不二斬（斬，殿本作‘適’）者，猶曰不二天也。”【今注】二適：再嫁。

[3]【今注】愆：過錯。

[4]【今注】女憲：古時女教之書，今已亡佚。

[5]【今注】塗聽：聽道路傳聞。塗，殿本作"淫"。

[6]【今注】冶容：妝扮妖媚。

[7]【李賢注】陜輸，不定貌也（殿本無"也"字）。

[8]【李賢注】窈窕，妖冶之貌也。【今注】窈窕：貞專貌。《詩》咏關雎，説淑女正容儀以刺時。王應麟《詩考》曰："窈窕，貞專貌。""入則亂髮壞形"與"出則窈窕作態"相對，此句謂貌似情非，表裹不一，故不能貞專。《孔子家語》稱"男慤而女貞"，《逸周書·謚法解》："行見中外曰慤。"貞，即堅貞專一。

曲從第六：夫得意一人，是謂永畢；[1]失意一人，是謂永訖。[2]欲人定志專心之言也。舅姑之心，豈當可失哉？物有以恩自離者，亦有以義自破者也。夫雖云愛，舅姑云非，此所謂以義自破者也。然則舅姑之心奈何？固莫尚於曲從矣。姑云不爾而是，固宜從令；[3]姑云爾而非，猶宜順命。勿得違戾是非，[4]争分曲直。此則所謂曲從矣。故《女憲》曰："婦如影響，焉不可賞。"[5]

[1]【今注】畢：齊備。

[2]【今注】訖：絶止。

[3]【李賢注】不爾猶不然也。【今注】不爾：不然，不是這樣。

[4]【今注】違戾：違背。

[5]【李賢注】影響言順從也。【今注】影響：影子和回聲。

和叔妹第七：婦人之得意於夫主，由舅姑之

愛己也；舅姑之愛己，由叔妹之譽己也。由此言之，我臧否譽毀，[1]一由叔妹，叔妹之心，復不可失也。皆莫知叔妹之不可失，而不能和之以求親，其蔽也哉！[2]自非聖人，鮮能無過。故顏子貴於能改，仲尼嘉其不貳，[3]而況婦人者也！雖以賢女之行，聰哲之性，其能備乎！是故室人和則謗掩，[4]外内離則惡揚。此必然之埶也。《易》曰："二人同心，其利斷金。同心之言，其臭如蘭。"此之謂也。[5]夫嫂妹者，體敵而尊，[6]恩疏而義親。若淑媛謙順之人，[7]則能依義以篤好，崇恩以結援，[8]使徽美顯章，[9]而瑕過隱塞，[10]舅姑矜善，[11]而夫主嘉美，聲譽曜于邑鄰，休光延於父母。[12]若夫惷愚之人，於嫂則託名以自高，於妹則因寵以驕盈。驕盈既施，何和之有！恩義既乖，何譽之臻！[13]是以美隱而過宣，姑忿而夫愠，毁訾布於中外，[14]恥辱集于厥身，[15]進增父母之羞，退益君子之累。[16]斯乃榮辱之本，而顯否之基也。可不慎哉！然則求叔妹之心，固莫尚於謙順矣。謙則德之柄，[17]順則婦之行。凡斯二者，足以和矣。《詩》云："在彼無惡，在此無射。"其斯之謂也。[18]

[1]【今注】臧否：褒貶。

[2]【今注】蔽：不聰慧。

[3]【李賢注】《論語》孔子曰："顏回不貳過。"《易》曰"顏氏之弖（弖，紹興本、大德本、殿本作'子'），其殆庶幾

乎！有不善未嘗不知，知之未嘗復行也。”【今注】案，《論語·雍也》：“哀公問：‘弟子孰爲好學？’孔子對曰：‘有顔回者好學，不遷怒，不貳過。’”顔子，顔回，字子淵。春秋時期魯國人。孔子弟子，安貧樂道，後被尊爲“復聖”。

[4]【今注】掩：止也。

[5]【李賢注】金，物之堅者。若二人同心，則其利可以斷之。二人既同心，其芳馨如蘭也。古人通謂氣爲臭也。【今注】案，李鼎祚《周易集解》引虞翻曰：“二人謂夫婦。師震爲夫，巽爲婦，坎爲心，巽爲同。六二震巽俱體師坎，故‘二人同心’。巽爲利，乾爲金，以離斷金，故‘其利斷金’。謂夫出婦處，婦默夫語，故‘同心’也。”又曰：“臭，氣也。蘭，香草。震爲言，巽爲蘭，離日燥之，故‘其臭如蘭’也。”

[6]【今注】體敵：彼此地位相等。

[7]【李賢注】淑，善也。美女曰媛也。

[8]【今注】結援：結爲外援。

[9]【今注】徽美：美好。多指美德。

[10]【今注】瑕過：缺點，過失。

[11]【今注】矜善：誇獎。

[12]【今注】休光：盛美的光耀，比喻美德或勳業。休，美也。

[13]【今注】臻：達到。

[14]【今注】訾：詆毁、非議的話。

[15]【今注】厥：代詞，其。

[16]【李賢注】君子謂夫也。《詩》曰：“未見君子，憂心忡忡。”

[17]【李賢注】《易·繫辭》之文也。【今注】案，《周易·繫辭》：“故履德之基也；謙德之柄也；復德之本也；恒德之固也；損德之脩也；益德之裕也；困德之辨也；井德之地也；巽德之

制也。"

[18]【李賢注】《韓詩·周頌》之言也。射，厭也。射音亦。《毛詩》"射"作"斁"也。

馬融善之，令妻女習焉。

昭女妹曹豐生，[1]亦有才惠，爲書以難之，辭有可觀。

[1]【李賢注】昭壻之妹也。【今注】案，謂昭之女叔。

昭年七十餘卒，皇太后素服舉哀，[1]使者監護喪事。所著賦、頌、銘、誄、問、注、哀辭、書、論、上疏、遺令，[2]凡十六篇。子婦丁氏爲撰集之，又作《大家讚》焉。

[1]【今注】素服：本色或白色的衣服，居喪時所穿。

[2]【今注】銘：文體之一。刻於碑版或器物，用以稱功德，或用於自警。　誄：文體之一。用於悼念死者。

河南樂羊子之妻者，不知何氏之女也。羊子嘗行路，得遺金一餅，還以與妻。妻曰："妾聞志士不飲盜泉之水，[1]廉者不受嗟來之食，[2]況拾遺求利，以汙其行乎！"羊子大慚，乃捐金於野，[3]而遠尋師學。一年來歸，妻跪問其故。羊子曰："久行懷思，無它異也。"妻乃引刀趨機而言曰：[4]"此織生自蠶繭，成於機杼，[5]一絲而累，以至於寸，累寸不已，遂成丈匹。今若斷斯織也，則捐失成功，稽廢時日。[6]夫子積學，當日知其所亡，[7]以就懿德。[8]若中道而歸，何異斷斯織乎？"[9]羊子感其言，復還終業，遂七年不反。[10]妻常躬勤養姑，又遠饋羊子。

[1]【李賢注】《論語·撰考讖》曰："水名盜泉，仲尼不漱。"【今注】盜泉：古泉名。在今山東泗水縣東北。

[2]【李賢注】解見《文苑傳》也。【今注】嗟來之食：指侮辱性的施捨。典出《禮記·檀弓》。

[3]【今注】捐：捐棄，捨棄。

[4]【今注】趨：快步走向。

[5]【今注】機杼：織機。杼，織梭。

[6]【今注】稽廢：稽延荒廢。 案，日，大德本作"月"。

[7]【李賢注】《論語》孔子曰："君子日知其所亡，月無忘其所能。"亡，無也。【今注】案，《論語·子張》子夏曰："日知其所亡，月無忘其所能，可謂好學也已矣。"

[8]【今注】懿德：指勤於學問的美德。

[9]【今注】案，《論語·雍也》冉求曰："非不説子之道，力不足也。"子曰："力不足者，中道而廢。今女畫。"畫，止也。

[10]【今注】案，反，大德本、殿本作"返"。

嘗有它舍雞謬入園中，姑盜殺而食之，[1]妻對雞不餐而泣。姑怪問其故。妻曰："自傷居貧，使食有它肉。"姑竟棄之。

[1]【今注】盜殺：殺死，並據爲己有。

後盜欲有犯妻者，乃先劫其姑。妻聞，操刀而出。盜人曰："釋汝刀從我者可全，不從我者，則殺汝姑。"妻仰天而歎，舉刀刎頸而死。盜亦不殺其姑。太守聞之，即捕殺賊盜，而賜妻縑帛，[1]以禮葬之，號曰"貞義"。

[1]【今注】縑帛：絹類的絲織物。

漢中程文矩妻者，[1]同郡李法之姊也，[2]字穆姜。[3]有二男，而前妻四子。文矩爲安衆令，喪於官。[4]四子以母非所生，憎毁日積，而穆姜慈愛温仁，撫字益隆，[5]衣食資供皆兼倍所生。或謂母曰："四子不孝甚矣，何不别居以遠之？"對曰："吾方以義相導，使其自遷善也。"及前妻長子興遇疾困篤，母惻隱自然，[6]親調藥膳，恩情篤密。興疾久乃瘳，[7]於是呼三弟謂曰："繼母慈仁，出自天受。[8]吾兄弟不識恩養，禽獸其心。雖母道益隆，我曹過惡亦已深矣！"遂將三弟詣南鄭獄，[9]陳母之德，狀己之過，乞就刑辟。[10]縣言之於郡，郡守表異其母，蠲除家徭，[11]遣散四子，許以脩革，[12]自後訓導愈明，並爲良士。

[1]【今注】漢中：郡名。治南鄭縣（今陝西漢中市漢臺區）。程文矩：名祗，字文矩。程，殿本作"陳"。

[2]【今注】李法：字伯度，漢中南鄭人。傳見本書卷四八。

[3]【今注】案，《華陽國志》載："穆姜，安衆令程祗妻，司隸校尉李法姊也。祗前妻有四子，興、敦、覲、豫。穆姜生二子，

淮、基。祇亡，興等憎惡姜。姜視之愈厚。其資給六子，以長幼爲差，衣服、飲食，凡百如之。久，興等感寤，自知失子道，詣南鄭獄受不愛親罪。太守嘉之，復除門户，常以二月八月社，致肉三十斤，酒、米各二斛六斛。六子相化，皆作令士，五人州郡察舉。基字稚業，特儁逸，爲南郡太守。"

［4］【李賢注】安衆，縣，南陽郡（紹興本、大德本、殿本"南"前有"屬"字）。【今注】安衆：縣名。治所在今河南鄧州市東。

［5］【今注】字：養育。

［6］【今注】惻隱：憐憫，悲痛。

［7］【今注】瘳：病愈。

［8］【今注】案，受，大德本作"愛"，殿本作"授"。

［9］【今注】南鄭獄：郡獄。南鄭爲漢中郡郡治所在縣。

［10］【今注】案，《孝經》："五刑之屬三千，而罪莫大於不孝。"

［11］【今注】蠲除：免除。

［12］【今注】悛革：改過自新。

穆姜年八十餘卒。臨終勑諸子曰："吾弟伯度，智達士也。[1]所論薄葬，其義至矣。又臨亡遺令，賢聖法也。[2]令汝曹遵承，勿與俗同，增吾之累。"[3]諸子奉行焉。

［1］【今注】智達：聰慧而通達。

［2］【李賢注】《前書》孝文帝、楊王孫、龔勝臨亡，並有遺令。

［3］【今注】累：操勞。

孝女曹娥者，會稽上虞人也。[1]父盱，能絃歌，[2]爲巫祝。[3]漢安二年五月五日，[4]於縣江泝濤迎婆娑神，[5]溺死，不得屍骸。娥年十四，乃沿江號哭，晝夜不絶聲，旬有七日，遂投江而死。[6]至元嘉元年，[7]縣長度尚改葬娥於江南道傍，[8]爲立碑焉。[9]

[1]【今注】會稽：郡名。治吴縣（今江蘇蘇州市）。東漢順帝永建四年（129），徙治山陰縣（今浙江紹興市）。　上虞：縣名。治所在今浙江上虞市百官鎮。

[2]【今注】絃歌：言能撫節安歌。

[3]【今注】巫祝：占卜祭祀之人。

[4]【今注】案，古時五月五日謂之浴蘭節，以蘭草湯沐浴除毒。又《風俗通義》云："俗説五月五日生子，男害父，女害母。故田文生而嬰告其母勿舉，且曰：'長與户齊，將不利其父母。'"

[5]【今注】案，王應麟《困學紀聞》曰："《曹娥碑》云：'盱能撫節按歌，婆娑樂神，以五月時迎伍君。'傳云'迎婆娑神'，誤也。"迎神，或謂迎伍君神。婆娑，盤旋舞動。《毛傳》："婆娑，舞也。"

[6]【李賢注】娥投衣於水，祝曰："父屍所在衣當沈。"衣隨流至一處而沈，娥遂隨衣而没。"衣"字或作"瓜"。見項原《列女傳》也（殿本無"也"字）。

[7]【今注】元嘉：東漢桓帝劉志年號（151—153）。

[8]【今注】度尚：字博平，山陽湖陸（今山東魚臺縣東南）人。東漢名將，官至荆州刺史。傳見本書卷三八。

[9]【李賢注】《會稽典録》曰："上虞長度尚弟子邯鄲淳，字子禮。時甫弱冠，而有異才。尚先使魏朗作曹娥碑，文成未出，會朗見尚，尚與之飲宴，而子禮方至督酒。尚問朗碑文成未？朗辭不才，因試使子禮爲之，操筆而成，無所點定。朗嗟歎不暇，

遂毁其草。其後蔡邕又題八字曰：‘黄絹幼婦，外孫齏臼。’”【今注】案，《世説新語》劉孝標注引《會稽典録》曰：“孝女曹娥者，上虞人。父盱，能撫節按歌，婆娑樂神。漢安二年，迎伍君神，泝濤而上，爲水所淹，不得其尸。娥年十四，號慕思盱，乃投瓜於江，祝其父尸曰：‘父在此，瓜當沈。’旬有七日，瓜偶沈，遂自投於江而死。縣長度尚悲憐其義，爲之改葬，命其弟子邯鄲子禮爲之作碑。”又《世説新語》載：魏武嘗過曹娥碑下，楊脩從，碑背上見題作“黄絹幼婦，外孫韲臼”八字。魏武謂脩曰：“解不?”答曰：“解。”魏武曰：“卿未可言，待我思之。”行三十里，魏武乃曰：“吾已得。”令脩别記所知。脩曰：“黄絹，色絲也，於字爲絶。幼婦，少女也，於字爲妙。外孫，女子也，於字爲好。韲臼，受辛也，於字爲辭。所謂‘絶妙好辭’也。”魏武亦記之，與脩同，乃嘆曰：“我才不及卿，乃覺三十里。”

吴許升妻者，吕氏之女也，字榮。升少爲博徒，[1]不理操行，榮嘗躬勤家業，以奉養其姑。數勸升修學，每有不善，輒流涕進規。榮父積忿疾升，乃呼榮欲改嫁之。榮歎曰：“命之所遭，義無離貳!”終不肯歸。升感激自厲，乃尋師遠學，遂以成名。尋被本州辟命，[2]行至壽春，[3]道爲盜所害。刺史尹耀捕盜得之。[4]榮迎喪於路，聞而詣州，請甘心讎人。[5]耀聽之。榮乃手斷其頭，以祭升靈。後郡遭寇賊，賊欲犯之，榮踰垣走，賊拔刀追之。賊曰：“從我則生，不從我則死。”榮曰：“義不以身受辱寇虜也!”遂殺之。是日疾風暴雨，雷電晦冥，[6]賊惶懼叩頭謝罪，乃殯葬之。[7]

［1］【今注】博徒：賭徒。

［2］【今注】辟命：徵召。

［3］【今注】壽春：縣名。治所在今安徽壽縣壽春鎮。

［4］【今注】刺史：官名。西漢武帝元封五年（前106）置，共十三部（州），每部置刺史一人，秩六百石。無治所，於每年八月奉詔以六條問事，省察郡國二千石長吏、强宗豪右、諸侯王等，根據治理情況進行罷免或升遷並審理冤獄。每年歲末入奏。成帝綏和元年（前8）更名州牧，秩二千石。哀帝建平二年（前5）復爲刺史，元壽二年（前1）又稱州牧。東漢光武帝建武元年（25）復置牧。建武十一年省。十八年，罷州牧，置刺史，秩六百石。有固定治所，高於郡級地方行政長官。掌監察、選舉、劾奏、領兵等。屬吏有從事史、假佐。靈帝中平五年（188），改置州牧。

［5］【今注】甘心：快意。《左傳》莊公九年："管、召，讎也，請受而甘心焉。"杜預注："甘心，言快意戮殺之。"

［6］【今注】晦冥：昏暗。

［7］【今注】殯葬：殯殮埋葬。

汝南袁隗妻者，[1]扶風馬融之女也。字倫。隗已見前傳。倫少有才辯。融家世豐豪，裝遣甚盛。及初成禮，隗問之曰："婦奉箕箒而已，[2]何乃過珍麗乎？"[3]對曰："慈親垂愛，不敢逆命。君若欲慕鮑宣、梁鴻之高者，妾亦請從少君、孟光之事矣。"隗又曰："弟先兄舉，[4]世以爲笑。今處姊未適，[5]先行可乎？"對曰："妾姊高行殊邈，[6]未遭良匹，不似鄙薄，苟然而已。"[7]又問曰："南郡君學窮道奥，文爲辭宗，[8]而所在之職，輒以貨財爲損，[9]何邪？"對曰："孔子大聖，不免武叔之毁；子路至賢，猶有伯寮之愬。[10]家君獲此，固其宜耳。”隗默然不能屈，帳外聽者爲慚。隗既寵貴當時，倫亦有名於世。年六十餘卒。

［1］【今注】汝南：郡名。治平輿縣（今河南平輿縣北）。袁隗：字次陽，汝南汝陽（今河南商水縣）人。袁湯之子，袁紹、袁術之叔，官至太傅。

［2］【今注】箕箒：畚箕和掃帚。

［3］【今注】案，珍，殿本作“珎”。

［4］【今注】舉：撫養，生育。

［5］【今注】處姊：或言“姊在室”，皆指未出嫁的姐姐。

［6］【今注】邈：遠。紹興本作“邈”。

［7］【今注】苟然：隨隨便便。

［8］【李賢注】融爲南郡太守。【今注】辭宗：辭賦之宗師。

［9］【今注】貨財爲損：謂因錢財而損道名。本書卷六〇上《馬融傳》：“（融）桓帝時爲南郡太守。先是融有事忤大將軍梁冀旨，冀諷有司奏融在郡貪濁，免官，髡徙朔方。自刺不殊，得赦還，復拜議郎，重在東觀著述，以病去官。”

［10］【李賢注】《論語》曰，叔孫武叔毁仲尼，子貢曰：“無以爲也。它人之賢者猶丘陵焉，猶可踰也。仲尼如日月也，無得而踰焉。”公伯寮愬子路於季孫。孔子曰：“道之將行也與？命也。道之將廢也與？命也。公伯寮其如命何！”

倫妹芝，亦有才義。少喪親長而追感，[1]乃作《申情賦》云。

［1］【今注】追感：回憶往事而有所感觸。

酒泉龐淯母者，[1]趙氏之女也，字娥。父爲同縣人所殺，而娥兄弟三人，時俱病物故，[2]讎乃喜而自賀，以爲莫己報也。娥陰懷感憤，乃潛備刀兵，常帷車以候讎家。[3]十餘年不能得。後遇於都亭，[4]刺殺之。因詣縣自首。曰："父仇已報，[5]請就刑戮。"福禄尹嘉義之，[6]解印綬欲與俱亡。娥不肯去。曰："怨塞身死，妾之明分；結罪理獄，君之常理。何敢苟生，以枉公法！"後遇赦得免。州郡表其閭。太常張奂嘉歎，[7]以束帛禮之。

[1]【今注】酒泉：郡名。西漢武帝元狩二年（前121）置。兩漢均治禄福縣（今甘肅酒泉市肅州區）。　龐淯：字子異，酒泉表氏（今甘肅高臺縣）人，亦以忠烈聞名當時。傳見《三國志》卷一八。

[2]【今注】物故：這裏指去世。

[3]【今注】帷車：有帷幔的車子。

[4]【今注】都亭：都邑之亭。《資治通鑑》卷二七《漢紀》中宗孝宣皇帝神爵四年胡注："凡郡縣皆有都亭。秦法，十里一亭，郡縣治所則置都亭。"

[5]【今注】案，仇，大德本作"讎"，殿本作"讐"。

[6]【今注】禄福：縣名。治所在今甘肅酒泉市。

[7]【今注】張奂：字然明，敦煌淵泉（今甘肅瓜州縣東）人。東漢名將，官至九卿。傳見本書卷六五。

沛劉長卿妻者，同郡桓鸞之女也。[1]鸞已見前傳。生一男五歲而長卿卒，妻防遠嫌疑，[2]不肯歸寧。[3]兒年十五，晚又夭殁。妻慮不免，[4]乃豫刑其耳以自誓。[5]宗婦相與愍之，[6]共謂曰：“若家殊無它意；假令有之，猶可因姑姊妹以表其誠，何貴義輕身之甚哉！”對曰：“昔我先君五更，[7]學爲儒宗，尊爲帝師。五更已來，[8]歷代不替，男以忠孝顯，女以貞順稱。《詩》云：‘無忝爾祖，聿脩厥德。’[9]是以豫自刑翦，[10]以明我情。”沛相王吉上奏高行，[11]顯其門閭，號曰“行義桓釐”，[12]縣邑有祀必膰焉。[13]

[1]【今注】桓鸞：字始春，沛郡龍亢（今安徽懷遠縣龍亢鎮）人。東漢太常桓鬱之孫。

[2]【今注】嫌疑：疑惑難辨的事理。

[3]【今注】歸寧：回娘家。

[4]【今注】不免：這裏指不免改嫁。

[5]【今注】豫：同“預”。

[6]【今注】愍：哀憐。

[7]【今注】五更：這裏指“三老五更”，謂年老致仕富有經驗者。

[8]【今注】案，已，大德本、殿本作“以”。

[9]【今注】案，《詩·文王》：“無念爾祖，聿修厥德。永言配命，自求多福。”

[10]【今注】刑翦：猶割剪。

[11]【今注】王吉：中常侍甫之養子。傳見本書卷七七。

[12]【李賢注】寡婦曰釐。【今注】案，釐，殿本作“嫠”。

[13]【李賢注】膰，祭餘肉也。尊敬之，故有祭祀必致其餘也。《左傳》曰：“天子有事膰焉。”

安定皇甫規妻者，[1]不知何氏女也。規初喪室家，[2]後更娶之。妻善屬文，能草書，時爲規答書記，[3]衆人怪其工。及規卒時，妻年猶盛，而容色美。後董卓爲相國，[4]承其名，娉以軿輜百乘，[5]馬二十匹，奴婢錢帛充路。妻乃輕服詣卓門，[6]跪自陳請，[7]辭甚酸愴。卓使傅奴侍者悉拔刀圍之，[8]而謂曰："孤之威教，欲令四海風靡，何有不行於一婦人乎！"妻知不免，乃立罵卓曰："君羌胡之種，毒害天下猶未足邪！妾之先人，清德奕世。皇甫氏文武上才，爲漢忠臣。君親非其趣使走吏乎？[9]敢欲行非禮於爾君夫人邪！"卓乃引車庭中，以其頭縣軛，鞭撲交下。[10]妻謂持杖者曰："何不重乎？速盡爲惠。"遂死車下。後人圖畫，號曰"禮宗"云。

[1]【今注】安定：郡名。東漢時治臨涇縣（今甘肅鎮原縣東南）。　皇甫規：字威明，安定朝那（今寧夏彭陽縣東）人。東漢名將。傳見本書卷六五。

[2]【今注】室家：猶妻子。

[3]【今注】答書記：指回復往來文書及箋記。

[4]【今注】相國：官名。百官之長，地位高於丞相。後爲對宰相的尊稱。本書卷九《孝獻帝紀》載："（中平六年）十一月癸酉，董卓自爲相國。"

[5]【今注】軿輜：輜車和軿車。《漢書》卷四〇《張良傳》顔師古曰："輜軿，衣車也。"《資治通鑑》卷一〇六《晉紀》烈宗孝武皇帝太元十一年胡三省注："車四面有遮罩者曰輜軿。"

[6]【今注】輕服：與"重服"相對。《家禮拾遺·喪禮》載："凡重喪未除而遭輕喪，則制其服而哭之，月朔設位，服其服而哭之。既畢返重服。其除之也，亦服輕服。若除重喪而輕服未除，則

服輕服以終其餘日。"

[7]【今注】案，請，殿本作"情"。

[8]【今注】傅奴：謂貼身奴婢。《小爾雅》："傅，近也。"

[9]【今注】走吏：供人驅使的小吏。

[10]【李賢注】《周禮·考工記》曰："輈長六尺。"鄭衆曰："謂輈端壓牛領者。"

南陽陰瑜妻者，[1]潁川荀爽之女也，[2]名采，字女荀。聰敏有才蓺。[3]年十七，適陰氏。十九産一女，而瑜卒。采時尚豐少，常慮爲家所逼，自防禦甚固。後同郡郭奕喪妻，爽以采許之，[4]因詐稱病篤，召采。既不得已而歸，懷刃自誓。爽令傅婢執奪其刃，扶抱載之，猶憂致憤激，勑衛甚嚴。女既到郭氏，乃僞爲歡悦之色，謂左右曰："我本立志與陰氏同穴，而不免逼迫，遂至於此，素情不遂，[5]奈何？"乃命使建四燈，盛裝飾，請奕入相見，共談，言辭不輟。奕敬憚之，遂不敢逼，至曙而出。采因勑令左右辦浴。[6]既入室而掩户，權令侍人避之，以粉書扉上曰："尸還陰。""陰"字未及成，懼有來者，遂以衣帶自縊。左右翫之不爲意，[7]比視，已絶，時人傷焉。

[1]【今注】南陽：郡名。治宛縣（今河南南陽市卧龍區）。

[2]【今注】荀爽：字慈明，潁川潁陰（今河南許昌市）人。傳見本書卷六二。

[3]【今注】案，蓺，殿本作"藝"。

[4]【李賢注】《魏書》奕字伯益，嘉（嘉，紹興本、大德本、殿本作"壽"）之子也，爲太子文學，早卒。

[5]【今注】素情：平素的心願。

[6]【今注】辦浴：準備沐浴之具。辦，紹興本、大德本作“辨”。

[7]【今注】翫：安於習慣而輕忽。

犍爲盛道妻者，[1]同郡趙氏之女也，字媛姜。[1]建安五年，益部亂，道聚衆起兵，事敗，夫妻執繫，當死。媛姜夜中告道曰：“法有常刑，必無生望，君可速潛逃，建立門户，妾自留獄，代君塞咎。”道依違未從。媛姜便解道桎梏，爲齎糧貨。[3]子翔時年五歲，使道攜持而走。媛姜代道持夜，應對不失。度道已遠，乃以實告吏，應時見殺。[4]道父子會赦得歸。道感其義，終身不娶焉。

[1]【今注】犍爲：郡名。西漢武帝建元六年（前135）分廣漢郡南部及夜郎國地置，屬益州。治所在鄨縣（今貴州遵義市），元光五年（前130）郡治移南廣縣（今四川筠連縣），昭帝始元元年（前86）移治僰道縣（今四川宜賓市西南）。東漢安帝永初元年（107）移治武陽縣（今四川彭山縣境）。

[2]【今注】案，《華陽國志》載：“趙媛姜，資中人，盛道妻也。建安五年，道坐過，夫婦閉獄。子翔，方年五歲。姜謂道曰：‘官有常刑，君不得已矣。妾在後，何益君門户。君可同翔亡命。妾代君死。可得繼君宗廟。’道依違數日。姜苦言勸之，遂解脱，給衣糧使去，代爲應對，度走遠，乃告吏。殺之。後遇赦，父子得還。道雖仕宦，當世痛感，終不更取。翔亦不仕耳。”

[3]【今注】齎：携帶。

[4]【今注】應時：隨即，即刻。

孝女叔先雄者，犍爲人也。[1]父泥和，永建初爲縣功曹。[2]縣長遣泥和拜檄謁巴郡太守，[3]乘船墯湍水物故，尸喪不歸。雄感念怨痛，號泣晝夜，心不圖存，常有自沈之計。所生男女二人，並數歲，雄乃各作囊，盛珠環以繫兒，數爲訣別之辭。家人每防閑之，經百許日後稍懈，雄因乘小船，於父墯處慟哭，遂自投水死。弟賢，其夕夢雄告之："卻後六日，[4]當共父同出。"至期伺之，[5]果與父相持，浮於江上。郡縣表言，爲雄立碑，圖象其形焉。[6]

[1]【今注】案，《新搜神記》卷八《感應篇》載："犍爲符先泥和，其女者名雄。泥和至永建元年爲縣功曹，縣長趙祉遣泥和拜檄謁巴郡太守，以十月乘船於城湍墮水死，屍喪不得。雄哀慟號咷，命不圖存，告弟賢及夫，令'勤覓父屍，若求不得，吾欲自沈覓之'。時雄年二十七，有子男貢，年五歲，貰三歲，乃各爲作繡香囊一枚，盛金珠環，預嬰二子。哀號之聲，不絕於口，昆族私憂。至十二月十五日，父喪未得，雄乘小船，於父墮處哭數聲，竟自投水中，旋流沒底。見夢告弟：'至二十一日，與父俱出。'投期如夢，與父相持，並浮出江。縣長表言郡，太守蕭登，承上尚書，遣户曹掾爲雄立碑，圖像其形，令知誌孝。"

[2]【今注】永建：東漢順帝劉保年號（126—132）。

[3]【今注】檄：泛指信函。　巴郡：治江州（今重慶市）。

[4]【今注】卻後：猶過後。

[5]【今注】伺：等待。

[6]【今注】案，象，殿本作"像"。

陳留董祀妻者，[1]同郡蔡邕之女也，[2]名琰，字文姬。博學有才辯，又妙於音律。[3]適河東衞仲道。[4]夫亡無子，歸寧于家。興平中，[5]天下喪亂，文姬爲胡騎所獲，没於南匈奴左賢王，[6]在胡中十二年，生二子。曹操素與邕善，痛其無嗣，乃遣使者以金璧贖之，而重嫁於祀。

[1]【今注】陳留：郡名。治陳留縣（今河南開封市東南陳留鎮）。

[2]【今注】蔡邕：字伯喈，陳留圉（今河南杞縣）人。東漢名臣，文學家。傳見本書卷六〇下。

[3]【李賢注】劉昭《幼童傳》曰："邕夜鼓琴，絃絶。琰曰：'第二絃。'邕曰：'偶得之耳。'故斷一絃問之，琰曰：'第四絃（第，紹興本、大德本作"弟"）。'並不差謬。"

[4]【今注】河東：郡名。治安邑縣（今山西夏縣西北）。

[5]【今注】興平：東漢獻帝劉協年號（194—195）。

[6]【今注】南匈奴左賢王：匈奴貴族封號。《史記》卷一一〇《匈奴列傳》："匈奴謂賢曰'屠耆'，故常以太子爲左屠耆王。"裴駰《集解》引徐廣曰："屠，一作'諸'。"本書卷八九《南匈奴傳》稱"左賢王即是單于儲副"。

祀爲屯田都尉，[1]犯法當死，文姬詣曹操請之。時公卿名士及遠方使驛坐者滿堂，操謂賓客曰："蔡伯喈女在外，今爲諸君見之。"及文姬進，蓬首徒行，[2]叩頭請罪，音辭清辯，旨甚酸哀，衆皆爲改容。操曰："誠實相矜，然文狀已去，奈何？"文姬曰："明公厩馬萬匹，虎士成林，何惜疾足一騎，而不濟垂死之命乎！"操感其言，乃追原祀罪。時且寒，賜以頭巾履襪。操因問曰："聞夫人家先多墳籍，[3]猶能憶識之不?"文姬曰："昔亡父賜書四千許卷，流離塗炭，罔有存者。今所誦憶，裁四百餘篇耳。"操曰："今當使十吏就夫人寫之。"文姬曰："妾聞男女之別，禮不親授。[4]乞給紙筆，真草唯命。"於是繕書送之，文無遺誤。

［1］【今注】屯田都尉：掌管屯田之官長。三國魏置典農中郎將，秩二千石；典農校尉，秩比二千石；屯田都尉，秩六百石（或四百石）。《三國志》卷四《魏書·陳留王奂傳》載魏元帝咸熙元年（264）"罷屯田官以均政役，諸典農皆爲太守，都尉皆爲令長"。

［2］【今注】徒行：步行。《論語·先進》："吾不徒行以爲之椁。"皇侃疏："徒，猶步也。"邢昺疏："徒，猶空也，謂無車空行也。是步行謂之徒行。"

［3］【今注】墳籍：古代典籍。《三墳》《五典》爲古代三皇五帝之書。

［4］【李賢注】《禮記》曰："男女不親授。"

後感傷亂離，追懷悲憤，作詩二章。其辭曰：

漢季失權柄，董卓亂天常。[1]志欲圖篡弑，先害諸賢良。逼迫遷舊邦，擁主以自彊。海内興義師，欲共討不祥。卓衆來東下，金甲耀日光。平土人脆弱，來兵皆胡羌。獵野圍城邑，所向悉破亡。斬截無孑遺，[2]尸骸相掌拒。[3]馬邊縣男頭，馬後載婦女。長驅西入關，迥路險且阻。[4]還顧邈冥冥，[5]肝脾爲爛腐。所略有萬計，不得令屯聚。

或有骨肉俱，欲言不敢語。失意機微間，輒言斃降虜。要當以亭刃，[6]我曹不活汝。豈復惜性命，不堪其詈罵。或便加棰杖，毒痛參并下。旦則號泣行，夜則悲吟坐。欲死不能得，欲生無一可。彼蒼者何辜，乃遭此厄禍！邊荒與華異，人俗少義理。處所多霜雪，[7]胡風春夏起。翩翩吹我衣，肅肅入我耳。感時念父母，哀歎無窮已。有客從外來，聞之常歡喜。迎問其消息，輒復非鄉里。邂逅徼時願，骨肉來迎己。己得自解免，當復棄兒子。天屬綴人心，[8]念别無會期。存亡永乖隔，不忍與之辭。兒前抱我頸，問母欲何之。[9]"人言母當去，豈復有還時。阿母常仁惻，今何更不慈？我尚未成人，奈何不顧思！"見此崩五内，[10]恍惚生狂癡。號泣手撫摩，當發復回疑。兼有同時輩，相送告離别。慕我獨得歸，哀叫聲摧裂。馬爲立踟蹰，車爲不轉轍。觀者皆歔欷，行路亦嗚咽。去去割情戀，遄征日遐邁。[11]悠悠三千里，何時復交會？念我出腹子，匈臆爲摧敗。既至家人盡，又復無中外。[12]城郭爲山林，庭宇生荆艾。白骨不知誰，從横莫覆蓋。出門無人聲，豺狼號且吠。煢煢對孤景，[13]怛咤糜肝肺。[14]登高遠眺望，魂神忽飛逝。奄若壽命盡，旁人相寬大。爲復彊視息，雖生何聊賴！託命於新人，竭心自勗厲。流離成鄙賤，常恐復捐廢。人生幾何時，懷憂終年歲！

[1]【今注】天常：倫理綱常。

[2]【今注】斬截：斷也。

[3]【李賢注】牚音直庚反。【今注】牚拒：猶枕籍，此喻屍骸縱橫交錯而卧。

[4]【今注】迥路：漫長的道路。

[5]【今注】冥冥：迷茫貌。

[6]【今注】亭刃：刺殺。亭，通“捪”。

[7]【今注】案，多，殿本作“生”。

[8]【今注】天屬：這裏指母子關係。

[9]【今注】案，母，殿本作“我”。

[10]【今注】五内：指五臟。

[11]【今注】遄征：疾行。　遐邁：遠方。

[12]【今注】中外：猶中表。蔡邕《范丹碑》：“君罹其罪。閉門静居。九族中表。莫見其面。”

[13]【今注】煢煢：孤獨貌。《詩·小雅·正月》：“憂心煢煢，念我無禄。”

[14]【今注】怛咤：悲嘆。

其二章曰：

嗟薄祐兮遭世患，[1]宗族殄兮門户單。身執略兮入西關，歷險阻兮之羌蠻。[2]山谷眇兮路曼曼，眷東顧兮但悲歎。冥當寢兮不能安，[3]飢當食兮不能餐，常流涕兮眥不乾，[4]薄志節兮念死難，雖苟活兮無形顔。惟彼方兮遠陽精，[5]陰氣凝兮雪夏零。沙漠壅兮塵冥冥，有草木兮春不榮。人似禽兮食臭腥，言兜離兮狀窈停。[6]歲聿暮兮時邁征，夜悠長兮禁門扃。[7]不能寐兮起屏營，[8]登胡殿兮臨廣庭。玄雲合兮翳月星，北風厲兮肅泠泠。胡笳動兮邊馬鳴，孤雁歸兮聲嚶嚶。樂人興兮彈琴箏，音相和兮悲且清。心吐思兮匈憤盈，欲舒氣兮恐彼驚，含哀咽兮涕沾頸。家既迎兮當歸寧，臨長路兮捐所生。兒呼母兮嗁失聲，我掩耳兮不忍聽。追持我兮走煢煢，頓復起兮毀顔形。還顧之兮破人情，心怛絶兮死復生。

[1]【今注】薄祐：福薄。

[2]【今注】案，芫，紹興本、大德本、殿本作"羌"，是。

[3]【李賢注】冥音瞑。

[4]【今注】眥：眼角。

[5]【李賢注】北方近陰遠陽。

[6]【李賢注】兜離，匈奴言語之貌。

[7]【今注】扃：《説文》："扃，外閉之關也。"

[8]【今注】屏營：惶恐。

贊曰：端操有蹤，幽閑有容。區明風烈，昭我管彤。[1]

[1]【李賢注】婦人之正其節操有蹤迹可紀者，及幽都閑婉有禮容者，區別其遺風餘烈，以明女史之所記也（記，殿本作"紀"）。管彤，赤管筆，解見《皇后紀》。【今注】端操：正直的操守。　蹤：蹤迹，行迹。　幽閑：柔順嫻靜。　容：儀容風範。　區明：區別，明示。　風烈：風範。　管彤：赤管筆，古制宫中女史所用以記嬪妃夫人的功過。

後漢書　卷八五

列傳第七十五

東夷[1]

[1]【今注】案，本卷主要記録了居於今黑龍江、吉林、遼寧、台灣等省及朝鮮、韓國、日本等地的古代民族的歷史與生活狀況。其中，挹婁屬於肅慎族系，夫餘、高句驪、濊則有較近的文化親緣關係，一般稱爲濊貊族系或夫餘族系。相關研究認爲，最初是濊與貊融合，之後又衍生出夫餘、高句驪等分支（參見李明浩《古代文獻中的“濊貊”研究》，博士學位論文，東北師範大學，2021年）。沃沮則存在一定争議，一説其出自濊貊族系，一説其即後世“勿吉”之同名異譯，屬於肅慎族系。蓋其族位於兩大族系之間，受二者文化、血緣交相影響所致。除了開篇追述東夷歷史的泛論部分以及結尾關於倭國、夷洲等地的記叙外，中間關於夫餘、挹婁、高句驪、沃沮、濊、三韓的描述文字大略與《三國志》卷三〇《魏書·東夷傳》相同。過去曾有觀點認爲這部分文字源自魚豢《魏略》，然據相關研究，該文字當更接近於《三國志》，而非更爲原始的《魏略》（參見鄭春穎《〈後漢書·高句驪傳〉史源學研究》，《中國邊疆史地研究》2010年第1期）。但與《漢書》原文照録《史記》不同，除後文注釋所指出的大的修改、縮略處外，《後漢書》對句子前後順序亦進行了大幅改寫，似有對叙述内容重新整

理、分段之意。至於到底是范曄據《三國志·東夷傳》重作改寫，還是二者皆出自同一同源史料，其中一方抑或兩方同時進行了改寫以致有此差異，尚難判斷。要之，本篇相當一部分内容與《三國志·東夷傳》同源，後文將對此進行具體比對。

《王制》云："東方曰夷。"[1]夷者，柢也，[2]言仁而好生，萬物柢地而出。[3]故天性柔順，易以道御，至有君子、不死之國焉。[4]夷有九種，[5]曰畎夷，干夷、方夷、黄夷、白夷、赤夷、玄夷、風夷、陽夷。[6]故孔子欲居九夷也。[7]

[1]【今注】案，《禮記·王制》云："中國戎夷，五方之民，皆有性也，不可推移。東方曰夷，被髮文身，有不火食者矣。南方曰蠻，雕題交趾，有不火食者矣。西方曰戎，被髮衣皮，有不粒食者矣。北方曰狄，衣羽毛穴居，有不粒食者矣。"

[2]【今注】柢（dǐ）：本義指樹木的根。

[3]【李賢注】事見《風俗通》。

[4]【李賢注】《山海經》曰："君子國衣冠帶劍，食獸，使二文虎在旁。"《外國圖》曰："去琅邪三萬里。"《山海經》又曰："不死人在交脛東，其爲人黑色，壽不死。"並在東方也。

[5]【李賢注】《竹書紀年》曰"后芬發即位三年（殿本無'發'字；三，大德本作'二'），九夷來御"也。

[6]【李賢注】《竹書紀年》曰"后泄二十一年，命畎夷，白夷，赤夷，玄夷，風夷，陽夷。后相即位二年，征黄夷。七年，干夷來賓，後少康即位，方夷來賓"也。【今注】案，干，大德本、殿本作"于"。

[7]【今注】案，《論語·子罕》云："子欲居九夷。或曰：'陋，如之何！'子曰：'君子居之，何陋之有？'"

昔堯命羲仲宅嵎夷，曰暘谷，蓋日之所出也。[1]夏后氏太康失德，夷人始畔。[2]自少康已後，世服王化，遂賓於王門，獻其樂舞。[3]桀爲暴虐，[4]諸夷内侵，殷湯革命，[5]伐而定之。至于仲丁，藍夷作寇。[6]自是或服或畔，三百餘年。武乙衰敝，東夷寖盛，遂分遷淮、岱，漸居中土。[7]

[1]【李賢注】孔安國《尚書》注曰“東方之地曰嵎夷。暘谷，日之所出也”。【今注】堯：即堯帝。傳説中的上古人物，五帝之一。姓伊祁氏，名放勳，號陶唐。高唐氏部落首領，又稱唐堯。在位命羲和定曆法，設諫言之鼓，置四嶽（四方諸侯），命鯀治水患。後禪讓於舜。　羲仲：傳説中負責觀象授時的羲、和家族成員。　嵎（yú）夷：居住在東方海濱的東夷族。　暘谷：一作“湯谷”。爲日出之處。案，《尚書·堯典》云：“乃命羲和，欽若昊天，曆象日月星辰，敬授人時。分命羲仲，宅嵎夷，曰暘谷。寅賓出日，平秩東作。日中，星鳥，以殷仲春。厥民析，鳥獸孳尾……”意指堯帝令羲仲、羲叔、和仲、和叔分至四方，觀察天象，制定曆法，爲民所用。其中羲仲所負責爲東方。

[2]【李賢注】太康，啓之子也。槃于游田，十旬不反，不恤人事，爲羿所逐也。【今注】夏后氏：即夏朝。后，夏、商時指君王。《史記》卷二《夏本紀》云：“禹於是遂即天子位，南面朝天下，國號曰夏后，姓姒氏。”　太康：禹之孫，啓之子。據説其在位時荒淫，以致其政權被東夷族首領后羿奪去。史稱“太康失國”。

[3]【李賢注】少康，帝仲康之孫，帝相子也。《竹書紀年》曰：“后發即位元年，諸夷賓于王門，諸夷入舞。”【今注】少康：傳説爲夏代國君，在位期間恢復夏之勢力，史稱“少康中興”。

[4]【今注】桀：夏朝末代君主，名履癸。夏亡後被流放於南巢。事詳《史記·夏本紀》。

［5］【今注】殷：此指商朝。因商王盤庚時遷都於殷（今河南安陽市），故又稱商爲殷。　湯：商朝的開國帝王，滅亡夏朝，建立商朝。事見《史記》卷三《殷本紀》。

［6］【李賢注】仲丁，殷大戊之子也（大，殿本作“太”）。《竹書紀年》曰“仲丁即位，征于藍夷”也。

［7］【李賢注】武乙，帝庚丁之子，無道，爲革囊盛血，仰而射之，命曰“射天”也。【今注】武乙：商朝君主，紂王之曾祖。在位時曾多次表示對天神的侮辱。後在河渭之間打獵時，被雷擊死。有觀點認爲，武乙的行爲體現了商朝後期神權的下降。亦有觀點認爲，所謂“天神”指的是西部周族的信仰，武乙的行爲有壓勝的意味。（參見晁福林《試論殷代的王權與神權》，《社會科學戰綫》1984年第4期；樊榮《試析殷商武乙“射天”的涵義》，《安陽師範學院學報》2019年第4期；陳立柱、刁華夏《“敬天”與“射天”：上古夏、夷族群融合之殤》，《史學月刊》2020年第4期）案，《史記》卷三八《宋微子世家》載殷商後裔所建宋國的末代君主宋王偃亦有與武乙相似之舉動：“盛血以韋囊，縣而射之，命曰‘射天’。淫於酒、婦人。”然則此或爲商族君主立威之常見手段。　淮：淮河。　岱：泰山。

及武王滅紂，[1]肅慎來獻石砮、楛矢。[2]管、蔡畔周，[3]乃招誘夷狄，周公征之，[4]遂定東夷。[5]康王之時，[6]肅慎復至。後徐夷僭號，[7]乃率九夷以伐宗周，[8]西至河上。[9]穆王畏其方熾，[10]乃分東方諸侯，命徐偃王主之。[11]偃王處潢池東，地方五百里，[12]行仁義，陸地而朝者三十有六國。穆王後得驥騄之乘，[13]乃使造父御以告楚，令伐徐，一日而至。[14]於是楚文王大舉兵而滅之。[15]偃王仁而無權，不忍鬬其人，故致於敗。[16]乃北走彭城武原縣東山下，百姓隨之者以萬數，因名其山爲徐山。[17]厲王無道，[18]淮夷入寇，王命虢仲征之，不克，宣王復命召公伐而平之。[19]及幽王淫亂，[20]四夷交侵，至齊桓修霸，[21]攘而卻焉。及楚靈會申，亦來豫盟。[22]後越遷琅邪，[23]與共征戰，遂陵暴諸夏，侵滅小邦。[24]

［1］【今注】武王：周王朝建立者，姓姬，名發。聯合諸侯，起兵伐紂，經牧野之戰，滅商，興周，都於鎬。崩，謚爲武王。詳見《史記》卷四《周本紀》。　紂：商代末代君主，名受，又作“辛”。荒淫暴虐，商亡後自焚而死。事詳《史記》卷三《殷本紀》。

［2］【今注】肅慎：居於今東北地區的古族名。又作息慎、稷慎。商、周時大致在長白山北，東至大海，北至黑龍江中下游，以狩獵爲事。周初曾來中原進貢。秦漢時又稱爲挹婁。南北朝至今的勿吉、靺鞨、女真、滿族等都和肅慎有一定淵源關係。　砮：一種可以加工成箭鏃的石頭。　楛（hù）矢：以楛莖爲箭桿的箭。楛，荆之類的樹木，莖可用來製箭杆。案，關於肅慎獻楛矢、石砮一事，《國語·魯語下》云：“仲尼在陳，有隼極於陳侯之庭而死，楛矢貫之，石砮，其長尺有咫。陳惠公使人以隼如仲尼之館聞之。仲尼曰：‘隼之來也遠矣！此肅慎氏之矢也。昔武王克商，通道于九夷、百蠻，使各以其方賄來貢，使無忘職業。於是肅慎氏貢楛矢、石砮，其長尺有咫。先王欲昭其令德之致遠也，以示後人，使永監焉，故銘其栝曰“肅慎氏之貢矢”，以分大姬，配虞胡公而封諸陳。古者，分同姓以珍玉，展親也；分異姓以遠方之職貢，使無忘服也。故分陳以肅慎氏之貢。君若使有司求諸故府，其可得也。’使求，得之金櫝，如之。”

［3］【今注】管蔡：管叔鮮和蔡叔度，均是周武王之弟。武王

死後，起兵反叛，被周公平定。詳見《史記》卷三五《管蔡世家》。

[4]【今注】周公：即周武王之弟周公旦，獲封於魯，不之國，而以其子伯禽就封。在武王去世後輔佐成王，任太師，攝政，東征平滅武王弟管叔、蔡叔與紂王子武庚的聯合叛亂，營建洛邑，設成周八師鎮撫東方。制禮作樂，確立周代諸項制度。在成王成年後，周公還政於成王。被後世視作賢臣代表、儒家聖人。詳見《史記》卷三三《魯周公世家》。

[5]【李賢注】《尚書》武王崩，三監及淮夷畔，周公征之，作《大誥》。又曰，成王既伐管叔、蔡叔，滅淮夷。

[6]【今注】康王：周成王子，名釗。由召公、畢公輔佐即位，去奢崇儉，簡政安民，伐鬼方及東南夷族，開拓疆土。保持成王以來的安定局面。

[7]【今注】徐夷：古族名。又稱徐方、徐戎。商周時期分布於今淮河中下游。周初，建立徐國。　僭：超越本分。古代指在下位的冒用在上位的名義、禮儀和器物等。

[8]【今注】宗周：指西周國都鎬京（今陝西西安市西北）。

[9]【今注】河：黄河。

[10]【今注】穆王：西周國君姬滿。周成王之孫，昭王之子。事迹詳《史記·周本紀》。案，《史記》卷五《秦本紀》云："（繆王）西巡狩，樂而忘歸。徐偃王作亂，造父爲繆王御，長驅歸周，一日千里以救亂。"繆王，即穆王。

[11]【李賢注】《博物志》曰："徐君宫人娠而生卵，以爲不祥，棄於水濱。孤獨母有犬名鵠倉，持所棄卵，銜以歸母，母覆煖之，遂成小兒，生而偃，故以爲名。宫人聞之，乃更録取。長襲爲徐君。"《尸子》曰"偃王有筋而無骨，故曰偃"也。【今注】案，《史記·秦本紀》《正義》引《博物志》云"生時正偃"，與李注略異。其末尾尚有云"後鵠蒼臨死，生角而九尾，化爲黄龍也。

鵠蒼或名后蒼”。

［12］【李賢注】《水經注》曰，黄水（黄，殿本作“潢”），一名汪水，與泡水合，至沛入泗。自山陽以東，海陵以北，其地當之也。【今注】潢池：地名。在今淮河流域下游及泗水流域一帶。

［13］【李賢注】《史記》曰：“造父以善御幸於周繆王，得赤驥、盗驪、驊騮、騄耳之駟，西巡狩，樂而忘歸。”【今注】驥騄：良馬。

［14］【李賢注】造父，解見《蔡邕傳》。【今注】造父：西周時人，善御車。周穆王西至昆侖，見西王母，聞徐偃王反，由造父親御東歸，平滅反事。造父乃被封至趙城，是爲趙國始祖。

［15］【今注】楚文王：春秋時楚王，羋姓，名熊貲，楚武王之子，楚成王之父。始都於郢，滅鄧國，虜蔡侯，威凌江漢間諸小國。

［16］【今注】案，《史記》卷四三《趙世家》《索隱》引譙周《古史考》證明此事非實：“徐偃王與楚文王同時，去周穆王遠矣。且王者行有周衛，豈聞亂而獨長驅日行千里乎？”《史記·秦本紀》《正義》亦引此，並加按語云：“《年表》：穆王元年去楚文王元年三百一十八年矣。”

［17］【李賢注】武原，縣，故城在今泗州下邳縣北。徐山在其東。《博物志》曰“徐王妖異不常。武原縣東十里，見有徐山石室祠處。偃王溝通陳蔡之閒，得朱弓朱矢，以己得天瑞，自稱偃王。穆王聞之，遣使乘駟，一日至楚，伐之。偃王仁，不忍鬬，爲楚所敗，北走此山”也。【今注】彭城：郡國名。兩漢皆治彭城縣（今江蘇徐州市雲龍區）。　武原：縣名。治所在今江蘇邳州市西北泇口鎮。　徐山：山名。一名東山。在今江蘇邳州市西北境。

［18］【今注】厲王：西周國君，名胡，周夷王子。暴虐好利。用榮夷公爲卿士執政，暴虐侈傲，壟斷山林川澤收益。諸侯不朝，國人謗之。又令衛巫監視“國人”，殺議論朝政之人，國人莫敢言，

道路以目。公元前841年，國人暴動，厲王出奔於彘，朝政由召公、周公執掌，史稱“共和行政”。十四年後，死於彘。

［19］【李賢注】《毛詩序》曰：“江漢，尹吉甫美宣王也。能興衰撥亂，命召公平淮夷。”其詩曰：“江漢浮浮，武夫滔滔。匪安匪游，淮夷來求（大德本脱‘求’字）。王命召虎，式辟四方，徹我土疆。”【今注】宣王：周宣王姬静。任用召穆公等賢臣，四處征討，在千畝之戰大敗於姜戎，派仲山甫料民於太原。事迹見《史記·周本紀》。 召公：召虎，又作“邵虎”，號“召伯”。周宣王時曾率軍戰勝淮夷。

［20］【今注】幽王：西周末代君主。名宫涅（shēng），周宣王子。任善諛好利之臣虢石父爲卿，行苛政。納褒姒而寵，生子伯服。廢太子宜臼及申后，立伯服。時鎬京地震，三川竭，岐山崩，又命攻六濟之戎而敗。申后之父申侯與犬戎攻王，犬戎破鎬京，殺幽王，擄褒姒。西周滅亡。

［21］【今注】齊桓：姓姜，名小白。齊襄公弟。爲公子時，因齊國内部矛盾而奔莒國。襄公被殺，從莒返回即位，任用管仲、鮑叔牙、隰朋、高傒等，鋭意改革，國力增强。伐魯，會盟於柯（今山東陽穀縣東北阿城鎮）。公元前663年，助燕國打敗山戎，救邢、衛，攻蔡。伐楚，與楚會盟於召陵。平定周王室内亂，助周襄王即位。前651年，大會諸侯於葵丘（今河南民權縣東北）。爲春秋時第一個霸主。

［22］【李賢注】《左傳》楚靈王、蔡侯、陳侯、鄭伯、許男、淮夷會于申。【今注】楚靈：春秋時楚王，芈姓，名熊圍，楚莊王之孫，楚平王之兄。殺其弟而自立，後復因楚平王之叛而逃亡，自縊而死。

［23］【今注】越：古國名。姒姓，傳説其爲夏朝之後，建都會稽。春秋末年，越王勾踐爲吴王夫差所敗。經過卧薪嘗膽，勵精圖治，勾踐攻滅吴國，向北擴張，成爲霸主。戰國時爲楚國所滅。

琅邪：都邑名。在今山東膠南琅邪臺西北。春秋末年越王勾踐滅吴，欲北上稱霸，遷都於此。秦爲琅邪郡治所。西漢屬琅邪郡，東漢改郡爲國。案，越國遷都琅邪一事，參見任會斌《越遷都琅琊時間初考》（《南方文物》2014年第4期）。

[24]【今注】案，以上所敘，在體例上爲追溯"東夷"在先秦時之起源。然上文所敘之"東夷"，大多爲先秦時期處於中國東南沿海地區的少數民族（學界稱之爲海岱民族或東夷集團，與河洛的華夏集團、江漢的苗蠻集團並稱爲中國上古民族三大系統。參見王震中《夷夏互化融合説》，《中國社會科學》2022年第1期），其主體已逐漸融入漢族，與本卷重點論述的位於東北亞地區的少數民族並無直接延續關係，衹是由"東"這一方位强行附會而已。事實上，范曄本人當已認識到這一點，故其在後文復有云"於是東夷始通上京"，可見後文之"東夷"與之前並非一體。

秦并六國，其淮、泗夷皆散爲民户。[1]陳涉起兵，[2]天下崩潰，燕人衞滿避地朝鮮，[3]因王其國。百有餘歲，武帝滅之，[4]於是東夷始通上京。王莽簒位，貊人寇邊。[5]建武之初，[6]復來朝貢。時遼東太守祭肜威讋北方，[7]聲行海表，於是濊貊、倭、韓萬里朝獻，[8]故章、和已後，[9]使聘流通。逮永初多難，[10]始入寇鈔；桓、靈失政，[11]漸滋曼焉。

[1]【今注】淮：水名。源出今湖北、河南交界的桐柏山，東流經今安徽、江蘇，在江蘇灌南縣東南入海。　泗：水名。一名清水，又作"清泗"。源出今山東泗水縣東蒙山南麓，四源並發，故名。古泗水經山東濟寧市魯橋鎮、江蘇徐州市注入淮河，是淮河下游最大的直流，故當時多淮、泗聯稱。金代以後，徐州以下河段爲

黄河所奪。元代以後，又將魯橋以下河段改造爲大運河的一部分。今之泗水一般僅指魯橋以上部分。

［2］【今注】陳涉：名勝，字涉。秦二世元年（前209）與吴廣等於大澤鄉起義，建立“張楚”政權，開啓了秦末農民大起義的序幕。兵敗後爲其御者所殺。世家見《史記》卷四八，傳見《漢書》卷三一。秦末反秦勢力中，除齊國田儋兄弟以外，其餘各大勢力皆或出於、或依附張楚政權。陳勝被視爲反秦之共主，其法統地位由秦末至漢初皆被承認。是以後來項梁以“秦嘉背陳王立景駒”爲名擊殺秦嘉，而劉邦在稱帝後更將陳勝（楚隱王）與魏安釐王、齊愍王、趙悼襄王並列，置守冢者十家。出土的長沙馬王堆三號漢墓帛書中，更是用張楚紀年而不用秦二世紀年，秦末漢初之重張楚法統由此可見一斑。但情況在後來逐漸發生變化。文帝時，賈誼已以“甕牖繩樞之子，氓隸之人，而遷徙之徒”貶低陳勝。至武帝時，司馬遷雖從歷史事實出發尊重“楚”的地位，然亦不得不被此觀念影響妥協，降陳勝至“世家”，僅予以有貴族身份的義帝、項籍以法統地位。至班固，乃降陳勝、項籍同傳，徹底否定其法統地位。參見史記卷七《項羽本紀》、卷八《高祖本紀》，《漢書》卷一《高紀》、卷三一《陳勝傳》及田餘慶《説張楚》（《歷史研究》1989年第2期）。

［3］【李賢注】《前書》曰“朝鮮王滿，燕人。自始全燕時，嘗略屬真番、朝鮮，爲置吏築障。漢興屬燕，王盧綰反入匈奴，滿亡命東走，渡浿水，居秦故空地，稍役屬朝鮮蠻夷及故燕、齊亡在者（在，紹興本、大德本作‘任’），王之，都險”也（紹興本、殿本“險”前有“王”字）。【今注】朝鮮：古國名。在今朝鮮半島北部及遼寧東部一帶。史載商周之際箕子率領殷商遺民東遷至朝鮮半島大同江流域，與土著東夷諸部落結合，形成類似於部落聯盟的政權組織形式，習慣上稱爲箕氏朝鮮，存續時間大約自公元前1045年至前195年。其後燕人衛滿取代朝鮮王準而建立衛氏

朝鮮，存續時間大約在公元前 195 年至前 108 年。

［4］【今注】武帝：西漢武帝劉徹，公元前 141 年至前 87 年在位。紀見《史記》卷一二、《漢書》卷六。

［5］【李賢注】《前書》莽發高句麗兵當伐胡，不欲行，郡縣彊迫之，皆亡出塞，因犯爲寇。州郡歸咎於高句麗侯騶，嚴尤奏言貉人犯法，不從騶起，宜慰安之。【今注】王莽：字巨君，魏郡元城（今河北大名縣東北）人。西漢元帝皇后王政君侄子。孺子嬰初始元年（8）稱帝，改國號爲新，年號始建國。傳見《漢書》卷九九。　貊：古族名。廣義上指整個貊系民族（參見後文"濊貊"條），狹義上則指高句驪，此處爲狹義。漢代分布於遼東、遼西、樂浪等郡，即今中國東北與朝鮮一帶。

［6］【今注】建武：東漢光武帝劉秀年號（25—56）。

［7］【今注】遼東：郡名。兩漢皆治襄平縣（今遼寧遼陽市）。　太守：官名。郡的最高行政長官。戰國時作爲郡守的尊稱，秦統一全國後，推行郡縣制，郡爲最高地方行政區劃，每郡置守、尉、監，郡守作爲郡的最高行政長官。西漢景帝中元二年（前 148）改郡守爲太守。東漢太守掌治民，進賢勸功，決訟檢姦，秩二千石。東漢後期，太守權力漸爲州刺史侵奪。《通典》卷三三《職官十五》："郡守，秦官。秦滅諸侯，以其地爲郡，置守、丞、尉各一人。守治民，丞佐之，尉典兵。漢景帝中元二年，更名郡守爲太守。凡在郡國，皆掌治民，進賢勸功，決訟檢姦。常以春行所主縣，秋冬遣無害吏按訊諸囚，平其罪法，論課殿最，并舉孝廉。"　祭肜：字次孫，潁川潁陽（今河南許昌市西南）人。其長期擔任遼東太守，首敗鮮卑，復利用鮮卑屢次擊敗匈奴、烏桓，威鎮北方。後升任太僕，率萬餘騎伐北匈奴，因無功而下獄，出獄後病死。傳見本書卷二〇。案，彤，紹興本、大德本、殿本均作"肜"，是。下文不再出注。　讋（zhé）：恐懼。

［8］【今注】濊（wèi）貊：又作"濊貉（mò）"。東北古族

名。爲北貉的一支，分布於今吉林、遼寧及朝鮮半島中北部。濊本爲較早到達東北地區的農耕民族。貊本爲游牧在北部草原地區的"梟騎"民族。受匈奴崛起所逼，被迫東遷。其東遷之初當即本卷後文提到的索離國（一作槖離國，又被稱爲北夫餘），之後部分部族南下，征服濊人建立夫餘。後部分北夫餘遷至迦葉原之地後被稱爲東夫餘，從東夫餘又分離出一支遷至卒本川號爲卒本夫餘，後改名爲高句驪，其地土著亦即統治民族當亦爲濊人。至此，除了漢四郡（之前爲箕子朝鮮、衛滿朝鮮）治下的濊人，以及内附漢地的濊人（漢武帝一度爲之置蒼海郡），其他地區的濊人當已被貊人征服並逐步融合，是以漢代以後多將濊貊聯稱，不作區分。後文所單叙的"濊"亦僅指漢四郡（之前爲箕子朝鮮、衛滿朝鮮）而言。西晉末年永嘉之亂後，中原王朝勢力衰退，高句驪崛起，南下吞併樂浪郡，遂進一步統治、融合了當地的濊人，濊貊遂徹底合而爲一。（參見干志耿《古代槖離研究》，《民族研究》1984 年第 2 期；李明浩《古代文獻中的"濊貊"研究》，博士學位論文，東北師範大學，2021 年）　倭：國名。古代對今日本的稱謂。漢、魏時主要指今日本九州島及其周圍地區。

［9］【今注】章：東漢章帝劉炟，公元 75 年至 88 年在位。紀見本書卷三。　和：東漢和帝劉肇，公元 88 年至 105 年在位。紀見本書卷四。

［10］【今注】永初：東漢安帝劉祜年號（107—113）。

［11］【今注】桓：東漢桓帝劉志，公元 146 年至 167 年在位。紀見本書卷七。　靈：東漢靈帝劉宏，公元 168 年至 189 年在位。紀見本書卷八。

自中興之後，[1]四夷來賓，雖時有乖畔，而使驛不絶，故國俗風土，可得略記。東夷率皆土著，憙飲酒歌舞，或冠弁衣錦，器用俎豆。[2]所謂中國失禮，求之四夷者也。[3] 凡蠻、夷、戎、狄總名四夷者，猶公、侯、伯、子、男皆號諸侯云。

［1］【今注】中興：指劉秀建立東漢政權，統一天下。

［2］【今注】俎豆：俎和豆，古祭祀盛肉類等食品的兩種器皿。

［3］【李賢注】《左傳》曰，仲尼學鳥名於郯子（名，殿本作“官”），既而告人曰：“吾聞之，天子失官，學在四夷，其信也。”

夫餘國，[1] 在玄菟北千里。[2] 南與高句驪，[3] 東與挹婁，[4] 西與鮮卑接，[5] 北有弱水。[6] 地方二千里，[7] 本濊地也。[8]

［1］【今注】夫餘：東北古族名。亦作“扶餘”。大約在公元前2世紀建立起政權。案，夫，大德本作“天”。

［2］【今注】玄菟：郡名。治所在沃沮縣，其地一般認爲在今朝鮮咸鏡南道咸興，另有今朝鮮境内和中國遼寧省内的幾種異説。後在西漢昭帝元鳳六年（前75），遷玄菟郡至遼東，是爲第二玄菟郡。其郡治具體地址仍有若干異説，一般均指在今遼寧省内，也有幾種異説認爲在吉林省内。一般認爲治高句驪縣（今遼寧新賓滿族自治縣西）。東漢時，因高句驪族勢力之興起，玄菟郡再次内遷，僑置於遼東郡内，是爲第三玄菟郡。治高句驪縣（今遼寧沈陽市東）。（參見趙紅梅《玄菟郡研究》，博士學位論文，東北師範大學，2006年；周振鶴、李曉傑、張莉《中國行政區劃通史·秦漢卷》，復旦大學出版社2017年版）

［3］【今注】高句驪：古民族名。相傳爲夫餘别種。漢代分布

於今鴨緑江及其支流渾江流域。西漢武帝時以其地爲高句驪縣，屬玄菟郡。

［4］【今注】挹婁：族名，亦政權名。源於肅慎。秦漢至魏晉時分布在長白山北、松花江、黑龍江中下游，東濱大海。其内部有多個部落，相互之間形成鬆散聯盟。漢代時臣屬夫餘，魏時向魏進貢。北魏時稱爲勿吉。

［5］【今注】鮮卑：部族名。東胡的一支。秦末東胡爲匈奴擊破，其中一支退保鮮卑山，故名。後游牧於今内蒙古東部西拉木倫河與洮兒河一帶。北匈奴西遷後，鮮卑據其故地，日益强盛。漢魏間先後有檀石槐、步度根、軻比能等著名首領。西晉滅亡後，鮮卑族的慕容、乞伏、禿髮、宇文、拓跋等部先後在今華北及西北地區建立政權。

［6］【今注】弱水：水名。古籍中多有“弱水”的記載，意指其水弱不勝舟，甚至還有不勝芥、不勝鴻毛之傳説。當是因水淺或水流湍急無法行舟，或是當地不擅長造舟，以皮筏交通，輾轉傳聞，而有此傳説。此處“弱水”所指當爲東北黑龍江及其在俄羅斯境内的下游河道。

［7］【今注】案，“夫餘國”至“二千里”，大略與《三國志》卷三〇《魏書·東夷傳》相同。《志》中還言及夫餘人口爲“户八萬”，蓋范曄慮及時距陳壽寫史時已久，人口增减未知，故删此句。

［8］【今注】案，相關研究認爲，夫餘之範圍，大致以今吉林省吉林市所在的西流松花江爲中心，南以渾江、輝發河與高句驪相接，東至張廣才嶺與挹婁相鄰，西抵今吉林省最西部的白城市附近，與鮮卑相接。北界之弱水，當即東流松花江及黑龍江下游。（參見李健才《夫餘的疆域和王城》，《社會科學戰綫》1982 年第 4 期）

初，北夷索離國王出行，[1]其侍兒於後妊身，[2]王還，欲殺之。侍兒曰：“前見天上有氣，大如雞子，來降我，因以有身。”王囚之，後遂生男。王令置於豕牢，[3]豕以口氣嘘之，不死。復徙於馬蘭，[4]馬亦如之。[5]王以爲神，乃聽母收養，名曰東明。東明長而善射，王忌其猛，復欲殺之。東明奔走，南至掩淲水，[6]以弓擊水，魚鼈皆聚浮水上，東明乘之得度，因至夫餘而王之焉。[7]於東夷之域，最爲平敞，[8]土宜五穀。出名馬、赤玉、貂豽，[9]大珠如酸棗。以員栅爲城，[10]有宮室、倉庫、牢獄。[11]其人麤大彊勇而謹厚，不爲寇鈔。以弓矢刀矛爲兵。[12]以六畜名官，有馬加、牛加、狗加，其邑落皆主屬諸加。[13]食飲用俎豆，會同拜爵洗爵，揖讓升降。以臘月祭天，[14]大會連日，飲食歌舞，名曰“迎鼓”。是時斷刑獄，解囚徒。[15]有軍事亦祭天，[16]殺牛，以蹏占其吉凶。[17]行人無晝夜，好歌吟，音聲不絶。其俗用刑嚴急，被誅者皆没其家人爲奴婢。盜一責十二。男女淫皆殺之，尤治惡妒婦，既殺，復尸於山上。[18]兄死妻嫂。[19]死則有椁無棺。殺人殉葬，多者以百數。[20]其王葬用玉匣，漢朝常豫以玉匣付玄菟郡，王死則迎取以葬焉。[21]

[1]【李賢注】“索”或作“槖”，音度洛反。【今注】索離國：《論衡·吉驗篇》作“槖離國”，《三國志》卷三〇《東夷傳》裴松之注引《魏略》引“舊志”作“北方有高離之國”。一般以成書時代較早的《論衡》爲準，稱爲“槖離”。又，《晉書》卷九七《四夷傳》有云“裨離國在肅慎西北，馬行可二百日，領户二萬”。沈欽韓《後漢書疏證》認爲“裨離”或即“槖離”。槖離又被稱作“北夫餘”，當即東遷之初的貊系民族。後其部分部族南下，征服濊

人，建立了夫餘。東部的東夫餘、卒本夫餘（高句驪）的統治階級當亦由此遷來。其地當在夫餘北界“弱水”（今東流松花江及黑龍江下游）之北。有觀點認爲，位於今黑龍江肇源縣的青銅文化遺址——白金寶文化即爲古橐離文化之代表（參見干志耿《古代橐離研究》,《民族研究》1984 年第 2 期）。

[2]【李賢注】㜸音人鴆反。

[3]【李賢注】牢，圏也（圏，大德本誤作“圚”）。

[4]【李賢注】蘭即欄也。

[5]【今注】案，《史記》卷四《周本紀》載姜原生周之始祖弃，“弃之隘巷，馬牛過者皆辟不踐；徙置之林中，適會山林多人，遷之；而弃渠中冰上，飛鳥以其翼覆薦之。姜原以爲神，遂收養長之。初欲弃之，因名曰弃”。弃及前文李注所引徐偃王事與東明出生事皆相類，屬於同一祖先起源故事類型。

[6]【李賢注】今高麗中有蓋斯水，疑此水是也。【今注】掩淲水：其地無詳細記載。就地理而言，大略應爲夫餘北界之“弱水”——今之東流松花江及黑龍江下游（參見李健才《夫餘的疆域和王城》,《社會科學戰綫》1982 年第 4 期）的一部分。又，《魏書》之太魯河、太瀰河及《新唐書》之它漏河、他漏河，當皆爲“橐離”之異譯，他漏河包括今洮兒河、嫩江下游和東流松花江（參見干志耿《古代橐離研究》,《民族研究》1984 年第 2 期）。綜合而言，其所指或即今之東流松花江。

[7]【今注】案，東明事迹亦見於早出的《論衡・吉驗篇》與《三國志》卷三〇《魏書・東夷傳》裴松之注引《魏略》引“舊志”，其所載事迹略同，但具體文字差異較大。此外，晚出的《梁書》卷五四《諸夷傳》、《北史》卷九四《百濟傳》、《隋書》卷八一《百濟傳》亦載此事。

[8]【今注】案，敞，大德本誤作“敝”。

[9]【李賢注】豽似豹，無前足，音奴八反。

［10］【今注】案，以員柵爲城，《三國志·東夷傳》作“國之耆老自説古之亡人。作城柵皆員，有似牢獄”。其後文尚有云“其印文言‘濊王之印’，國有故城名濊城，蓋本濊貊之地，而夫餘王其中，自謂‘亡人’，抑有以也”。裴松之注復引東明之傳説證之。

［11］【今注】案，關於夫餘統治中心的王城所在，過去争論頗多。隨着考古的進展，現在一般將其範圍鎖定在今吉林省吉林市龍潭山城遺址或東團山城及其南麓的南城子遺址（參見李健才《夫餘的疆域和王城》，《社會科學戰綫》1982 年第 4 期）。

［12］【今注】案，《三國志·東夷傳》此處尚有云“家家自有鎧仗”。

［13］【今注】案，“以六畜”至“屬諸加”，《三國志·東夷傳》作“國有君王，皆以六畜名官，有馬加、牛加、豬加、狗加、大使、大使者、使者。邑落有豪民，名下户皆爲奴僕。諸加别主四出，道大者主數千家，小者數百家”。

［14］【今注】臘月：農曆十二月。《三國志·東夷傳》作“殷正月”。傳説殷正以農曆十二月爲歲首。

［15］【今注】案，“解囚徒”後，《三國志·東夷傳》尚有云“在國衣尚白，白布大袂，袍、袴，履革鞜。出國則尚繒繡錦罽，大人加狐狸、狖白、黑貂之裘，以金銀飾帽。譯人傳辭，皆跪，手據地竊語”。

［16］【今注】案，事，大德本誤作“士”。

［17］【李賢注】《魏志》曰：“牛蹏解者爲凶，合者爲吉。”【今注】案，除李注所補此句外，《三國志·東夷傳》尚有云“有敵，諸加自戰，下户俱擔糧飲食之。其死，夏月皆用冰”。

［18］【今注】案，復尸於山上，《三國志·東夷傳》作“尸之國南山上，至腐爛。女家欲得，輸牛馬乃與之”。

［19］【今注】案，《三國志·東夷傳》此處尚有云“與匈奴同俗”。

［20］【今注】案，《三國志·東夷傳》將此葬禮與前文戰争事

合叙，未知是否指戰死者之葬禮而言。

[21]【今注】案，“其王葬”至“以葬焉”，《三國志·東夷傳》略同，但與前文不連屬。

建武中，東夷諸國皆來獻見。二十五年，夫餘王遣使奉貢，光武厚答報之，[1]於是使命歲通。至安帝永初五年，[2]夫餘王始將步騎七八千人寇鈔樂浪，[3]殺傷吏民，後復歸附。永寧元年，[4]乃遣嗣子尉仇台詣闕貢獻，[5]天子賜尉仇台印綬金綵。順帝永和元年，[6]其王來朝京師，帝作黄門鼓吹、角抵戲以遣之。[7]桓帝延熹四年，[8]遣使朝賀貢獻。永康元年，[9]王夫台將二萬餘人寇玄菟，玄菟太守公孫域擊破之，斬首千餘級。至靈帝熹平三年，[10]復奉章貢獻。夫餘本屬玄菟，獻帝時，[11]其王求屬遼東云。

[1]【今注】光武：東漢開國皇帝劉秀，公元25年至57年在位。謚號“光武”。紀見本書卷一。

[2]【今注】安帝：東漢安帝劉祜，公元106年至125年在位。紀見本書卷五。

[3]【今注】樂浪：郡名。西漢武帝平朝鮮後置四郡，後或内遷，或省併，在朝鮮僅剩樂浪一郡。兩漢郡治皆爲朝鮮縣（今朝鮮平壤市南）。案，樂浪郡持續時間最長，關於其郡治争議相對較少，大部分中國學者都認爲其郡治在今朝鮮大同江流域，其中又以認爲在今朝鮮平壤市南的觀點爲主流。

[4]【今注】永寧：東漢安帝劉祜年號（120—121）。

[5]【今注】案，詣闕，紹興本作“印口”，大德本無此二字。

[6]【今注】順帝：東漢順帝劉保，公元125年至144年在位。

紀見本書卷六。　永和：東漢順帝劉保年號（136—141）。

［7］【今注】角抵：古代的一種體育活動，後世稱“相撲”“摔跤”。

［8］【今注】延熹：東漢桓帝劉志年號（158—167）。

［9］【今注】永康：東漢桓帝劉志年號（167）。

［10］【今注】熹平：東漢靈帝劉宏年號（172—178）。

［11］【今注】獻帝：東漢獻帝劉協，公元 189 年至 220 年在位。紀見本書卷九。

挹婁，古肅慎之國也。在夫餘東北千餘里，東濱大海，南與北沃沮接，不知其北所極。土地多山險。人形似夫餘，而言語各異。[1]有五穀、麻布，[2]出赤玉、好貂。[3]無君長，其邑落各有大人。處於山林之閒，土氣極寒，[4]常爲穴居，以深爲貴，大家至接九梯。好養豕，[5]食其肉，衣其皮。冬以豕膏塗身，厚數分，以禦風寒。夏則裸袒，以尺布蔽其前後。其人臭穢不絜，作厠於中，[6]圜之而居。自漢興已後，臣屬夫餘。[7]種衆雖少，而多勇力，處山險，又善射，發能入人目。弓長四尺，力如弩。矢用楛，長一尺八寸，[8]青石爲鏃，鏃皆施毒，中人即死。便乘船，好寇盜，鄰國畏患，而卒不能服。東夷夫餘飲食類此皆用俎豆，唯挹婁獨無，法俗最無綱紀者也。

［1］【今注】案，而言語各異，《三國志》卷三〇《魏書·東夷傳》作“言語不與夫餘、句麗同”。

［2］【今注】案，有五穀麻布，《三國志·東夷傳》作“有五穀、牛、馬、麻布”。

［3］【今注】案，“好貂”後《三國志·東夷傳》有云“今所謂挹婁貂是也”。又案，玉，大德本誤作“王”。

［4］【今注】案，土氣極寒，《三國志·東夷傳》作“土氣寒，劇於夫餘”。

［5］【今注】案，好養豕，《三國志·東夷傳》作“其俗好養豬”。

［6］【今注】案，作厠於中，《三國志·東夷傳》作“作溷在中央”。

［7］【今注】案，“臣屬夫餘”後《三國志·東夷傳》尚有云“夫餘責其租賦重，以黄初中叛之。夫餘數伐之，其人衆雖少，所在山險，鄰國人畏其弓矢，卒不能服也。其國便乘船寇盜，鄰國患之”。

［8］【今注】案，一尺八寸，《三國志·東夷傳》作“尺八寸”。

高句驪，在遼東之東千里，南與朝鮮、濊貊，東與沃沮，北與夫餘接。地方二千里，[1]多大山深谷，[2]人隨而爲居。[3]少田業，力作不足以自資，[4]故其俗節於飲食，而好修宫室。東夷相傳以爲夫餘别種，故言語法則多同，[5]而跪拜曳一脚，[6]行步皆走。凡有五族，有消奴部、絶奴部、順奴部、灌奴部、桂婁部。[7]本消奴部爲王，稍微弱，後桂婁部代之。[8]其置官，有相加、對盧、沛者、古鄒大加、[9]主簿、優台、使者、帛衣先人。[10]武帝滅朝鮮，以高句驪爲縣，[11]使屬玄菟，賜鼓吹伎人。其俗淫，皆絜浄自憙，暮夜輒男女群聚爲倡樂。[12]好祠鬼神、社稷、零星，[13]以十月祭天大會，名曰“東盟”。其國東有大穴，號禭神，亦以十月迎而祭之。[14]其公會衣服皆錦繡，金銀以自飾。大加、主簿皆著幘，如冠幘而無後；其小加著折風，形如弁。無牢獄，有罪，諸加評議便殺之，没入妻子爲奴婢。其昏姻皆就婦家，[15]生子長大，然後將還，便稍營送終之具。[16]金銀財幣盡於厚葬，積石爲封，亦種松柏。[17]其人性凶急，有氣力，習戰鬬，好寇鈔，沃沮、東濊皆屬焉。

［1］【今注】案，地方二千里，《三國志》卷三〇《魏書·東夷傳》作"都於丸都之下，方可二千里，户三萬"。

［2］【今注】案，《三國志·東夷傳》此後有"無原澤"三字。

［3］【今注】案，《三國志·東夷傳》此後有"食澗水"三字。

［4］【今注】案，自資，《三國志·東夷傳》作"實口腹"。

［5］【今注】案，《三國志·東夷傳》此後有云"其性氣衣服有異"。

［6］【今注】案，曳，《三國志·東夷傳》作"申"。

［7］【李賢注】案，今高驪五部：一曰内部，一名黄部，即桂婁部也；二曰北部，一名後部，即絶奴部也；三曰東部，一名左部，即順奴部也；四曰南部，一名前部，即灌奴部也；五曰西部，一名右部，即消奴部也。【今注】案，消奴部，《三國志·東夷傳》作"涓奴部"。

［8］【今注】案，《三國志·東夷傳》云"其國有王"。又案，有觀點認爲，取代消奴部的桂婁部即朱蒙一系，亦即後來的高句驪王室一系。朱蒙神話（高句驪起源神話）的構建與此權力轉移有關（參見李大龍《試析高句麗建構建國神話的時代背景與目的》，《史學集刊》2021年第5期）。

［9］【李賢注】古鄒大加，高驪掌賓客之官（賓，紹興本作

“賀”），如鴻臚也。【今注】案，古鄒大加，《三國志·東夷傳》作“古雛加”。

［10］【今注】案，優台，《三國志·東夷傳》作“優台丞”。帛衣先人，《三國志·東夷傳》作“皂衣先人”。此後有云“尊卑各有等級”。

［11］【李賢注】《前書》元封中，定朝鮮爲真番、臨屯、樂浪、玄菟四郡。

［12］【今注】案，“武帝滅”至“爲倡樂”，《三國志·東夷傳》作“漢時賜鼓吹技人，常從玄菟郡受朝服衣幘，高句麗令主其名籍。後稍驕恣，不復詣郡，於東界築小城，置朝服衣幘其中，歲時來取之，今胡猶名此城爲幘溝漊。溝漊者，句麗名城也。其置官，有對盧則不置沛者，有沛者則不置對盧。王之宗族，其大加皆稱古雛加。涓奴部本國主，今雖不爲王，適統大人，得稱古雛加，亦得立宗廟，祠靈星、社稷。絶奴部世與王婚，加古雛之號。諸大加亦自置使者、皂衣先人，名皆達於王，如卿大夫之家臣，會同坐起，不得與王家使者、皂衣先人同列。其國中大家不佃作，坐食者萬餘口，下户遠擔米糧魚鹽供給之。其民喜歌舞，國中邑落，暮夜男女群聚，相就歌戲。無大倉庫，家家自有小倉，名之爲桴京。其人絜清自喜，喜藏釀”。又案，暮，大德本誤作“墓”。

［13］【李賢注】《前書音義》：“龍星左角曰天田，則農祥也。辰見祠以牛（見，殿本作‘日’），號曰零星。”《風俗通》曰“辰之神爲靈星”，故以辰日祠於東南也（祠，殿本作“祀”）。【今注】案，好祠鬼神，《三國志·東夷傳》作“於所居之左右立大屋，祭鬼神”。

［14］【今注】案，號襚神亦以十月迎而祭之，《三國志·東夷傳》作“名隧穴，十月國中大會，迎隧神還於國東上祭之，置木隧於神坐”。

［15］【今注】案，其昏姻皆就婦家，《三國志·東夷傳》作

“其俗作婚姻，言語已定，女家作小屋於大屋後，名壻屋，壻暮至女家户外，自名跪拜，乞得就女宿，如是者再三，女父母乃聽使就小屋中宿，傍頓錢帛”。昏，殿本作“婚”。

［16］【今注】案，便稍營送終之具，《三國志·東夷傳》作“其俗淫。男女已嫁娶，便稍作送終之衣”。

［17］【今注】案，《三國志·東夷傳》此後有云“其馬皆小，便登山”。

句驪一名貊耳。有别種，依小水爲居，因名曰小水貊。出好弓，所謂“貊弓”是也。[1]

［1］【李賢注】《魏氏春秋》曰：“遼東郡西安平縣北，有小水南流入海，句驪别種因名之小水貊。”【今注】案，“句驪一名貊耳”至“貊弓是也”，《三國志》卷三〇《魏書·東夷傳》作“又有小水貊。句麗作國，依大水而居，西安平縣北有小水，南流入海”。

王莽初，發句驪兵以伐匈奴，其人不欲行，彊迫遣之，皆亡出塞爲寇盜。遼西大尹田譚追擊，[1]戰死。莽令其將嚴尤擊之，[2]誘句驪侯騶入塞，[3]斬之，傳首長安。莽大説，更名高句驪王爲下句驪侯，於是貊人寇邊愈甚。[4]建武八年，高句驪遣使朝貢，光武復其王號。[5]二十三年冬，句驪蠶支落大加戴升等萬餘口詣樂浪内屬。二十五年春，句驪寇右北平、漁陽、上谷、太原，[6]而遼東太守祭肜以恩信招之，皆復款塞。

［1］【今注】遼西：郡名。西漢時治且慮縣（今遼寧義縣北一

帶），東漢時治陽樂縣（今遼寧義縣西南）。新莽時治所不詳，當亦在遼寧義縣周邊。　大尹：新莽官名。一郡最高長官。《漢書》卷九九中《王莽傳中》有云："莽以《周官》《王制》之文，置卒正、連率、大尹，職如太守。"

［2］【今注】案，莽令其將嚴尤擊之，《三國志》卷三〇《魏書·東夷傳》作"州郡縣歸咎於句麗侯騊，嚴尤奏言：'貊人犯法，罪不起於騊，且宜安慰。今猥被之大罪，恐其遂反。'莽不聽，詔尤擊之"。

［3］【今注】句驪侯騶：騶是最早見諸史籍的高句驪君主。有觀點認爲，騶即是高句驪起源神話中的始祖朱蒙（參見劉子敏《朱蒙之死新探——兼説高句麗遷都"國内"》，《北方文物》2002年第4期；劉炬、季天水《"高句麗侯騶"考辨》，《社會科學戰綫》2007年第4期）。關於高句驪之起源神話，《三國志》《後漢書》皆未載，較早的文獻記載見於《魏書》卷一〇〇《高句麗傳》："高句麗者，出於夫餘，自言先祖朱蒙。朱蒙母河伯女，爲夫餘王閉於室中，爲日所照，引身避之，日影又逐。既而有孕，生一卵，大如五升。夫餘王棄之與犬，犬不食；棄之與豕，豕又不食；棄之於路，牛馬避之；後棄之野，衆鳥以毛茹之。夫餘王割剖之，不能破，遂還其母。其母以物裹之，置於暖處，有一男破殼而出。及其長也，字之曰朱蒙，其俗言'朱蒙'者，善射也。夫餘人以朱蒙非人所生，將有異志，請除之，王不聽，命之養馬。朱蒙每私試，知有善惡，駿者減食令瘦，駑者善養令肥。夫餘王以肥者自乘，以瘦者給朱蒙。後狩于田，以朱蒙善射，限之一矢。朱蒙雖矢少，殪獸甚多。夫餘之臣又謀殺之。朱蒙母陰知，告朱蒙曰：'國將害汝，以汝才略，宜遠適四方。'朱蒙乃與烏引、烏違等二人，棄夫餘，東南走。中道遇一大水，欲濟無梁，夫餘人追之甚急。朱蒙告水曰：'我是日子，河伯外孫，今日逃走，追兵垂及，如何得濟？'於是魚鼈並浮，爲之成橋，朱蒙得渡，魚鼈乃解，追騎不得渡。朱蒙遂至普述水，遇見三人，其一人著麻衣，一人著納衣，一人著水藻

衣，與朱蒙至紇升骨城，遂居焉，號曰高句麗，因以爲氏焉。”清末在今吉林集安市發現的“好太王碑”則記録了該傳説更早的面貌，該碑由高句麗政權刊刻於東晉時期，其碑文云：“惟昔始祖鄒牟王之創基也出自北夫餘天帝之子母河伯女郎剖卵降出生子有聖德鄒牟王奉母命駕巡車南下路由夫餘奄利大水王臨津言曰我是皇天之子母河伯女郎鄒牟王爲木連浮龜應聲即爲連浮龜然後造渡於沸流谷忽本西城山上而建都”（徐德源：《彌足珍貴的高句麗好太王碑銘文文獻著録——楊同桂《沈故》所載“高麗墓碑”評介》，《地域文化研究》2017 年第 1 期）。可以看到，朱蒙之傳説實即夫餘東明傳説之變種，鄒牟傳説亦略近之。高句麗與夫餘既屬同一族系，言語法則多同，再考慮到“東明”“朱蒙”“鄒牟”發音有相近處，是知東明、朱蒙、鄒牟所指當爲一人，《梁書·諸夷傳》叙此事即云“高句驪者，其先出自東明。東明本北夷橐離王之子”。然則朱蒙神話當即在東明神話上直接發展而來，這一演變實亦折射了濊貊族系遷徙演變和内部霸權變更的歷史（參見姜維公《好太王碑及其“始祖傳説”模式的意義——以高句麗早期王系爲中心》，《東北史地》2016 第 1 期）。按照晚出的朝鮮史料《三國史記》記載，朱蒙爲西漢中期人。然因該史料晚出，且其中所載第六代太祖王宫之前的高句驪王侯姓名不見於魏晉之前的史書，因而頗受懷疑。“騶”既爲高句驪見諸史書的第一位君主，發音又近於“朱蒙”“鄒牟”，且“好太王碑”載鄒牟被“黄龍負升天”，《三國史記》亦載朱蒙突然“升遐”，頗爲詭異，其後文又將被嚴尤誘殺之人刻意改爲將領“延丕”，諸多疑點頗令史家有騶即朱蒙之懷疑，然尚乏確據。

［4］【今注】案，於是貊人寇邊愈甚，《三國志·東夷傳》無，而云“當此時爲侯國”。《漢書·王莽傳中》作“於是貉人愈犯邊”。

［5］【今注】案，光武復其王號，《三國志·東夷傳》作“始見稱王”。

［6］【今注】右北平：郡名。戰國時期燕國始置。本爲東胡之

地，燕擊退東胡而置郡。或因在北平縣（今河北保定市滿城區東）之右而得名。秦及西漢初年治無終縣（今天津市薊州區）。後徙治平剛，故地在今内蒙古寧城縣西南，河北平泉市東北。一説在今遼寧凌源市西南。徙治原因或與漢武帝北擊匈奴有關。東漢時因東部烏桓、鮮卑等部興起，右北平郡北部諸縣多省罷，郡治亦南遷。治土垠（今河北唐山市豐潤區東）。　漁陽：戰國時期燕國郡名。本爲東胡之地，燕擊退東胡而置郡，因在漁水之陽而得名。秦及兩漢治所皆在漁陽縣，其故城遺址在今北京市懷柔區北房鎮梨園莊東。　上谷：郡名。兩漢皆治沮陽縣（今河北懷來縣東北一帶）。　太原：郡名。兩漢皆治晉陽縣（今山西太原市西南）。

後句驪王宮生而開目能視，國人懷之，及長勇壯，數犯邊境。和帝元興元年春，[1]復入遼東，寇略六縣，太守耿夔擊破之，[2]斬其渠帥。[3]安帝永初五年，[4]宮遣使貢獻，求屬玄菟。[5]元初五年，[6]復與濊貊寇玄菟，攻華麗城。[7]建光元年春，[8]幽州刺史馮煥、玄菟太守姚光、遼東太守蔡諷等將兵出塞擊之，[9]捕斬濊貊渠帥，獲兵馬財物。宮乃遣嗣子遂成將二千餘人逆光等，遣使詐降；光等信之，遂成因據險阸以遮大軍，而潛遣三千人攻玄菟、遼東，焚城郭，殺傷二千餘人。於是發廣陽、漁陽、右北平、涿郡屬國三千餘騎同救之，[10]而貊人已去。夏，復與遼東鮮卑八千餘人攻遼隊，[11]殺略吏人。[12]蔡諷等追擊於新昌，[13]戰殁，功曹耿耗、兵曹掾龍端、兵馬掾公孫酺以身扞諷，[14]俱没於陳，[15]死者百餘人。[16]秋，宮遂率馬韓、濊貊數千騎圍玄菟。[17]夫餘王遣子尉仇台將二萬餘人，與州郡并力討破之，斬首五百餘級。

［1］【今注】元興：東漢和帝劉肇年號（105）。

［2］【今注】耿夔：字定公，扶風茂陵（今陝西興平市東北）人。東漢名將。其伯父耿弇爲東漢開國功臣，雲臺二十八將之一。傳見本書卷一九。

［3］【今注】案，“二十三年冬”至“斬其渠帥”，《三國志》卷三〇《魏書·東夷傳》無。

［4］【今注】案，本書卷五《安帝紀》載高句驪貢獻事在永初三年（109）。錢大昭《後漢書辨疑》認爲當以“三年”爲是。

［5］【今注】案，“安帝永初五年”至“屬玄菟”，《三國志·東夷傳》作“至殤、安之間，句麗王宮數寇遼東，更屬玄菟”。

［6］【今注】元初：東漢安帝劉祜年號（114—120）。

［7］【李賢注】華麗，縣，屬樂浪郡。【今注】華麗：城邑名。華麗縣縣治所在。西漢置，在今朝鮮咸鏡南道永興附近，屬樂浪郡所轄，東漢廢。一説東漢時華麗縣内遷，屬玄菟郡，在今遼寧開原市境。今遼寧開原市南有華露臺，據説即華麗縣治遺址。

案，《三國志·東夷傳》無此句。

［8］【今注】建光：東漢安帝劉祜年號（121—122）。

［9］【今注】幽州：西漢武帝時所置十三刺史部之一，下轄涿、廣陽、代、上谷、漁陽、右北平、遼西、遼東、玄菟、樂浪十郡。轄境約當今北京、河北北部、遼寧大部、天津海河以北及朝鮮大同江流域。刺史本爲中央派出的監察機構，東漢逐漸演變爲行政機構。治薊縣（今北京市城區西南部的廣安門附近）。　刺史：西漢武帝元封五年（前106）將全國，除京師附近七郡（歸司隸校尉部管轄）以外的土地分爲十三部，或稱十三州。東漢時，朔方刺史部併入并州刺史部，爲十二州。每部置刺史一人，初無治所，奉詔巡行下轄諸郡，省察治政，黜陟能否，斷理冤獄，秩六百石。主要

以六條察州，所察對象主要爲二千石官吏、强宗豪右及諸侯王等。成帝綏和元年（前8）更爲牧，秩二千石。哀帝建平二年（前5）罷州牧，復刺史。元壽二年（前1）復爲牧。東漢光武帝建武十一年（35）省。建武十八年復爲刺史，有常治所，奏事遣計吏代行，不復自往。靈帝中平五年（188），劉焉謂四方兵寇，由刺史權輕，宜改置牧，選重臣爲之。自此，刺史權力增大，除監察權外，還有選舉、劾奏之權，干預地方行政及領兵之權，原作爲監察區劃的"州"逐漸轉化爲"郡"之上的地方行政機構，州郡縣三級制隨之形成。　馮焕：東漢安帝時任幽州刺史，因行事剛直被人陷害，病死於獄中。其子緄，本書卷三八有傳。案，焕，大德本作"恞"。　姚光：東漢安帝時任玄菟太守，與馮焕同遭陷害，被殺。　蔡諷：《三國志·東夷傳》作"蔡風"。

［10］【今注】廣陽：郡國名。兩漢均治薊縣（今北京市）。涿郡：兩漢均治涿縣（今河北涿州市）。

［11］【李賢注】縣名，屬遼東郡也。【今注】遼隊：縣名。西漢置。治所在今遼寧鞍山市西。案，本書《郡國志五》未載遼隊縣，當爲脱漏。

［12］【今注】案，略，大德本、殿本作"掠"。

［13］【今注】新昌：縣名。治所在今遼寧海城市東北。

［14］【今注】功曹：官名。漢代郡守、縣令下有功曹史，簡稱功曹。掌人事，並得與聞一郡、縣的政務。　兵曹掾：漢制，太尉等公府，將軍郡縣屬吏分曹治事，兵曹爲其中之一。其正職爲兵曹掾，皆掌兵事。　兵馬掾：東漢郡守、州牧屬吏有兵馬掾。與兵曹掾並置，多爲邊疆地區因戰事而設，非常置。

［15］【今注】案，没，大德本、殿本作"歿"。　陳：同"陣"。

［16］【今注】案，"建光元年"至"百餘人"，《三國志·東夷傳》略云："遼東太守蔡風、玄菟太守姚光以宫爲二郡害，興師伐之。宫詐降請和，二郡不進。宫密遣軍攻玄菟，焚燒候城，入遼

隧，殺吏民。後宮復犯遼東，蔡風輕將吏士追討之，軍敗没。”

［17］【今注】馬韓：部族名。韓國三部中最大的一個。地處今韓國首爾以南，小白山脈以西，轄地相當於今韓國忠清南道、忠清北道、全羅南道、全羅北道和京畿道南部地區。

是歲宮死，子遂成立。姚光上言欲因其喪發兵擊之，議者皆以爲可許。尚書陳忠曰：[1]“宮前桀黠，光不能討，死而擊之，非義也。宜遣弔問，因責讓前罪，赦不加誅，取其後善。”安帝從之。明年，遂成還漢生口，詣玄菟降。[2]詔曰：“遂成等桀逆無狀，[3]當斬斷葅醢，[4]以示百姓，幸會赦令，乞罪請降。鮮卑、濊貊連年寇鈔，驅略小民，動以千數，而裁送數十百人，非向化之心也。自今已後，[5]不與縣官戰鬬而自以親附送生口者，皆與贖直，縑人四十匹，[6]小口半之。”[7]

［1］【今注】尚書：官名。東漢尚書臺六曹，每曹設尚書一人，分別負責己曹事務。秩六百石。　陳忠：字伯始，沛國洨（今安徽固鎮縣）人。傳見本書卷四六。

［2］【今注】案，菟，紹興本作“莬”。

［3］【今注】桀逆：凶暴反逆，不順從。

［4］【今注】葅（zū）醢：剁成肉醬。

［5］【今注】案，已，大德本、殿本作“以”。

［6］【今注】縑：絲織物的一種。雙絲所織的淺黄色細絹。經絲細密，結實耐用。漢以後，多用作賞賜酬謝之物，或作貨幣。《釋名・釋綵帛》：“縑，兼也。其絲細緻，數兼於絹，染兼五色，細緻不漏水也。”漢代的絹多爲粗絹，經緯較疏，顏色泛黄，不可與縑同日而語。

[7]【今注】案，“宫遂率馬韓”至“小口半之”，《三國志》卷三〇《魏書·東夷傳》無。

遂成死，子伯固立。[1]其後濊貊率服，東垂少事。順帝陽嘉元年，[2]置玄菟郡屯田六部。[3]質、桓之間，復犯遼東西安平，殺帶方令，[4]掠得樂浪太守妻子。建寧二年，[5]玄菟太守耿臨討之，斬首數百級，[6]伯固降服，乞屬玄菟云。[7]

[1]【今注】案，此言伯固爲遂成之子，宫之孫。然《三國志》卷三〇《魏書·東夷傳》云："宫死，子伯固立。"二者不同。

[2]【今注】陽嘉：東漢順帝劉保年號（132—135）。

[3]【今注】案，"其後濊貊率服"至"屯田六部"，《三國志·東夷傳》無。

[4]【李賢注】《郡國志》西安平、帶方，縣，並屬遼東郡(錢大昭《後漢書辨疑》指出據本書《郡國志》帶方當屬樂浪郡)。【今注】帶方：縣名。治所在今朝鮮黄海北道鳳山郡。　令：縣令。一縣之最高長官。案，"質桓之間"至"殺帶方令"，《三國志·東夷傳》作"順、桓之間，復犯遼東，寇新安、居鄉，又攻西安平，於道上殺帶方令"。

[5]【今注】建寧：東漢靈帝劉宏年號（168—172）。

[6]【今注】案，"掠得樂浪"至"數百級"，與《三國志·東夷傳》略同。

[7]【今注】案，伯固降服乞屬玄菟云，《三國志·東夷傳》作"伯固降，屬遼東。熹平中，伯固乞屬玄菟。公孫度之雄海東也，伯固遣大加優居、主簿然人等助度擊富山賊，破之"。

東沃沮在高句驪蓋馬大山之東,[1]東濱大海;北與挹婁、夫餘,南與濊貊接。其地東西夾,南北長,[2]可折方千里。[3]土肥美,背山向海,宜五穀,善田種,[4]有邑落長帥。[5]人性質直彊勇,[6]便持矛步戰。言語、食飲、居處、衣服有似句驪。[7]其葬,作大木槨,長十餘丈,開一頭爲户,新死者先假埋之,令皮肉盡,乃取骨置槨中。家人皆共一槨,刻木如主,隨死者爲數焉。[8]

[1]【李賢注】蓋馬,縣名,屬玄菟郡。其山在今平壤城西。平壤即王險城也。

[2]【李賢注】夾音狹(殿本此注在“東西夾”三字後)。

[3]【今注】案,其地東西夾南北長可折方千里,《三國志》卷三〇《魏書·東夷傳》作“其地形東北狹,西南長,可千里”。

[4]【今注】案,田,紹興本、大德本誤作“曰”。

[5]【今注】案,有邑落長帥,《三國志·東夷傳》作“户五千,無大君王,世世邑落,各有長帥”。

[6]【今注】案,人性質直彊勇,《三國志·東夷傳》此句後有“少牛馬”三字。

[7]【今注】案,《三國志·東夷傳》單列“言語”句云“其言語與句麗大同,時時小異”。又案,食飲,殿本作“飲食”。又案,《三國志·東夷傳》“衣服”後有“禮節”二字。其裴松之注引《魏略》曰:“其嫁娶之法,女年十歲,已相設許。壻家迎之,長養以爲婦。至成人,更還女家。女家責錢,錢畢,乃復還壻。”

[8]【今注】案,隨死者爲數焉,《三國志·東夷傳》此句後有“又有瓦鑑,置米其中,編縣之於槨户邊”。

武帝滅朝鮮，以沃沮地爲玄菟郡。[1]後爲夷貊所侵，徙郡於高句驪西北，更以沃沮爲縣，屬樂浪東部都尉。[2]至光武罷都尉官，後皆以封其渠帥，爲沃沮侯。[3]其土迫小，介於大國之間，遂臣屬句驪。句驪復置其中大人遂爲使者，以相監領，責其租税，[4]貂布魚鹽，[5]海中食物，發美女爲婢妾焉。[6]

[1]【今注】案，武帝滅朝鮮以沃沮地爲玄菟郡，《三國志》卷三〇《魏書·東夷傳》作“漢初，燕亡人衛滿王朝鮮，時沃沮皆屬焉。漢武帝元封二年，伐朝鮮，殺滿孫右渠，分其地爲四郡，以沃沮城爲玄菟郡”。

[2]【今注】東部都尉：官名。秦在各郡皆置郡尉，掌武事。西漢更名爲都尉，秩比二千石。東漢省内郡都尉，但於邊郡仍置都尉。且往往在一郡之内分部設置都尉。

[3]【今注】案，“更以沃沮爲縣”至“爲沃沮侯”，《三國志·東夷傳》作“今所謂玄菟故府是也。沃沮還屬樂浪。漢以土地廣遠，在單單大領之東，分置東部都尉，治不耐城，別主領東七縣，時沃沮亦皆爲縣。漢建武六年，省邊郡，都尉由此罷。其後皆以其縣中渠帥爲縣侯，不耐、華麗、沃沮諸縣皆爲侯國。夷狄更相攻伐，唯不耐濊侯至今猶置功曹、主簿諸曹，皆濊民作之。沃沮諸邑落渠帥，皆自稱三老，則故縣國之制也”。

[4]【今注】案，責其租税，《三國志·東夷傳》作“又使大加統責其租税”。責，紹興本誤作“貴”。

[5]【今注】案，貂布魚鹽，《三國志·東夷傳》作“貊布、魚、鹽”。

[6]【今注】案，發美女爲婢妾焉，《三國志·東夷傳》作“千里擔負致之，又送其美女以爲婢妾，遇之如奴僕”。

又有北沃沮，[1]一名置溝婁，去南沃沮八百餘里。其俗皆與南同。界南接挹婁。挹婁人憙乘船寇抄，[2]北沃沮畏之，每夏輒臧於巖穴，[3]至冬船道不通，乃下居邑落。其耆老言，[4]嘗於海中得一布衣，其形如中人衣，而兩袖長三丈。又於岸際見一人乘破船，頂中復有面，與語不通，不食而死。[5]又説海中有女國，無男人。或傳其國有神井，闚之輒生子云。[6]

［1］【今注】案，又有北沃沮，《三國志》卷三〇《魏書·東夷傳》此前有“毌丘儉討句麗，句麗王宫奔沃沮，遂進師擊之。沃沮邑落皆破之，斬獲首虜三千餘級，宫奔北沃沮”。由此引出北沃沮。

［2］【今注】案，抄，殿本作“鈔”。

［3］【今注】案，臧，殿本作“藏”；穴，大德本誤作“冗”。

［4］【今注】案，其耆老言，《三國志·東夷傳》此處云：“王頎别遣追討宫，盡其東界。問其耆老‘海東復有人不’？耆老言國人嘗乘船捕魚，遭風見吹數十日，東得一島，上有人，言語不相曉，其俗常以七月取童女沈海。”其後諸事亦爲耆老回答王頎所問。

［5］【今注】案，《三國志·東夷傳》記此事作“又得一破船，隨波出在海岸邊，有一人項中復有面，生得之，與語不相通，不食而死。其域皆在沃沮東大海中”。然則此處“頂中”似當依《三國志》作“項中”更爲合理。

［6］【李賢注】《魏志》曰，毌丘儉遣王頎追句驪王宫，窮沃沮東界，問其耆老所傳云。【今注】案，神井事不見於《三國志·東夷傳》。

濊北與高句驪、沃沮，[1]南與辰韓接，[2]東窮大海，[3]西至樂浪。濊及沃沮、句驪，本皆朝鮮之地也。[4]昔武王封箕子於朝鮮，[5]箕子教以禮義田蠶，又制八條之教。[6]其人終不相盜，無門户之閉。婦人貞信。飲食以籩豆。[7]其後四十餘世，至朝鮮侯準，自稱王。[8]漢初大亂，[9]燕、齊、趙人往避地者數萬口，而燕人衛滿擊破準而自王朝鮮，[10]傳國至孫右渠。元朔元年，[11]濊君南閭等畔右渠，率二十八萬口詣遼東内屬，武帝以其地爲蒼海郡，數年乃罷。至元封三年，滅朝鮮，分置樂浪、臨屯、玄菟、真番四部。[12]至昭帝始元五年，[13]罷臨屯、真番，以并樂浪、玄菟。玄菟復徙居句驪。自單單大領已東，[14]沃沮、濊貊悉屬樂浪。後以境土廣遠，復分領東七縣，置樂浪東部都尉。自内屬已後，風俗稍薄，法禁亦浸多，至有六十餘條。[15]建武六年，省都尉官，遂棄領東地，悉封其渠帥爲縣侯，皆歲時朝賀。[16]

［1］【今注】濊：又作"薉""穢"。較早進入東北亞地區的農耕民族，參見前文"濊貊"條。1958年平壤貞柏洞土壙墓出土了"夫租薉君"銀印和其他器物。"夫租薉君"銀印是漢朝授予的印綬。夫租，縣名。爲樂浪郡嶺東七縣之一。薉君即穢族的君長。〔參見白鍊行《關於"夫租薉君"印》，《文化遺産》1962年第2期；李淳鎮著，永島暉臣慎、西谷正譯《"夫租薉君"墓について》，《考古學研究》14卷4號；林澐《"夭租丞印"封泥與"夭租薉君"銀印考》，載《揖芬集：張政烺先生九十華誕紀念文集》，社會科學文獻出版社2002年版，後收入《林澐學術文集（二）》，科學出版社2008年版〕

［2］【今注】辰韓：國名。朝鮮半島南部"三韓"之一。一作

"秦韓"，傳説其民爲秦國逃避苦役而居此地者，言語似秦語，故名。位於今朝鮮半島東南部，據有東面全部和南面一部分。

［3］【今注】案，東窮大海，《三國志》卷三〇《魏書·東夷傳》此後有"今朝鮮之東皆其地也。户二萬"。

［4］【今注】案，"西至樂浪"至"朝鮮之地也"，《三國志·東夷傳》無。

［5］【今注】箕子：商朝貴族，名胥餘。紂王之叔父，一説爲紂庶兄。官太師，封子爵，國於箕（今山西太谷縣東）。紂暴虐，箕子諫而不聽。箕子懼，披髮佯狂爲奴，後因勸諫紂王被囚禁。周武王滅商，釋放箕子。因其道之不得行，其志之不得遂，走之朝鮮。箕子與微子、比干，並稱"殷末三仁"。《論語·微子》："微子去之，箕子爲之奴，比干諫而死。孔子曰：'殷有三仁焉。'"

［6］【李賢注】《前書》曰，箕子教以八條者，相殺者以當時償殺，相傷者以穀償，相盜者男没入爲其家奴，女子爲婢，欲自贖者人五十萬。《音義》曰："八條不具見也。"【今注】案，《漢書》載"八條"等朝鮮風俗在《地理志下》，不在卷九五《朝鮮傳》。

［7］【今注】籩（biān）豆：籩、豆均爲祭祀用的禮器，用以指代祭祀。籩，古代祭祀或宴會上用以盛果脯的竹製器，形如豆，容四升。豆，本爲盛食物的器皿，形似高脚盤。　案，"昔武王"至"以籩豆"，删節自《漢書·地理志下》，略詳於《三國志·東夷傳》。

［8］【今注】案，自稱王，《三國志·東夷傳》裴松之注引《魏略》，載朝鮮稱王在戰國時燕國稱王之際，與此不同。後燕使秦開開邊，朝鮮勢衰。

［9］【今注】案，漢初大亂，《三國志·東夷傳》作"陳勝等起，天下叛秦"。

［10］【今注】案，而燕人衛滿擊破準而自王朝鮮，《三國志·

東夷傳》作“燕人衛滿，魋結夷服，復來王之”。秦時朝鮮臣服秦朝。秦末漢初天下大亂，燕、齊等地百姓逃往朝鮮，被安置在西界。漢初燕王盧綰逃入匈奴，燕人衛滿逃至朝鮮，被朝鮮王準封爲博士，派往西界招攬亡命。衛滿勢大後，詐稱漢軍攻至，以回援爲名擊走朝鮮王準，建立衛氏朝鮮。

［11］【李賢注】武帝年也。

［12］【李賢注】番音潘。【今注】臨屯：古代朝鮮半島以濊人爲主的小國，大致在今朝鮮半島嶺東地區。漢初附屬於衛滿朝鮮，西漢武帝元封三年（前108）置爲漢郡，轄十五縣，治東暆縣（今朝鮮江原道地方，一説在今朝鮮咸鏡南道北部，其他幾種異説基本也都在今朝鮮境内）。昭帝始元五年（前82）罷郡，部分屬縣改隸樂浪郡。錢大昕《廿二史考異》卷六《漢書一》指出，《地理志》無霅縣，東暆則爲樂浪郡屬縣。據《昭帝紀》，始元五年罷真番郡。王應麟謂臨屯郡亦始元五年罷，然此説不見於《漢書》。王先謙《漢書補注》認爲，“暆”字誤，當從日旁。　真番：郡名。治霅縣（今朝鮮境内禮成江與漢江之間），一説治昭明縣（今朝鮮黄海南道信川郡西湖里），另有異説若干。案，真番郡争議最大，總的來説有在朝鮮境内和在中國境内兩大類説法，各自内部又有若干異説，涉及今遼寧、吉林、黑龍江三省和朝鮮境内若干地區。　又案，“元朔元年”至“番四部”，《三國志·東夷傳》作僅略作“漢武帝伐滅朝鮮，分其地爲四郡。自是之後，胡漢稍别”。

［13］【今注】昭帝：西漢昭帝劉弗陵，公元前87年至前74年在位。紀見《漢書》卷七。　始元：西漢昭帝劉弗陵年號（前86—前80）。

［14］【今注】單單大領：今朝鮮北大峰山脈。

［15］【今注】案，“自内屬已後”至“六十餘條”，襲自《漢書·地理志下》。

［16］【今注】案，“至昭帝始元五年”至“歲時朝賀”，《三

國志·東夷傳》僅略云“自單單大山領以西屬樂浪，自領以東七縣，都尉主之，皆以濊爲民。後省都尉，封其渠帥爲侯，今不耐濊皆其種也。漢末更屬句麗”。

無大君長，[1]其官有侯、邑君、三老。[2]耆舊自謂與句驪同種，言語法俗大抵相類。[3]其人性愚慤，[4]少耆欲，[5]不請匄。男女皆衣曲領。[6]其俗重山川，山川各有部界，不得妄相干涉。同姓不昏。[7]多所忌諱，疾病死亡，輒捐棄舊宅，更造新居。知種麻，養蠶，作緜布。曉候星宿，豫知年歲豐約。[8]常用十月祭天，晝夜飲酒歌舞，名之爲“舞天”。又祠虎以爲神。邑落有相侵犯者，輒相罰，責生口牛馬，名之爲“責禍”。殺人者償死。少寇盜。能步戰，作矛長三丈，或數人共持之。樂浪檀弓出其地。又多文豹，有果下馬，[9]海出班魚，[10]使來皆獻之。[11]

[1]【今注】案，《三國志》卷三〇《魏書·東夷傳》“無大君長”後有“自漢已來”。

[2]【今注】案，《三國志·東夷傳》“三老”後有“統主下户”四字。

[3]【今注】案，《三國志·東夷傳》“大抵相類”後有“衣服有異”。

[4]【今注】案，愚，《三國志·東夷傳》作“愿”。

[5]【今注】案，《三國志·東夷傳》“少耆欲”後有“有廉恥”。耆，紹興本、殿本作“嗜”。

[6]【今注】案，《三國志·東夷傳》“男女皆衣曲領”後有“男子擊銀花廣數寸以爲飾”。

[7]【今注】案，昏，殿本作“婚”。

[8]【今注】案，《三國志·東夷傳》“豫知年歲豐約”後有“不以珠玉爲寶”。

[9]【李賢注】高三尺，乘之可於果樹下行。

[10]【今注】班魚：魚名。亦名斑文魚、斑魚。《三國志·東夷傳》作“班魚皮”。

[11]【今注】案，使來皆獻之，《三國志·東夷傳》作“漢桓時獻之”。

韓有三種：[1]一曰馬韓，二曰辰韓，三曰弁辰。[2]馬韓在西，有五十四國，[3]其北與樂浪，南與倭接。辰韓在東，十有二國，[4]其北與濊貊接。弁辰在辰韓之南，亦十有二國，[5]其南亦與倭接。凡七十八國，伯濟是其一國焉。大者萬餘户，小者數千家，[6]各在山海間，[7]地合方四千餘里，東西以海爲限，皆古之辰國也。[8]馬韓最大，共立其種爲辰王，都目支國，[9]盡王三韓之地。其諸國王先皆是馬韓種人焉。[10]

[1]【今注】案，韓有三種，《三國志》卷三〇《魏書·東夷傳》作“韓在帶方之南……南與倭接……有三種”。

[2]【今注】弁辰：《三國志·東夷傳》作“弁韓”。然其後文復稱之爲“弁辰”。裴松之注引《魏略》稱爲“弁韓”。

[3]【今注】有五十四國：《三國志·東夷傳》作“有爰襄國、牟水國、桑外國、小石索國、大石索國、優休牟涿國、臣濆沽國、伯濟國、速盧不斯國、日華國、古誕者國、古離國、怒藍國、月支國、咨離牟盧國、素謂乾國、古爰國、莫盧國、卑離國、占離卑國、臣釁國、支侵國、狗盧國、卑彌國、監奚卑離國、古蒲國、致

利鞠國、冉路國、兒林國、駟盧國、内卑離國、感奚國、萬盧國、辟卑離國、臼斯烏旦國、一離國、不彌國、支半國、狗素國、捷盧國、牟盧卑離國、臣蘇塗國、莫盧國、古臘國、臨素半國、臣雲新國、如來卑離國、楚山塗卑離國、一難國、狗奚國、不雲國、不斯濆邪國、爰池國、乾馬國、楚離國，凡五十餘國”。

［4］【今注】十有二國：《三國志・東夷傳》作“始有六國，稍分爲十二國”。其後文又云“弁、辰韓合二十四國，大國四五千家，小國六七百家，總四五萬户”。其文中列出弁辰與辰韓共二十四國國名，其中十二國國名前冠有“弁辰”二字，然則其餘十二國當即屬於辰韓。其國名如下：已柢國、不斯國、勤耆國、難彌離彌凍國、冉奚國、軍彌國、如湛國、户路國、州鮮國、馬延國、斯盧國、優由國。

［5］【今注】亦十有二國：如上面“十有二國”條所叙，《三國志・東夷傳》列出弁辰與辰韓共二十四國國名，其中冠有“弁辰”的十二國當即屬於弁辰。其國名如下：弁辰彌離彌凍國、弁辰接塗國、弁辰古資彌凍國、弁辰古淳是國、弁辰半路國、弁辰樂奴國、弁辰彌烏邪馬國、弁辰甘路國、弁辰狗邪國、弁辰走漕馬國、弁辰安邪國、弁辰瀆盧國。

［6］【今注】案，此處用“大者萬餘户，小者數千家”描寫三韓，《三國志・東夷傳》則單言馬韓“大國萬餘家，小國數千家，總十餘萬户”。

［7］【今注】案，此處用“各在山海間”描寫三韓，《三國志・東夷傳》則單言馬韓“各有長帥，大者自名爲臣智，其次爲邑借，散在山海間”。

［8］【今注】案，此處以三韓合稱爲“辰國”，然《三國志・東夷傳》云“辰韓者，古之辰國也”，與此異。

［9］【今注】案，目支國，《三國志・東夷傳》作“月支國”。

［10］【今注】案，“馬韓最大”至“種人焉”，《三國志・東夷傳》作“辰王治月支國”。又案，“辰王”之意，兩書頗有矛盾

處。此三韓合稱辰國，“辰王”當爲三韓之王；《三國志·東夷傳》稱“辰韓者，古之辰國也”，“辰王”似爲辰韓之王。然其後文又有云“弁、辰韓合二十四國……其十二國屬辰王。辰王常用馬韓人作之，世世相繼。辰王不得自立爲王”。按此，“辰王”又當是馬韓人所領的弁辰、辰韓的部分國家之共主。未知孰是。裴松之注引《魏略》評馬韓爲辰王一事云“明其爲流移之人，故爲馬韓所制”。

馬韓人知田蠶，作緜布。出大栗如梨。有長尾雞，[1]尾長五尺。邑落雜居，亦無城郭。作土室，[2]形如冢，開户在上。[3]不知跪拜。無長幼男女之别。不貴金寶錦罽，[4]不知騎乘牛馬，[5]唯重瓔珠，以綴衣爲飾，及縣頸垂耳。大率皆魁頭露紒，[6]布袍草履。[7]其人壯勇。少年有築室作力者，輒以繩貫脊皮，縋以大木，嚾呼爲健。[8]常以五月田竟祭鬼神，晝夜酒會，群聚歌舞，舞輒數十人相隨蹋地爲節。[9]十月農功畢，亦復如之。諸國邑各以一人主祭天神，號爲“天君”。又立蘇塗，[10]建大木以縣鈴鼓，事鬼神。[11]其南界近倭，亦有文身者。

[1]【今注】案，長尾雞，《三國志》卷三〇《魏書·東夷傳》作“細尾雞”。

[2]【今注】案，作土室，《三國志·東夷傳》作“居處作草屋土室”。

[3]【今注】户：單扇的門。案，《三國志·東夷傳》此後有“舉家共在中”。

[4]【今注】罽（jì）：用獸毛織成的一種毛織品。

[5]【今注】案，《三國志·東夷傳》“不知騎乘牛馬”後有

“牛馬盡於送死”。

［6］【李賢注】魁頭猶科頭也，謂以髮縈繞成科結也。紒音計。【今注】魁頭露紒（jì）：將頭髮盤纏成結，露出而不戴冠。紒，束髮。

［7］【今注】案，草履，《三國志·東夷傳》作“足履革蹻蹋”。

［8］【今注】案，“少年有築室”至“讙呼爲健”，《三國志·東夷傳》作“其國中有所爲及官家使築城郭，諸年少勇健者，皆鑿脊皮，以大繩貫之，又以丈許木鍤之，通日讙呼作力，不以爲痛，既以勸作，且以爲健”。

［9］【今注】案，“舞輒”句，《三國志·東夷傳》作“其舞，數十人俱起相隨，踏地低昂，手足相應，節奏有似鐸舞”。

［10］【李賢注】《魏志》曰：“諸國各有別邑，爲蘇塗，諸亡逃至其中，皆不還之。蘇塗之義，有似浮屠。”

［11］【今注】案，“又立蘇塗”至“事鬼神”，《三國志·東夷傳》作“又諸國各有別邑。名之爲蘇塗。立大木，縣鈴鼓，事鬼神。諸亡逃至其中，皆不還之，好作賊。其立蘇塗之義，有似浮屠，而所行善惡有異”。

辰韓，耆老自言秦之亡人，避苦役，適韓國，馬韓割東界地與之。[1]其名國爲邦，弓爲弧，賊爲寇，行酒爲行觴，相呼爲徒，有似秦語，[2]故或名之爲秦韓。有城柵屋室。諸小別邑，各有渠帥，大者名臣智，次有儉側，次有樊秖，次有殺奚，次有邑借。[3]土地肥美，宜五穀。[4]知蠶桑，作縑布。乘駕牛馬。嫁娶以禮。[5]行者讓路。國出鐵，濊、倭、馬韓並從市之。凡諸貨易，皆以鐵爲貨。[6]俗憙歌舞飲酒鼓瑟。[7]兒生欲令其頭扁，皆押之以石。[8]

[1]【今注】案，《三國志》卷三〇《魏書·東夷傳》云："其言語不與馬韓同。"

[2]【今注】案，《三國志·東夷傳》云："非但燕、齊之名物也。名樂浪人爲阿殘；東方人名我爲阿，謂樂浪人本其殘餘人。"

[3]【李賢注】皆其官名。【今注】案，樊秖，《三國志·東夷傳》作"樊濊"。又，"諸小别邑"至"次有邑借"，《三國志·東夷傳》用以叙述弁辰，而非辰韓，與此異。

[4]【今注】案，宜五穀，《三國志·東夷傳》作"宜種五穀及稻"。

[5]【今注】案，嫁娶以禮，《三國志·東夷傳》云"嫁娶禮俗，男女有别。以大鳥羽送死，其意欲使死者飛揚"。

[6]【今注】案，皆以鐵爲貨，《三國志·東夷傳》云"諸市買皆用鐵，如中國用錢，又以供給二郡"。

[7]【今注】案，鼓瑟，《三國志·東夷傳》云"有瑟，其形似筑，彈之亦有音曲"。又，"土地肥美"至"飲酒鼓瑟"，《三國志·東夷傳》用以綜述"弁辰、辰韓"，而非單指辰韓。

[8]【李賢注】扁音補典反。【今注】案，《三國志·東夷傳》叙"頭扁"一事前後不一。先言"兒生，便以石厭其頭，欲其褊"，承上文，似是在綜述"弁辰、辰韓"，而非單指辰韓。之後復言"今辰韓人皆褊頭"，似又是在單指辰韓，未知孰是。這裏所謂的"石厭其頭""押之以石"的描述似不準確，其所指當是一種通過較硬的枕具改變嬰兒顱骨形狀，將其後腦勺變扁的習俗。此種習俗極爲久遠，在史前的大汶口文化中已出現。至今仍在北方的許多地區存在。（參見張碧波《關於大汶口文化三種習俗的文化思考》，《民俗研究》1998 年第 2 期）又案，《三國志·東夷傳》尚有叙辰韓"便步戰，兵仗與馬韓同"。

弁辰與辰韓雜居，城郭衣服皆同，言語風俗有異。[1]其人形皆長大，美髮，[2]衣服絜清。而刑法嚴峻。其國近倭，故頗有文身者。[3]

[1]【今注】案，言語風俗有異，《三國志》卷三〇《魏書·東夷傳》云“言語法俗相似，祠祭鬼神有異，施竈皆在户西”，與此不盡相同。

[2]【今注】案，美髮，《三國志·東夷傳》作“長髮”。

[3]【今注】案，“其國近倭故頗有文身者”，《三國志·東夷傳》用以敘述辰韓：“男女近倭，亦文身。”對弁辰的敘述是“其瀆盧國與倭接界”。

初，朝鮮王準爲衛滿所破，乃將其餘衆數千人走入海，攻馬韓，破之，自立爲韓王。準後滅絶，[1]馬韓人復自立爲辰王。建武二十年，韓人廉斯人蘇馬諟等詣樂浪貢獻。[2]光武封蘇馬諟爲漢廉斯邑君，[3]使屬樂浪郡，四時朝謁。靈帝末，韓、濊並盛，郡縣不能制，百姓苦亂，多流亡入韓者。

[1]【今注】案，《三國志》卷三〇《魏書·東夷傳》云“今韓人猶有奉其祭祀者”。

[2]【李賢注】廉斯，邑名也。諟音是。

[3]【今注】案，馬韓復爲辰王事及蘇馬諟貢獻獲封事《三國志·東夷傳》未載。

馬韓之西，海島上有州胡國。其人短小，[1]髡頭，[2]衣韋衣，有上無下。[3]好養牛豕。乘船往來，貨市韓中。

［1］【今注】案，《三國志》卷三〇《東夷傳》“其人短小”後有“言語不與韓同”。

［2］【今注】髡頭：剃去頭髮，光著頭。

［3］【今注】案，《三國志·東夷傳》“有上無下”後有“略如裸勢”。

倭在韓東南大海中，[1]依山島爲居，凡百餘國。[2]自武帝滅朝鮮，使驛通於漢者三十許國。國皆稱王，世世傳統。其大倭王居邪馬臺國。[3]樂浪郡徼，[4]去其國萬二千里，去其西北界拘邪韓國七千餘里。其地大較在會稽東冶之東，[5]與朱崖、儋耳相近，[6]故其法俗多同。

［1］【今注】案，韓東南，《三國志》卷三〇《魏書·東夷傳》作“帶方東南”。此下關於倭國等島國之記載，與《三國志·東夷傳》部分內容有相近處，但具體文字基本不同，似非出自同源史料，故不再進行具體比對。

［2］【今注】案，日本在距今約一萬年左右進入新石器時代，有了初步的文明。這一時期被稱作繩紋時代，到公元前 3 世紀結束。此時期日本有了打製的石器，掌握了燒陶技術，水稻亦在繩紋時期晚期傳入日本。關於日本人之起源，有中國、朝鮮、北亞、東南亞等諸多説法。日本學者江上波夫還提出，西晉末年以來，以高句驪爲代表的“騎馬民族”在朝鮮半島南下擴張時，其中一支即天皇氏登陸了九州，到 4 世紀末至 5 世紀初進入大和（今奈良），建立了征服王朝。綜合來看，上述諸多説法皆有道理，日本之早期文

明當受到各方面影響，其中又當以距離較近又相對先進的中國和朝鮮影響最大。（參見吴廷璆《日本史》，南開大學出版社 1994 年版）

［3］【李賢注】案：今名邪摩惟（惟，大德本、殿本作“堆”），音之訛反（反，紹興本誤作“也”）。【今注】大倭王：據《三國志·東夷傳》記載，大倭王爲女王。　邪馬臺：又名邪摩堆，在東漢樂浪郡東南部海中島上，即今日本九州群島一帶。爲當時倭人所建百餘國之一，也是大倭王所居國地。漢、魏時與其有使節往來。案，《三國志·東夷傳》作“邪馬壹”。

［4］【今注】徼（jiào）：邊境關隘。

［5］【今注】會稽：郡名。治吴縣（今江蘇蘇州市）。東漢順帝永建四年（129），徙治山陰縣（今浙江紹興市）。　東冶：縣名。西漢初年爲閩越國國都。武帝滅閩越，設冶縣。東漢改名東冶縣。治所在今福建福州市鼓樓區。後改名爲東部侯國。其地濱海，爲通交趾的主要港口。

［6］【今注】案，朱崖、儋耳在今海南省，距日本尚遠。《三國志》云“（倭）當在會稽東冶之東”“（物産）所有無與儋耳、朱崖同”。《後漢書》混而爲一，誤。范曄此誤蓋因南北朝時期，南朝至遼東不便，且高句驪又與日本敵對，舊有經遼東至朝鮮再到日本的“北綫”無法通行，因而開闢了從華東地區出發，經朝鮮半島南部的任那的金海府，到達日本攝津的難波津的“南綫”（參見孫光圻《中國航海歷史的徘徊時期——三國、兩晉、南北朝（公元220—589 年）》，《世界海運》2011 年第 6 期）。而東冶向來又是從福建出發，經海南至交趾的傳統路綫。其港既通兩地，遂産生此皮相之誤。此類誤會影響深遠，在明末小説《水滸後傳》中，亦尚有以爲日本在暹羅（今泰國）之南的誤會。

土宜禾稻、麻紵、蠶桑，知織績爲縑布。出白珠、青玉。其山有丹土。氣温腝，冬夏生菜茹。無牛馬虎豹羊鵲。[1]其兵有矛、楯、木弓，竹矢或以骨爲鏃。[2]男子皆黥面文身，以其文左右大小别尊卑之差。其男衣皆横幅結束相連。女人被髮屈紒，衣如單被，貫頭而著之；並以丹朱坋身，[3]如中國之用粉也。有城栅屋室。父母兄弟異處，唯會同男女無别。飲食以手，而用籩豆。俗皆徒跣，以蹲踞爲恭敬。人性嗜酒。多壽考，至百餘歲者甚衆。國多女子，大人皆有四五妻，其餘或兩或三。女人不淫不妒。[4]又俗不盜竊，[5]少争訟。犯法者没其妻子，重者滅其門族。其死停喪十餘日，家人哭泣，不進酒食，而等類就歌舞爲樂。灼骨以卜，用決吉凶。行來度海，令一人不櫛沐，不食肉，不近婦人，名曰“持衰”。若在塗吉利，則雇以財物；如病疾遭害，以爲持衰不謹，便共殺之。

[1]【李賢注】“鵲”或作“雞”。

[2]【今注】案，日本在秦漢時期處於彌生時代（公元前3世紀至公元3世紀），相當於日本考古學上的金石並用時代，生産工具有石刀、木鍬、銅和鐵鏃，種植水稻。青銅器和鐵器在彌生前中期當皆已傳入日本，出土的金屬製品有王莽時期的貨泉、兩漢時期的銅鏡和銅兵器等。在傳入初期，日本尚未掌握冶煉技術，到了彌生時代中後期，日本逐漸掌握了仿製冶煉技術，但技術還相對粗糙，且數量非常有限，石器仍被廣泛使用。不過鐵器的出現還是促進了木製工具的大發展。此處未言及金屬而多言木製工具，當即以常見情況爲言。

[3]【李賢注】《説文》曰：“坋，塵也。”音蒲頓反。【今注】案，大德本、殿本“並”後無“以”字。　坋（fèn）：將粉末敷灑在他物上。

［4］【今注】案，淫，紹興本作“侄”。

［5］【今注】案，又，大德本作“入”，殿本作“風”。

建武中元二年，[1]倭奴國奉貢朝賀，使人自稱大夫，倭國之極南界也。光武賜以印綬。[2]安帝永初元年，倭國王帥升等獻生口百六十人，願請見。

［1］【今注】建武中元：亦稱建武中元，東漢光武帝劉秀年號（56—57）。

［2］【今注】案，這枚印章於1784年在日本被發現，時爲日本江户時代。該印爲金印，蛇鈕，2.4釐米見方，高度亦爲2.4釐米。其銘文云“漢委奴國王”，篆體，陰文。該印原藏於日本福岡市美術館，後移交至福岡市博物館。（參見王仲殊《説滇王之印與漢委奴國王印》，《考古》1959年第10期；李昆聲《“滇王之印”與“漢委奴國王”印之比較研究》，《思想戰綫》1986年第3期）

桓、靈間，倭國大亂，[1]更相攻伐，歷年無主。有一女子名曰卑彌呼，[2]年長不嫁，事鬼神道，能以妖惑衆，於是共立爲王。侍婢千人，少有見者，唯有男子一人給飲食，傳辭語。居處宫室樓觀城栅，皆持兵守衛。法俗嚴峻。

［1］【今注】案，曹金華《後漢書稽疑》指出，《梁書》《北史》皆載倭國之亂在靈帝光和年間（中華書局2014年版，第1189頁）。

［2］【今注】卑彌呼：東漢時倭國女王。桓、靈時倭國内亂，卑彌呼以巫術自神，乃被共立爲王。在魏明帝末年至魏齊王芳初

年，卑彌呼及其繼任者派使者四次來朝，魏廷亦派使者赴日。卑彌呼獲封“親魏倭王”。正始八年（247）左右去世。《三國志》卷三〇《魏書·東夷傳》叙其事較詳，可參看。

自女王國東度海千餘里至拘奴國，雖皆倭種，而不屬女王。自女王國南四千餘里至朱儒國，人長三四尺。自朱儒東南行船一年，至裸國、黑齒國，使驛所傳，極於此矣。

會稽海外有東鯷人，[1]分爲二十餘國。又有夷洲及澶洲。[2]傳言秦始皇遣方士徐福將童男女數千人入海，[3]求蓬萊神仙不得，[4]徐福畏誅不敢還，遂止此洲，世世相承，有數萬家。人民時至會稽市。會稽東冶縣人有入海行遭風，流移至澶洲者。所在絶遠，不可往來。[5]

[1]【李賢注】鯷音達奚反。

[2]【今注】夷洲：海島名。一作“夷州”。東漢、三國時稱臺灣島爲夷洲。

[3]【李賢注】事見《史記》。

[4]【今注】蓬萊：山名。古代傳説東海中的三神山（蓬萊、方丈、瀛洲）之一，仙人所居。

[5]【李賢注】沈瑩《臨海水土志》曰“夷州在臨海東南（州，大德本、殿本作‘洲’），去郡二千里。土地無霜雪（土，大德本作‘上’），草木不死。四面是山谿。人皆髡髮穿耳，女人不穿耳。土地饒沃，既生五穀，又多魚肉。有犬。尾短如麕尾狀。此夷舅姑子婦卧息共一大牀，略不相避。地有銅鐵，唯用鹿

格爲矛以戰鬬，摩礪青石以作弓矢。取生魚肉雜貯大瓦器中（殿本無‘中’字），以鹽鹵之，歷月所日（所，大德本、殿本作‘餘’），乃啖食之（乃，大德本作‘仍’），以爲上肴”也。

論曰：昔箕子違衰殷之運，避地朝鮮。始其國俗未有聞也，及施八條之約，使人知禁，遂乃邑無淫盜，門不夜扃，[1]回頑薄之俗，就寬略之法，行數百千年，故東夷通以柔謹爲風，異乎三方者也。苟政之所暢，則道義存焉。仲尼懷憤，以爲九夷可居。或疑其陋。子曰：“君子居之，何陋之有！”亦徒有以焉爾。[2]其後遂通接商賈，漸交上國。而燕人衛滿擾雜其風，[3]於是從而澆異焉。[4]《老子》曰：“法令滋章，盜賊多有。”若箕子之省簡文條而用信義，其得聖賢作法之原矣！

[1]【李賢注】扃，關也。

[2]【今注】案，爾，殿本作“耳”。

[3]【李賢注】擾，亂也。

[4]【今注】案，此結語將朝鮮“從而澆異”的原因歸於衛滿，然《漢書·地理志下》稱是漢武帝置四郡後，“郡初取吏於遼東，吏見民無閉臧，及賈人往者，夜則爲盜”，與此不同。

贊曰：宅是嵎夷，曰乃暘谷。巢山潛海，厥區九族。嬴末紛亂，燕人違難。[1]雜華澆本，遂通有漢。[2]眇眇偏譯，或從或畔。[3]

[1]【李賢注】謂衛滿也。

［2］【李賢注】衞滿入朝鮮，既雜華夏之風，又澆薄其本化，以至通於漢也。

［3］【李賢注】偏，遠也。【今注】案，眇眇，殿本作“邈邈”。